DAS GESETZ DES AUSGLEICHS

Johannes Huber:
Das Gesetz des Ausgleichs

www.edition-a.at

Cover und Gestaltung: Isabella Starowicz

Gesetzt in der *Ingeborg*
Gedruckt in Deutschland

1 2 3 4 5 — 24 23 22 21 20

ISBN 978-3-99001-425-7

JOHANNES HUBER

DAS GESETZ DES AUSGLEICHS

Warum wir besser gute Menschen sind

Mit einem Nachwort von Peter Sloterdijk

Aufgezeichnet von
Andrea Fehringer und Thomas Köpf

edition a

»Das Leben ist wie ein Fahrrad.
Man muss sich vorwärtsbewegen, um
das Gleichgewicht nicht zu verlieren.«

Albert Einstein am 5. Februar 1930
in einem Brief an seinen Sohn Eduard

INHALT

Was Sie erwartet

Anfang der 2000er-Jahre, also vor bald zwei Jahrzehnten, griff mich ein Weihbischof der katholischen Kirche in einem Leserbrief an die österreichische Tageszeitung *Die Presse* an. Er verschwieg zwar meinen Namen, doch er sprach vom »Vorsitzenden einer Ethikkommission«, womit klar war, wen er meinte.

Ethikkommissionen kümmern sich darum, dass angewandte Forschungen am Menschen ethisch sauber sind. Die Kommission, die ich leitete, hatte das österreichische Justizministerium ins Leben gerufen. Sie hatte sich zu diesem Zeitpunkt mit einem brisanten und dementsprechend polarisierenden Thema zu befassen. Es ging um künstliche Befruchtung, die In-vitro-Fertilisation (IVF), die heute fast schon Routine in der Familienplanung beziehungsweise in der Reproduktionsmedizin ist, damals aber noch völlig neu war. 1978 war in England das erste Retortenkind zur Welt gekommen, 1982 dann das erste in Österreich. Die wichtigste ethische Frage, die dabei zu diskutieren war, hatte damit zu tun, dass bei der IVF jeweils mehrere Eizellen befruchtet werden, aber immer nur eine oder zwei davon in den Körper der Frau implantiert werden. Die übrigen starben damals meist von selbst ab. War das nach ethischen Gesichtspunkten vertretbar?

Eine Frage, mit der nicht nur wir uns befassten. Auf internationaler Ebene tat das zum Beispiel das renommierte *Kennedy Institute of Ethics*. Der dort in die Diskussion involvierte Professor John Harvey, Leibarzt der Kennedy-Familie, lud mich mehrmals nach Amerika ein. Auch hier kreisten alle Gespräche sehr ernsthaft um die zentrale Überlegung, wie dieser Aspekt der IVF ethisch und juristisch zu handhaben sei.

Ich befürwortete die IVF grundsätzlich. Als Reproduktionsmediziner kannte ich den sehnlichen und oft auf traurige Weise unerfüllten Wunsch von Frauen und Männern nach Kindern. Ich sah hier eine Chance, Leben zu schaffen und Familien zu gründen. Dafür nannte mich der Weihbischof einen »Abtreiber«, der »dem ewigen Gericht nicht entgehen« werde.

Mich traf das umso härter, als ich mich der katholischen Kirche, ihren ethischen und spirituellen Konzepten, ihren Traditionen und ihrem gesamten Apparat verbunden fühlte. Ich hatte als Schüler ein katholisches Internat besucht und mich dort gut aufgehoben gefühlt. Später studierte ich neben Medizin auch Theologie und war einige Jahre lang Sekretär des Wiener Kardinals König gewesen, eine Zeit, die mich als junger Mensch prägte wie keine andere.

Ich wollte den Angriff zunächst ignorieren, doch das ging nicht. Der Weihbischof hatte damit eine Welle der Aggression ausgelöst, und er schürte sie weiter.

Ich war irritiert und fand, dass sich ein Gericht mit dem Weihbischof befassen solle, und zwar nicht nur das von ihm ins Spiel gebrachte ewige, sondern zunächst einmal ein weltliches. Ich wandte mich an einen Anwalt, der für mich eine Klage gegen den Weihbischof samt Antrag auf Unterlassung sowie eine einstweilige Verfügung einbrachte.

Es folgte ein langwieriges juristisches Hin und Her. Die Materie war auch für die Gerichte neu und wurde teils recht emotional betrachtet. Zunächst entwickelte sich die Causa eher zu meinen Gunsten. Mit der Beharrlichkeit des Weihbischofs und seines Anwaltes dann wieder eher zu seinen, bis mir die letzte Instanz recht gab. Ich war kein Abtreiber, und weder der Weihbischof noch sonst jemand durfte mich als solchen bezeichnen. Das letzte Wort war gesprochen und mein Ruf war wiederhergestellt.

Ich rechnete nicht damit, dass der Weihbischof sich nun entschuldigte. Am ehesten rechnete ich damit, einfach nichts mehr von ihm zu hören. Doch stattdessen erhielt mein Anwalt von seinem einen Bittbrief. Sein Klient sei ein mittelloser Kirchenmann, hieß es darin sinngemäß, er könne sich die Kosten für einen Widerruf in der genannten Tageszeitung sowie die Rechtskosten, die bereits für mich angefallen waren und die er nun zu übernehmen hätte, einfach nicht leisten. Er fragte an, ob es mir möglich wäre, ihm beides zu erlassen.

Ich verzichtete auf den Kostenersatz sowie auf den Widerruf und begnügte mich mit einem neuerlichen, für den Weihbischof kostenlosen, Leserbrief in der Zeitung. Dabei handelte ich eigentlich nicht aus Großzügigkeit. Ich hatte bereits davor die Leitung der klinischen Abteilung für gynäkologische Endokrinologie am größten österreichischen Krankenhaus, dem *Allgemeinen Krankenhaus* in Wien, übernommen, und wollte mich darauf konzentrieren.

Zehn Jahre später besuchte ich mit einem befreundeten Arzt, Markus Metka, bei einem Ärztekongress in Rom ein Orgelkonzert in der Kirche *Santa Maria dell'Anima*. Als der letzte Ton der wunderbaren Musik verklungen war und das Publikum bereits aus der Kirche strömte, blieben Metka und ich noch sitzen, um das Gehörte auf uns wirken zu lassen.

Genau da bemerkte ich den Weihbischof. Wir erhoben uns, um nun ebenfalls zu gehen und ihm die für ihn vielleicht unangenehme Begegnung zu ersparen, doch er kam auf mich zu. Ich sah, dass er gezeichnet war. Er wirkte gesundheitlich angeschlagen, geschwächt und sich seiner selbst unsicher. »Du auch hier?«, sagte er überaus herzlich, während er mich zur Begrüßung nahezu in die Arme nahm.

Offensichtlich wusste er noch, dass wir uns kennen, hatte aber anscheinend vergessen, woher und was uns verband. Die Sache mit dem Leserbrief und dessen juristisches Nachspiel schien seinem Geist entfallen zu sein, doch ich war mir nicht sicher.

Nachdem wir einige ebenso freundliche wie belanglose Worte gewechselt hatten, verließen Metka und ich die *Santa Maria dell'Anima*, und noch heute macht mich die Sache manchmal nachdenklich.

Eigentlich war ich froh, auf den bezahlten Widerruf und auf meine Anwaltskosten verzichtet zu haben. Ich fühlte mich einfach wohler, als ich den Weihbischof wieder traf und hatte das Gefühl, das von ihm seinerzeit bemühte ewige Gericht habe nun wirklich für mich entschieden.

Dieser Moment in der Kirche schien damals zu vermitteln, dass es tatsächlich so etwas wie einen inneren Ausgleich gibt, wie ihn nicht nur Mozart in seinen Opern, die Freimaurer und die christlichen Kirchen, sondern viele spirituellen Traditionen in den Raum gestellt haben.

Vom Ausgleich, den es nach dem Tod gibt, ist schon lange die Rede. Bereits vor Jahrtausenden gingen ägyptische Denker davon aus, dass unserer Seele beim Tod abgewogen und wir nach unseren Taten beurteilt werden. Ein Gedanke, der offenbar bisher jede Evolution des menschlichen Geistes überstanden hat.

Aber selbst, wenn die Angst vor diesem letzten Gericht langsam schwindet: Bleibt ein Leben in Rücksichtslosigkeit, Unbeherrschtheit, Übermaß, Gier, Hochmut und allen möglichen anderen Sünden trotzdem unbestraft? Oder gibt es so etwas wie eine ausgleichende Gerechtigkeit auch schon im Diesseits? Und wenn ja, warum und wodurch?

Kann es sein, fragte ich mich, dass das »ewige Gericht« von der ewigen Verfassung der Natur, der wir alle unterworfen sind, stattfindet? Dass uns also böse Taten physisch, psychisch oder materiell letztendlich selbst schaden, uns schwächen? Kann es sein, dass das Bibelzitat »Was ihr getan habt einem von diesen meinen geringsten Brüdern, das habt ihr mir getan«[1] so etwas wie einer medizinischen Logik folgt? Und dass für gute Taten das Umgekehrte gilt? Dass sie am Ende uns selbst nützen und uns stärken?

Es sind wohl Fragen, die sich viele Menschen so oder so ähnlich stellen, besonders dann, wenn ihnen gerade andere übel mitspielen, und das passiert uns allen manchmal im Leben. Viele Menschen spüren, dass es eine ausgleichende Gerechtigkeit geben könnte, auch wenn sie es vielleicht nicht richtig zu hoffen und schon gar nicht laut auszusprechen wagen. Vielleicht hat sich deshalb ein Zitat des Konfuzius auch in Europa im Volksmund verbreitet: »Setze dich an einen Fluss und warte, bis die Leiche deines Feindes vorbeischwimmt.« Was intendiert, dass das, der oder die Böse einer irdischen Strafe zugeführt wird, und letztlich auch, dass das, der oder die Gute irdischen Lohn empfängt.

Ich hatte das Privileg, diese von viel emotionalem, religiösem und esoterischem Wirrwarr überschatteten Fragen lang zu betrachten und aufgrund vieler Informationen zu beleuchten. Ich tat es als Arzt und mithilfe jeweils aktueller naturwissenschaftlicher Forschungsergebnisse.

Gerade in den vergangenen Jahren, in denen sich die Medizin mit neuen Disziplinen wie der Epigenetik oder der Psychoneuroendokrinologie über die Grenzen des mechanistischen Menschenbildes hinauszuwagen begann, fand ich bei der Lektüre neuer Fachbeiträge sowie bei der eigenen ärztlichen Tätigkeit Hinweise auf mögliche Antworten, die sich allmählich zu einem Gesamtbild formten. Von diesem Gesamtbild handelt dieses Buch.

Kurz gesagt werden Sie darin lesen, warum es sich auszahlt, ein guter Mensch zu sein. Sie werden dies mit einer gewissen Befriedigung und vielleicht auch mit einem gewissen Effekt der Entspannung lesen, denn es enthebt Sie dem vermeintlichen Zwang, auf Aggression mit Aggression oder womöglich auf Böses mit Bösem zu reagieren.

Ihr Leben wird schöner davon werden, wenn Sie aus pragmatischen, naturwissenschaftlich unterlegbaren Gründen auf die genannte Verfassung der Natur zu vertrauen lernen, und darauf, dass sie das Gute auf Dauer unterstützt und dem Bösen auf Dauer den Boden entzieht. Vielleicht werden Sie jene, die Ihnen bewusst übel mitspielen, die Sie bewusst unfair und ungerecht behandeln, in Zukunft sogar ein wenig bedauern. Weil sie nicht wissen, was sie sich damit selbst antun.

Und vielleicht werden Sie sich auch Sorgen machen. Weil Sie sich fragen müssen: Bin ich selbst wirklich gut? Oder fällt mir eines Tages auch unerwartet etwas auf den Kopf, weil ich irgendwann einmal leichtfertig und gedankenlos »böse« war? Wer kann schon von sich sagen, immer und in jeder Situation ein »guter« Mensch zu sein? Wer kann von sich sagen, dass er sich in seinem Gutsein niemals von »bösen« Emotionen wie Zorn, Aggression und vielleicht auch Hochmut kompromittieren lässt? Und ist es nicht schon ein

Akt des Hochmutes, wenn wir die Grenze zwischen Gut und Böse so ziehen, dass wir eindeutig bei den Guten sind? Weil es im Grunde jeden Tag eine Herausforderung ist, zu den Guten in einem tieferen, von der Stimme unseres Gewissens bestimmten Sinn zu gehören?

Damit Sie sich diese Sorgen beim Lesen nicht machen müssen, zeigt das Folgende, wie wir gute Menschen sein können. Ich beziehe mich dabei auch auf den großen Psychoanalytiker, Philosophen und Sozialpsychologen Erich Fromm, mit dem ich in jungen Jahren im Rahmen eines Buchprojektes zusammenarbeiten durfte. Fromm sagte, das Sein müsse anstelle des Habens in den Vordergrund unseres Lebens treten, wenn wir dessen Sinn gerecht werden wollen.

»Sein« bedeutet allerdings nicht, im Sinne der modern gewordenen Work-Life-Balance mehr zu »chillen« und mit möglichst geringem Aufwand ein möglichst bequemes Leben zu führen. »Sein« kann, wenn wir unser Leben aus philosophischer Perspektive betrachten, nur bedeuten, dass wir diesen Planeten als das anerkennen, was er ist: einer der Askese, einer der Übung also. Er ist dazu da, uns weiterzuentwickeln, auf eine höhere Ebene zu gelangen, uns also darin zu üben, bessere Menschen zu werden.

Doch wie tun wir das? Das soll dieses Buch zeigen. Ich kann vorausschicken, dass es weniger komplex ist, als es jetzt scheinen mag. Denn genau wie wir Trainingsprogramme für den Körper und für den Geist erstellen können, können wir auch welche für die Seele erstellen, bloß haben wir es nie getan, weil wir viel eher an einem fitten Körper und an einem fitten Geist gemessen werden als an einer fitten Seele.

Doch das könnte sich bald ändern. Denn die Corona-Krise und der Klimawandel zeigen, dass wir die großen Aufgaben, die vor uns liegen, als Menschheit nur lösen können, wenn wir »gut« sind, gut zu unseren Mitmenschen, gut zu den anderen Wesen, die diesen Planeten bevölkern und gut zum Planeten selbst. Weshalb im genannten tieferen Sinn gut zu sein vielleicht künftig auch einen höheren sozialen Stellenwert erhalten wird. Womit der Verfassung der Natur wieder die Bedeutung zukäme, die ihr zusteht. Zusätzlich können wir die Vorteile, die uns das Gutsein selbst bringt, am ehesten dann lukrieren, wenn wir unser Gutsein regelmäßig trainieren.

Welche Vorteile das genau sind, beziehungsweise auch, welche Nachteile Sie sich im Diesseits einhandeln, wenn Sie sich auf den Deal mit der Strafe erst im Jenseits einlassen, lesen Sie im zweiten Teil. Darin erfahren Sie, was Sie durch Gutsein alles für sich gewinnen und welche scheinbar schicksalhaften Unbilden im Leben Sie vermeiden können, wenn Sie sich an den Fünf-Punkte-Trainingsplan für Ihre Seele halten.

Der dritte Teil überlegt mit Ihnen, dass Sie mit Ihrem Versuch, gut zu sein, keineswegs nur pragmatische Vorteile lukrieren. Er versucht aufzuzeigen, warum Sie sich damit zum Teil eines größeren Ganzen machen, zum Teil jenes Himmel und Erde umspannenden komplexen Systems, das uns als holistische Wesen in der Form, die wir gerade einnehmen, hervorgebracht hat, und in dem wir eines Tages in neuer Form wieder aufgehen könnten. Dieser abschließende dritte Teil soll auch beschreiben, was Ethik eigentlich ist, woher sie kommt, wieso wir Menschen als einzige Wesen auf diesem Planeten Zugang dazu haben, und wozu wir sie weit über die Organisation unseres irdischen persönlichen Lebens und unseres irdischen Miteinanders hinaus vielleicht eines Tages brauchen.

Ich wünsche Ihnen viel Vergnügen bei der Lektüre!

Johannes Huber, September 2020

Teil 1

Wie wir bessere Menschen werden

Die amerikanische Forscherin Laurie Santos begeisterte Millionen Menschen mit ihrem Online-Kurs über das Wesen des Wohlbehagens. Der Psychologieprofessorin der *Yale University* in Connecticut war aufgefallen, dass Studenten immer häufiger Angstzustände und Depressionen mit in den Hörsaal brachten. Bleiche Gesichter, fahrige Blicke, nervöse Hände. Es herrschte eine innere Unruhe, ein Gefühl der Unrast. Viele konnten sich kaum konzentrieren, waren nicht motiviert und schnell überfordert.

Vor zwei Jahren stellte Santos das Seminar *Die Wissenschaft des Wohlbefindens* ins Vorlesungsverzeichnis und wurde von Studierenden auf der Suche nach Zufriedenheit und Glück elektronisch überrannt. Knapp 26 Millionen Mal riefen sie den Kurs auf. Die Geheimnisse des Innenlebens und vor allem der Weg zu innerer Ausgeglichenheit weckten mehr Neugier als jede andere Vorlesung am Campus. »Wir haben hier Handlungsbedarf«, resümierte Laurie Santos.[2]

Die Wissenschaftlerin erfand das Rad nicht neu, sie riet zu relativ einfachen Dingen. In den Mittelpunkt stellte sie allerdings etwas, das auf den ersten Blick so gar nicht in unsere Zeit zu passen scheint, in der Ellbogenmentalität, Selbstdarstellung und Egozentrik auf allen Ebenen dominieren: Wer etwas Gutes für andere tut, fühlt sich auch selbst besser. Wir kennen das von den Pfadfindern. Jeden Tag eine gute Tat, und die Seele jubelt.

Das Ganze hat einen relativ einfachen menschheitsgeschichtlichen Hintergrund. Die Evolution belohnt Verhaltensweisen, die das Überleben der Spezies sichern, zum Beispiel mit Ausschüttungen des Glückshormons Dopamin. Füreinander da zu sein, gehört zu diesen Verhaltensweisen, weil der vergleichsweise schwache Mensch Herausforderungen wie Säbelzahntiger oder andere Unbilden der Urzeit nur gemeinsam meistern konnte.

Füreinander da zu sein, wiegt uns deshalb in einem Gefühl von Schutz, Geborgenheit und Sicherheit. Es lässt uns besser schlafen und senkt zum Beispiel den Spiegel des Stresshormons Cortisol in unserem Blut, mit allen damit verbundenen positiven Folgen für unsere Gesundheit. Egoisten hingegen suchen mit ihrer Scheuklappenmentalität das Glück eher, als dass sie es finden.

Laurie Santos' Ruf nach mehr Mitmenschlichkeit als Mittel zur seelischen und letztlich auch zur körperlichen Selbsttherapie war über Kontinente hinweg zu hören, wohl auch im asiatischen Staat Bhutan. Denn bereits im Jahr 1979 ging in Bhutan aus einer 200 Jahre alten Vorgeschichte der Begriff Bruttonationalglück hervor, international bekannt als *Gross National Happiness*. Bhutan definierte damit den Lebensstandard in breiter, humanistischer und psychologischer Weise und stellt dem herkömmlichen Bruttonationaleinkommen, in dem es nur um Geldflüsse geht, einen ganzheitlichen Wert gegenüber.[3]

Eine Staatskommission ermittelt diesen Wert regelmäßig. Wie geht es der Bevölkerung? Was bewegt die Menschen? Was beschäftigt sie? Was erfreut sie. Was macht sie trübselig? Was geht ihnen zu Herzen oder auf die Nerven?

So ein Barometer der inneren Ausgeglichenheit wäre überall auf der Welt wünschenswert. Nicht nur, um das individuelle Glück der Menschen zu mehren. In einer Welt, in der Glück einen politischen Stellenwert hat, wird aus den genannten einfachen evolutionsgeschichtlichen Gründen auch das Füreinander-da-Sein als Voraussetzung dafür unverzichtbar.

Anders ausgedrückt: Ein Staat, der seine Bürger glücklich machen will, zeigt ihnen, dass sie besser gute Menschen sind. Wenn in einem Staat viele Menschen füreinander da sind, löst das fundamentale gesellschaftliche Probleme, die mit dem Narzissmus und der Vereinzelung einhergehen.

Der Ruf nach Glück, Anstand und Moral war auch schon vor Laurie Santos' erstaunlich erfolgreicher Initiative massentauglich, doch nicht immer ist er wie bei ihr von Wahrhaftigkeit getragen. Haltung, Ethik, Menschlichkeit. Die Schlagwörter tauchen heute in Gesprächen schnell einmal auf, doch das Gutsein in einem tiefen, evolutionären und spirituellen Sinn musste dabei vielfach dem »Gutmensch-Sein« weichen, das politisch meist linke Gruppen zu einem Dogma erhoben. Mit Verhaltensvorgaben, die teilweise nicht als wesentlich erlebbar sind, aber dennoch durch den digitalen Pranger geahndet werden, was zu einer Art modernem Tugendterror führte.

Gut zu sein, darauf sollten wir uns an dieser Stelle einigen, darf kein Trend sein, mit dem sich bestimmte Gruppen schmücken. Es muss aus uns selbst kommen. Als Entscheidung. Aus Überzeugung.

»Moralische Vollendung ist nicht länger das Privileg einiger weniger Asketen und Altruisten«, beklagte in diesem Zusammenhang der deutsche Publizist und Philosoph Alexander Grau. »Moralischer Kitsch macht Moral zum Massengut. Jeder kann hochmoralisch sein, zu jeder Zeit. Es reicht aus, einfach die richtigen Phrasen abzusondern. Man muss nur für Frieden sein, für Toleranz und natürlich Haltung zeigen. Das alles kostet nichts, gibt aber ein gutes Gefühl und entlastet von Reflexion.«

Grau fand mit leiser Ironie, dass wir aufpassen sollten, keinen moralischen Kitsch zu erzeugen, nur um vor uns selbst oder in einer Blase Gleichgesinnter gut dazustehen. Rechtschaffenheit ist kein Gütesiegel, das sich jemand anheftet wie ein Autokennzeichen oder ein Namensschild. Sie ist vielmehr ein Gut, das wachsen und in uns reifen muss und so etwas wie Seelen-Selbst-Erforschung voraussetzt, für die wir uns bewusst entscheiden müssen. Denn nur Erkenntnisse machen uns weiser und bilden eine Richtschnur, die uns auch besser macht.[4]

Der österreichische Schriftsteller und Journalist Robert Misik konterte Alexander Grau mit einem philosophischen Gedanken, der Hoffnung macht. »Der Mensch ist ein veränderbares Tier«, lautet er. Menschen ändern sich wie die

Figuren in einem Videospiel, die neue Kräfte bekommen oder Lebenspunkte verlieren, wenn sie falsch agieren, und ihr Tun wirkt immer auf sie und auf die Welt zurück.

Wir können etwas ändern, wenn wir wollen, und unser Wirken nach einem moralischen Kompass ausrichten. Allerdings reicht es dabei nicht, Worthülsen wiederzugeben, Sprachregelungen zu befolgen und Empörungsreflexe zu zeigen, die vom modernen Gutmenschen-Dogma bestimmt sind. Wir fühlen es selbst: Das wäre zu einfach.[5]

Wenn wir wirklich bessere Menschen werden wollen, mit allen Vorteilen, die das zum Beispiel in Laurie Santos' Sinne haben, müssen wir in uns gehen und es so machen wie die Wiener Philharmoniker, die ihren festen Sitz im unweit von meiner Wiener Ordination gelegenen Goldenen Saal des Musikvereins haben: Wir müssen üben, üben, üben.

Nach dem Untergang des Römischen Reiches war das Üben als massentaugliche menschliche Erfolgsstrategie 1.500 Jahre lang weitgehend vergessen. Erst um 1900 entdeckten wir es wieder, dank des Pädagogen und Sportfunktionärs Pierre de Coubertin, der Muskelübungen empfahl.[6] Körperliche Übungen und deren sinnvolle Effekte sind selbstverständlich für uns. Im Jahr 2019 waren rund 11,7 Millionen Menschen in einem der fast 10.000 deutschen Fitnessklubs aktiv.[7] In Österreich gibt es mehr als 1.200 Studios mit mehr als einer Million Mitglieder.[8]

Dass sich auch unser Gutsein, also unser Charakter, durch Übung stärken lässt, hat sich weit weniger gut durchgesetzt. Dies, obwohl prominente Akteure der deutschen Geistesgeschichte das regelmäßig betonten. Rudolf Steiner oder etwa Friedrich Nietzsche taten es mit ganz ähnlicher Intention. Wir müssen den Menschen dazu bringen, gut zu sein, denn nur so kann er über sich hinauswachsen, glaubten sie.

Mario Schönhart, Herausgeber des Buches *Spiel mit der Wirklichkeit: Zum Erfahrungsbegriff in den Naturwissenschaften* bezeichnete eine dementsprechende Initiative des Philosophen Peter Sloterdijk als »alternative Athletik«, die an die Stelle eines »Sklavenaufstandes in der Moral« trete.

Diesen Gedanken, der sich auch innerlich schon viel eher nachvollziehen lässt als das Gutmenschen-Dogma mit dem Tugendterror, ist allerdings kein globaler. Er ist vor allem ein europäischer, vielleicht auch einer der westlichen Welt, dem allerdings die Version Chinas zum Gutsein gegenübersteht.

Der Zwang zum Gutsein

Uns Europäern gesteht unser Weltbild die einmalige Chance zu, Emotionen zügeln zu lernen, weniger durch äußeren Zwang als aus innerer Überzeugung. Wir können sozusagen aus freien Stücken von Henkern zu Denkern wachsen. Wir können uns, ausgehend von dem, was wir bei unserer

Geburt und unserer Sozialisierung mitbekommen haben, selbst weiter sozialisieren und damit unseren Charakter individuell bilden.

In China funktioniert das anders. China hat ein System geschaffen, das den äußeren Zwang kultiviert. Sei es durch den Staatsapparat, sei es durch die Unerbittlichkeit des Internets und der digitalen Überwachungsmöglichkeiten.[9]

So läuft, während ich das hier schreibe, seit zwei Wochen in China die sogenannte *Leerer-Teller-Kampagne*, und wir Europäer können nur staunen, wie rasch es ihr offenbar gelingt, neue Verhaltensstandards zu setzen. Staatschef Xi Jinping hatte die Lebensmittelverschwendung im Lande (sicher nicht zu Unrecht) als schockierend bezeichnet und einen sparsameren Umgang mit dem Essen angemahnt. »Sorgt für ein gesellschaftliches Klima, in dem Verschwendung als beschämend gilt und Sparsamkeit als lobenswert«, sagte er.

In vielen Restaurants, in denen es bis dahin als Zeichen der Gastfreundschaft und der Großzügigkeit galt, viel mehr zu bestellen, als die Eingeladenen essen können, ist jetzt die »N-1«-Regel in Kraft. Für sechs Gäste dürfen höchstens fünf Gerichte bestellt werden. Eine Kellnerin wird als »Essensverschwendungsaufseherin« abgestellt, die sicherstellt, dass an keinem Tisch etwas übrig bleibt.

Manche Gaststätten beurteilen ihr Bedienungspersonal schon danach, ob sie es schaffen, Gästen von zu großen Bestellungen abzuraten. Andere bestrafen gleich die Gäste selbst, wenn sie nicht aufgegessen haben. Einen besonders innovativen Ansatz entwickelte dabei ein Restaurant in Changsha, das seine Kunden ermunterte, sich vor der Essensbestellung zu wiegen. Das Gewicht wurde in eine spezielle App eingespeist, die den Kunden dann eine individuell angepasste Bestellempfehlung aussprach. Nach einem Shitstorm sah sich das Restaurant allerdings veranlasst, die Waagen wieder beiseitezuschaffen.

Das Servicepersonal der Hochgeschwindigkeitszüge gibt inzwischen kleinere Portionen aus, zum selben Preis allerdings. Sogenannte »Mukbang«-Videos, eine aus Südkorea importierte, rätselhaft populäre Mode, die einsame Esser beim Vertilgen unfassbarer Fleischmengen zeigen, wurden verboten. Stattdessen sind jetzt einige der Protagonisten solcher Videos dabei zu beobachten, wie sie sich mit betont bescheidenen Menüs begnügen.

Die Kampagne schuf auch einen neuen Online-Trend bei Essens-Postings. Die Fotos zeigen nicht nur wie bisher das Essen selbst, sondern auch die leeren Teller danach.

Das der Kampagne zugrunde liegende Problem ist real. Die chinesische Sektion des *WWF* schätzt, dass in China 17 bis 18 Millionen Tonnen Lebensmittel jährlich weggeworfen werden. 38 Prozent des in Restaurants bestellten Essens wird entsorgt. Trotzdem macht die kollektive Erinnerung an die Zeiten Mao Zedongs, als Sparsamkeitskampagnen häufig waren und oft mit Hungersnöten einhergingen, manche Chinesen auch misstrauisch. Andere sehen die

Kampagne im Zusammenhang mit Staatschef Xi Jinpings Programm, China inmitten von Handelskrieg, Corona und Flutkatastrophen autarker zu machen. Selbst beim »leeren Teller«, schrieb die Parteizeitung Renmin Ribao, gehe es letztlich um die Staatssicherheit.[10]

Das ist eben der große kulturelle Unterschied zwischen beiden Kontinenten: In Europa können wir unser individuelles moralisches Korsett entwickeln und freiwillig gute Menschen sein (und damit in Steiners und Nietzsches Sinn über uns hinauswachsen), die Chinesen müssen bloß staatliche Regeln befolgen, um als gut zu gelten. Für kleinste Fehler wie das Überschreiten einer Straße bei Rot bekommen sie soziale Strafpunkte, die sie klassifizieren. Wer keine oder wenige Strafpunkte hat, steht in der sozialen Hierarchie weit oben und gewinnt. Wer viele hat, stürzt ab und verliert.[11]

Die chinesische Variante von *Amazon* heißt *Alibaba* und zählt zu den zehn erfolgreichsten Unternehmen der Welt. *Alibaba* verkauft nicht nur Güter, sondern übt auch einen unsichtbaren Zwang aus, der dem Staat helfen soll, die Menschen zu erziehen. Es ist wie bei der Dressur eines Hundes.

Die entscheidenden Projekte dabei heißen *Himmelsnetz* und *Adleraugen*. Die schönen Worte bezeichnen ein lückenloses Überwachungssystem durch sechshundert Millionen intelligente Kameras. Diese Augen spähen 24 Stunden durch die Straßen und Gassen, sie erkennen

Gesichter und errechnen Wege, speichern Gewohnheiten und melden Verfehlungen aller Art. Die Chinesen müssen sich benehmen, und es ist keine Frage ihres freien Willens, gut zu sein oder besser zu werden. Der Staat regelt das mit elektronischer Präzision und kompromissloser Härte.

Alibaba hat dabei in Kooperation mit der Regierung einen smarten Dienst in die Welt gesetzt: *Sesame Credit.* Der Handelsriese verleiht Geld und das System überwacht, wie verlässlich die Kreditnehmer eingegangenen Verpflichtungen nachkommen. Wieder gibt es Gut- oder Schlechtpunkte und gleichzeitig prüft *Sesame Credit* im Hintergrund die Vertrauenswürdigkeit aller Kunden. Wohnt sie oder er allein oder mit Familie? Wie oft wechselt jemand die Adresse? Aus solchen Daten generiert *Sesame Credit* dann Urteile darüber, ob jemand vertrauenswürdig oder etwa unstet ist.

Dazu kommen Detailfragen und Analysen. Was kauft jemand? Windeln? Hervorragend, ein Hausmann oder eine Hausfrau. Gut. Videospiele? Verdächtig. Schlecht. Alkohol? Alles klar. Tabletten in der Online-Apotheke? Welche denn? Kauft er Bücher? Romane oder politische Bücher? Streamt er amerikanische Serien? Ist jemand Romantiker? Kauft er oder sie Blumen, Parfüms, Gutscheine oder Schmuck? Schaut er oder sie Pornos? Inwieweit sind über jemanden ausreichend Daten vorhanden, und wenn nicht, warum nicht? Was hat er oder sie zu verbergen? Nimmt dieser Mensch die Annehmlichkeiten der Digitalisierung an oder weigert er sich, elektronisch zu kooperieren? Was macht er beruflich? Schreibt er einen Blog? Ist er öffentlich präsent? Übt er womöglich Systemkritik? Oder treibt jemand aus seiner Familie oder aus seinem Freundeskreis etwas, das verdächtig sein könnte?

Ob damit gute Menschen oder nur gehorsame erzeugt werden, ist allerdings fraglich. Denn Gewalttaten sind in China, wie neueste Zahlen zeigen, keine Seltenheit. So etwa ist dort Gewalt gegen Ärzte ein verbreitetes Problem, für das es sogar einen eigenen Begriff gibt: Yinao. Zu den Ursachen zählen mangelndes Vertrauen in das Gesundheitssystem, die Annahme, ein verstorbener Angehöriger sei nicht gut genug versorgt worden, aber teils auch der Versuch, Entschädigungszahlungen zu erpressen.[12]

Das ist der zentrale ethische Unterschied zwischen Europa und China. Gut sein gemäß einer eigenen besseren Vision von sich selbst und durch eigene Erkenntnis versus gut sein nach einem staatlichen Muster mit staatlichem Zwang.

Was funktioniert besser? Was lässt mehr Menschen über sich hinauswachsen? Was macht die Individuen und den Staat, den sie bilden, stärker? Was davon führt im besten Fall zu nachhaltiger Stärke und was nur zu hohler Dominanz? Wir werden alle noch erleben, wie sich der Wettbewerb zwischen dem europäischen und dem chinesischen Weltbild weiterentwickeln wird.

Der dringende Bedarf an einer besseren Menschheit

Europa jedenfalls war immer und ist nach wie vor überzeugt, dass der Mensch auch aus freien Stücken ein Athlet im Gutsein werden kann. »Du musst dein Leben ändern«, das war bereits vor Jahrzehnten das ethische Postulat des bereits genannten Philosophen Peter Sloterdijk, der damit den Schlussvers des 1908 in Paris entstandenen Sonetts Rainer Maria Rilkes *Archaischer Torso Apollos* zitierte.[13] Die Übung darin brauchen wir heute wahrscheinlich mehr denn je. Wir müssen uns im Füreinander-da-Sein üben, im Zusammenhalten, im Kooperieren, in der Loyalität und Treue und in der Bescheidenheit, und all das nicht nur in Bezug auf alle anderen Menschen auf diesem Planeten, sondern auch in Bezug auf die Umwelt. Sonst werden unsere Ökosysteme, die Kultur und unserer gesamten Erde kollabieren und danach wird auf düstere Weise nichts mehr so sein, wie es bisher war. Der Klimawandel und die COVID-19-Pandemie sind Alarmsirenen, die an Lautstärke nicht mehr zu überbieten sind. Peter Sloterdijk fasste das so zusammen: »Es geht hier um eine Entwicklung, für die ich vor einigen Jahren einmal den Ausdruck »Ko-Immunität« vorgeschlagen habe. Auch wenn wir also keine geborenen Naturschützer sind, so sollten wir doch so klug sein, uns noch für eine Weile als Überlebensanwärter auf diesem durch das Weltall rasenden Planeten zu sehen.«[14]

Dennoch verschließen wir so gut es geht die Ohren. Wir üben unsere Muskeln, doch das war es dann auch schon wieder. Wir üben uns in allem, nur nicht in uns selbst. Doch genau darauf käme es an. Wir kommen auch so, wie wir sind, durchs Leben, denken wir. Diesen Stress brauchen wir nicht auch noch, bei allem anderen, was wir so zu tun haben. Wir mögen es nicht, dieses Üben unseres Charakters. Es klingt ein wenig nach Bibelstunde und anderen Dingen, die uns auf freudlose Weise gefangen halten.

Der amerikanischen Forscherin Laurie Santos ist es geglückt, zu demonstrieren, wie falsch diese Einschätzung ist. Es ist ihr gelungen, zu zeigen, dass wir gerade damit der Knechtschaft der Einsamkeit, des Unglücks, der Depression oder einfach des in unserer ganzen Welt um sich greifenden Hohlgefühls entkommen können. Es ist ihr auch gelungen, zu zeigen, dass wir genau damit zurückfinden zu Glück, Freude, Gemeinschaft, Kraft und Motivation. Charakterfitness ist der goldene Schlüssel für ein gutes Leben und darüber hinaus, wie dieses Buch noch zeigen wird, auch so etwas wie ein goldener Schlüssel zur Ewigkeit.

Wenn Millionen Menschen täglich auf Laufbändern rennen und Gewichte stemmen, um ihren Körper zu trainieren, müsste so etwas doch auch für den Geist möglich sein. Klimmzüge für eine bessere Gesinnung sozusagen. Liegestütze für den Frohsinn und ein Ergometer für die inneren Werte. Warum gibt es das nicht, ein Trainingsprogramm für den Charakter, das womöglich auch noch Spaß macht und aufregend ist, wenn die Effekte davon unser Leben und vielleicht auch alles, was nach dem Leben kommt, so viel besser macht?

Es ist nicht so, dass es ein solches Trainingsprogramm ganz und gar fehlt. Uralte spirituelle Traditionen kennen einige derartige »Fitnessgeräte«, und die Naturwissenschaften kennen zumindest einige Bestandteile solcher Geräte, die wir nur zusammenbauen müssen.

Bei den spirituellen Traditionen wären sowohl christliche Kirchen wie auch Freimaurer hervorzuheben, die immer überzeugt waren, dass die ständige Arbeit an uns selbst zu Selbsterkenntnis und einem menschlicheren Verhalten führt. Für Letztere geht es deshalb darum, ihre fünf Grundideale Freiheit, Gleichheit, Brüderlichkeit, Toleranz und Humanität im Alltag praktisch einzuüben.

Bei den Naturwissenschaften wären die Epigenetik, aber etwa auch die Endokrinologie, die Wissenschaft von den Hormondrüsen, hervorzuheben, die beide gezeigt haben, dass wir durch Kraft unseres Willens, bessere Menschen zu werden, sogar unsere Bio- und Neurochemie ändern können (siehe dazu auch Teil 3).

Wir haben bloß, abgelenkt vom Konsumieren und vom Strampeln in unseren Hamsterrädern, diese Geräte entweder schon lange nicht mehr abgestaubt oder sie noch nicht zusammengebaut. Beides will ich in dem Bereich, der sich mir als Arzt und Theologe aufdrängt, nachholen. Und zwar anhand von fünf ganz einfachen Dingen, von denen wir alle schon gehört haben, die teilweise altmodisch geworden sind und die wir nur mit neuen Augen betrachten müssen. Willkommen auf einem kleinen Fitness-Parcours der Seele mit seinem Fitness-Code.

Charakterfitness-Trainingsstufe eins: Gut werden im Schlaf

Um gute Menschen sein zu können, müssen wir unser Gehirn von den Spuren von Stress und negativen Gedanken wie Ängsten, Sorgen und Wut reinigen. Diese Spuren haben biochemischen Charakter und die Evolution hat uns ein Mittel zur Verfügung gestellt, sie zu beseitigen: den Schlaf. Was genau dabei passiert, entdeckte die Wissenschaft erst 2012 in Form des sogenannten glymphatischen Systems. Halten wir uns bei unseren Entscheidungen konsequent an dessen von der Natur vorgegebenen Regeln, setzen wir einen Kreislauf in Gang, der uns ganz von selbst zu besseren Menschen macht.[15]

Die Evolution hat uns mit einer Anlage zur Reinigung unseres Gehirns von den Spuren unserer schlechten Gedanken beschenkt. Die Naturwissenschaft entdeckte sie im Jahr 2012, also vor relativ einigen Jahren, und nannte sie »das glymphatische System«. Diese Anlage sorgt dafür, dass sich die Gehirnzellen nachts ein wenig zusammenziehen und zwischen den Zellen Freiräume entstehen, die wir uns als winzige Autobahnen vorstellen können. Als Autobahnen, auf denen noch winzigere Müllwägen die Abfälle abtransportieren, die während eines langen Tages in einem Gehirn so anfallen, in Form von biochemischen Spuren von Stress, von Sorgen und Ängsten, aber auch von Wut und Hass.

Das glymphatische System sammelt diese Rückstände und entsorgt sie wie eine fantastisch organisierte Müllabfuhr. Ganz von selbst, Nacht für Nacht. Wir müssen uns dazu nur hinlegen und schlafen, idealerweise vor Mitternacht, weil dann die Müllabfuhr am effizientesten funktioniert. Für die Entdeckung und jahrelange Untersuchung dieser medizinischen Frohbotschaft könnte die Forscherin Maiken Nedergaard, die in Rochester und Kopenhagen wirkt, schon bald den Nobelpreis bekommen.

Das glymphatische System hat zwei wunderbare Vorteile. Es steht uns allen jederzeit zur Benützung zur Verfügung und es hat das Zeug, uns zu besseren Menschen zu machen. Wir müssen seine Funktion dazu nur noch um einen Schritt genauer durchdenken: Während wir schlafen, wie gesagt idealerweise vor Mitternacht, arbeitet es. Morgens, wenn wir ausgeruht aufstehen, ist es fertig. Der Müll und auch die Müllwägen sind wieder verschwunden. Sogar die Autobahnen sind wieder verschwunden, weil sich unsere Gehirnzellen wieder ausgedehnt haben.[16]

Nun beginnt der Tag mit Nachrichten über Klimawandel, vielleicht mit Kindern, die nicht aufstehen wollen und mit Menschen, denen wir etwas sagen wollen, die wir aber nicht erreichen können, mit Gedrängel in öffentlichen Verkehrsmitteln oder mit Stau auf der Straße, mit beruflichem Stress und gesundheitlichen Sorgen, und mit allem, was sonst noch so an Unerquicklichem zu einem ganz normalen Leben gehört. Kurz gesagt: Neuer Müll sammelt sich im Gehirn an, neue biochemische Materialisierungen negativer Gedanken. Er wird im Verlauf des Tages immer mehr.

Was bedeutet das für uns bei dem Versuch, bessere Menschen zu sein? Es bedeutet, dass wir uns darin üben sollten, wichtige Entscheidungen nicht gleich zu treffen. Wir sollten uns, sozusagen aus glymphatischen Gründen, darin üben, dem ersten Impuls zu widerstehen. Wir sollten vor allem wichtige Entscheidungen immer am Morgen oder am Vormittag treffen, wenn die nächtliche Müllabfuhr gerade da war und unser Gehirn sauber, frisch und frei ist. Dann tun wir uns am leichtesten mit Entscheidungen gemäß der besten Version von uns selbst, anstatt mitten in einer vielleicht schon kräftig angewachsenen Müllhalde die falschen Reflexe zu zeigen.

Das ideale Zeitfenster für den wachen, gereinigten Geist sind also der Morgen und der Vormittag. Im Laufe des Tages nimmt diese Geistesschärfe wieder ab und unser Realitätssinn trübt sich wieder ein. Am Nachmittag und vor allem spät am Abend und nachts tragen wir dann schon wieder viel Gedankenmüll mit uns herum.

Wer dann noch wichtige Entscheidungen trifft, beraubt sich selbst des glymphatischen Vorteils. Überschlafe die wichtigen Dinge erst einmal, besagt völlig zu Recht eine Weisheit des Volksmundes, auf die wir uns wieder besinnen sollten.

Leben wir glymphatisch und machen wir uns damit sympathisch: Während wir abends eine E-Mail noch wütend beantwortet hätten, bemerken wir am nächsten Vormittag vielleicht, dass sich der Absender nur im Ton vergriffen oder wir einfach etwas falsch gedeutet oder überinterpretiert haben.

Wenn wir trotzdem sofort in die Tasten gegriffen und eine deftige Antwort mit vielen bösen Rufzeichen losgeschickt hätten, hätten wir uns vielleicht in Schwierigkeiten manövriert, die im schlechtesten Fall irreversibel gewesen wären.

Nur weil irgendjemand in Unkenntnis seiner Neurobiologie irgendetwas nicht überschlafen wollte und mit einem dafür falsch konfigurierten Mindset reagierte, haben in Unternehmen bestimmt schon viele Kriege begonnen, und nicht nur dort.

Was gesunder Schlaf, der übrigens auch das Abnehmen erleichtert und Wunden schneller heilen lässt, für unser Gehirn so alles tun kann, zeigten Experimente bereits im Jahr 2004. Versuchspersonen mussten Zahlenrätsel lösen, die mehrere Einzelschritte erforderten. Es gab eine Abkürzung, durch die sich einige Schritte vermeiden ließen. Nach der Einübungsphase durfte ein Teil der Probanden acht Stunden lang schlafen. Danach erkannten in dieser Gruppe mehr als doppelt so viele die schnelle Lösung. Jene Gruppe, die wach geblieben war, sah nur den langen Weg der Einzelschritte.

Die verbrauchte Energie des Tages legt sich über die Wahrnehmung wie ein Gazeschleier. Wir können uns bei einem Vorhaben noch so sehr anstrengen und abmühen, das Ergebnis wird nur mit ausreichend Schlaf und einer glymphatischen Terminplanung richtig gut.

Die Verhaltens- und Neurowissenschaftlerin Rebecca Spencer von der *University of Massachusetts* erklärte dazu in einem Interview mit der *Harvard Business Review*: »Ein Mangel an Schlaf hat alle möglichen negativen Effekte.« Man könne nicht mehr so sehr auf Details achten und reagiere langsamer. Außerdem reagiere man sehr viel emotionaler auf negative Nachrichten. Schlaf dagegen sorge dafür, dass die Informationen in eine andere Hirnregion gelangten, die eine nüchternere Betrachtung ermögliche.[17]

Schon im Epheserbrief, einem Buch des Neuen Testaments, gibt Paulus, ein erfolgreicher Missionar des Urchristentums, seinen Lesern den Rat: »Zürnet, und sündiget nicht. Lasset die Sonne nicht über eurem Zorn untergehen.«

Schon am Abend soll der Mensch demnach den Entschluss fassen, schlechte Gedanken und böse Emotionen zu schubladisieren. Dann soll er darüber schlafen. Am nächsten Tag finden die negativen Gedanken dann besonders leicht fast von selbst in diese »Schublade«, ohne Schaden anrichten zu können. Das »gereinigte« Gehirn des Morgens hilft dabei mit.

Die Endokrinologie beschäftigt sich mit Schlafproblemen, die bei Frauen oft in der Lebensmitte auftreten und die Betroffenen stark belasten. Eine interessante Studie unterstreicht dies mit einem neuen Detail: Schlafstörungen können Verkalkungen begünstigen, die wiederum möglichweise jene Hirnareale beeinträchtigen, die für Geduld und Entspannung mitverantwortlich sind. Konkret unterdrückt oftmaliges Aufwachen das Hormon Hypocretin, wodurch mehr Stammzellen aus dem Knochenmark ausgeschwemmt werden, die sich dann in den Blutgefäßen niederlassen und eine Verkalkung bewirken.[18]

Die australischen Forscher Drew Dawson von der *Central Queensland University* und Kathryn Reid von der *Northwestern University* maßen die Reaktionszeit von Probanden nach 28 Stunden Schlafentzug. Am Computer mussten sie Linien nachfahren, um ihre Motorik zu testen. Ergebnis: 28 Stunden Schlafentzug entsprechen etwa 0,9 Promille Alkohol im Blut.[19] Auch hier zeigte sich deutlich, dass wir wichtige Entscheidungen tunlichst erst am nächsten Tag treffen sollten. Wir können sonst zum Beispiel aggressiver sein, und aggressiv ist nie »gut«.

Ein anderer Nachweis für die Vorteile des glymphatischen Lebens schon vor der Entdeckung des glymphatischen Systems glückte mit einer Gruppe elfjähriger Kinder und der Vergleichsgruppe ihrer Eltern. Bei einem Kasten mit mehreren Knöpfen mussten sie möglichst schnell immer jene drücken, die gerade aufleuchteten. Blink und push! Blink und push!

Was nicht gesagt wurde, war, dass es eine bestimmte Regelmäßigkeit in der Abfolge des Aufleuchtens gab. Nach der ersten Übungsphase und einer Wiederholung hatte keines der Kinder und auch kein Erwachsener diese rhythmische Systematik bemerkt. Als das Experiment mit anderen Versuchspersonen wiederholt wurde und diesmal zwischen Übung und Wiederholung eine Schlafphase lag, war manchen Erwachsenen und fast allen Kindern die Regelmäßigkeit klar. Das veröffentlichten die Forschergruppe *Wilhelm, Rose & Konsorten* in einem Artikel in *Nat Neurosci.*[20]

Unbewusste Denkprozesse

Der niederländische Sozialpsychologe Ap Dijksterhuis fand anhand mehrerer Studien heraus, dass intensives, bewusstes Nachdenken nicht automatisch zu den besten Entscheidungen führt. Entspannt zu sein dagegen hilft sehr wohl.[21]

Sogar wenn wir mit aller Kraft versuchen, eine sinnvolle Entscheidung zu treffen, klappt es oft nicht, meint Dijksterhuis. Denn das Gehirn kann die Informationen zwar sammeln, aber nicht gleichzeitig verarbeiten. Anders ausgedrückt: Grübeln bring nichts. Je komplexer das Problem ist, desto eher sollten wir es deshalb unbewussten Denkprozessen anvertrauen, rät er. Was begründet, warum manche Menschen ihre besten Ideen morgens unter der Dusche haben.

Wir sollten also bei unserem Versuch, gut zu sein und gute Entscheidungen zu treffen, auch die Hintergrundaktivitäten unseres Gehirns zulassen, seine Eigeninitiativen sozusagen, zu denen es immer dann fähig ist, wenn wir es nicht gerade selbst beschäftigen. Die Religionen sprechen in diesem Zusammenhang von Medita tion und Gebet.

Die Wissenschaft bezeichnet die für die Hintergrundaktivitäten des Gehirns zuständigen Regionen als *Default Mode Network*. Dieses Netzwerk ist sozusagen unsere körpereigene Kreativagentur. Und unsere Kreativität ist gefragt, wenn wir uns verändern wollen. Denn dieses Vorhaben konfrontiert uns ständig mit neuen Situationen oder zwingt uns, mit vertrauten Situationen neu umzugehen.

Glymphatisch zu leben bedeutet, bis zum Ende durchgedacht, auch einen positiven Kreislauf in Gang zu setzen, der uns irgendwann von selbst vorwärtsbringt. Wer es schafft, den ersten Impuls systematisch verstreichen zu lassen und wichtige sowie emotional besonders stark aufgeladene Entscheidungen erst am nächsten Vormittag zu treffen, wird mit seinen Mitmenschen besser im Einklang stehen und deshalb insgesamt weniger Gedankenmüll aufbauen.

Er wird weniger Stress und Ängste haben und damit auch unaufschiebbare, sofort nötige Entscheidungen besser treffen. Letztendlich ist die Kunst, den ersten Impuls möglichst verstreichen zu lassen und die Sache erst einmal zu überschlafen, die wichtigste Vorstufe für die Kunst der Gelassenheit.

Charakterfitness-Trainingsstufe zwei:
Entgifte deine Emotionen

Die regelmäßige Beichte ist mehr als eine von der Kirche auferlegte Pflicht im Sinne christlicher Traditionen. Im Grunde versucht sie, etwas zu systematisieren, das uns tatsächlich hilft, bessere Menschen zu werden: Die Entgiftung unseres Gehirns durch Reden über die Dinge, die wir uns selbst vorwerfen. Das wir uns damit befreien und bereit für gutes Neues machen, wissen längst auch die Gehirn- und Verhaltensforschung.

Jeder Mensch macht Fehler. Kleine oder gravierende, unbedeutende oder unbedachte. Ein falsches Wort hier, eine Notlüge da. Die Patzer summieren sich und bilden einen Schmierfilm rund um unsere Seele. Falsche Entscheidungen, vielleicht verbunden mit weitreichenden Konsequenzen, lasten auf unserer Seele. Einmal falsch abgebogen, und schon scheint es kein Zurück mehr zu geben. Der Weg scheint verbaut, die Türen scheinen zugeschlagen zu sein, die Aussichten wirken trüb. Wie ein riesiger Stein liegt die Vergangenheit auf unserem Gemüt. Ein schwarzer Monolith, der ein unangenehmes Grundrauschen erzeugt, negative Wellen aussendet und nach und nach unsere Gefühle, unsere Gedanken und am Ende unsere Taten vergiftet.

Um diesen Monolithen loszuwerden und unsere Gedanken damit zu entgiften, gibt es eine bewehrte Methode. Sie besteht darin, uns mitzuteilen. Die Regelung, die das Christentum dafür anbietet, ist die Beichte. Den Erfindern ging es wahrscheinlich weniger um ein paar Gebete, die der Beichtende zur Vergebung seiner Sünden zu beten hatte, sondern vielmehr um die Entgiftung des Geistes, auch wenn sie es so kaum genannt hätten.

Der Mensch benennt dabei seine Fehler. Er spricht sie aus. Das Gespräch mit einem Menschen, dem er vertraut, befreit ihn und nimmt den Krampf von seiner Seele. Diese Vertrauensperson muss jeder für sich selbst auswählen, und es macht dabei jedenfalls Sinn, dass sie an ein Schweigegelübde gebunden ist. Schließlich wollen wir nicht jedermann in unsere Abgründe blicken lassen.

Dass eine andere Berufsgruppe, die ebenfalls schweigen muss, das ebenso gut und mitunter auch besser kann als Geistliche, das sieht sogar der Wiener Dompfarrer Anton Faber so. Seit 2018 bietet der Wiener Stephansdom Beichten von 7 bis 22 Uhr an, und zwar in fünfzig Sprachen. Der heftige Ansturm veranlasste ihn, »schwere Fälle«, wie er es nannte, an Psychotherapeuten weiterzuleiten.

Ein Geistlicher, ein Psychotherapeut oder ein vertrauter Freund – wen immer wir auswählen, um uns mitzuteilen und unsere Gedanken dabei zu entgiften, muss wertfrei zuhören können. Er darf nicht urteilen. Er muss in diesem Gespräch über den Dingen stehen. Auf diese Art nimmt er uns am ehesten eine Last ab, sodass wir danach wieder flexibler, beweglicher und leichtfüßiger sind, und uns frei von Dunklem in unserem Kopf leichter tun, gut im Sinne des von uns gewollten Gutseins zu sein. Es ist eine Übung, der wir uns regelmäßig widmen sollten, und nicht erst, wenn der Druck besonders groß ist. Wir sollten sehr bewusst damit umgehen und sie zum Teil unserer Zeitplanung machen.

Christliche Gepflogenheiten gehören auch zum Weisheitsschatz der Menschheit. Das Bekennen und das Suchen nach Vergebung ist seit den Zeiten der griechischen Tragödie alteuropäisches Erbe, das sich bis in die heutige Psychoanalyse und Logotherapie fortgesetzt hat. Schon in der antiken Orestie, der einzigen erhaltenen Trilogie griechischer Tragödien, lebte diese Sehnsucht im Hintergrund des alten Mythos. Nur die Gnade der Gottheit spricht deren Orest, den Sohn des Agamemnon, frei. Der Dichter Aischillos hat daraus in großartiger Schau den Kampf zwischen den alten Göttern der Gerechtigkeit und den jungen Göttern der Gnade gemacht und damit zum ersten Mal betont, dass der Mensch sich selbst von seiner Untat gar nicht befreien kann. Auch weil er möglicherweise gar nicht allein dafür verantwortlich ist.

Christliches Vokabular mit Worten wie »Schuld«, »Eingestehen« oder »Vergebung« bereinigt also unser Leben, und wenn wir das Ganze naturwissenschaftlich betrachten, sehen wir rasch, dass da einiges dran ist.

So beschäftigte sich eine Studie der *Universität von Iowa*, durchgeführt an älteren Menschen, mit dem Zusammenhang zwischen der Sterblichkeit und der Anzahl der Kirchenbesuche. Die Forscher entdeckten eine eigentümliche Korrelation. Je häufiger die Probanden die Kirche besuchten, desto geringer war der Anteil eines bestimmten Entzündungsmarkers. Was im Rahmen der durchgeführten Langzeitbeobachtung auch das Sterblichkeitsrisiko senkte. Als hätte ein höheres Wesen seine schützende Hand über die Gläubigen ausgebreitet.

Die Studie erregte naturgemäß den Zorn der Atheisten. Kirchen als Jungbrunnen darzustellen, wäre ein Wunschtraum, zu dem nur Spinner in der Lage wären, meinten sie. Dem hielten die verantwortlichen Wissenschaftler entgegen, dass die Probanden eben an etwas glaubten, und schon allein diese Gewissheit brächte inneren Frieden. Doch dazu wie angekündigt mehr im zweiten Teil.

Absurderweise haben sich im Internet auch Hunderte digitale Möglichkeiten etabliert, Abbitte zu leisten, etwa auf *www.beichthaus.com*: Sünde wählen, Klick, dann die Vergehen im Raster definieren. Aggression, Begehrlichkeit, Eitelkeit, Faulheit, Fremdgehen, Lügen, Masturbation, Schamlosigkeit, Trägheit, Trunksucht, Vandalismus, Verschwendung und Verrat.

Per E-Mail kann der Sünder präzisieren, was er sich im Detail vorwirft beziehungsweise was er verbrochen hat. Was natürlich nicht funktioniert. Der dunkle Monolith bleibt dabei im Kopf. Es braucht die persönliche menschliche Interaktion, um ihn aufzulösen. Nur der Dialog von Mensch zu Mensch reinigt die Seele und den Körper gleich mit.

Zu den großen Vorteilen des sich Mitteilens bei unserem Versuch, gut zu sein, gehört, dass wir damit eine Ventilfunktion bedienen. Es federt den Zorn ab, den wir andernfalls vielleicht an anderen auslassen, was uns zwangsläufig zu schlechten Menschen machen würde. Auch hier sind einige positive medizinische Begleiterscheinungen evident, die ich vorwegnehmen möchte: Forscher fanden heraus, dass sich gewisse Formen von Autoimmunkrankheiten als sogenannte Autoaggressionskrankheiten interpretieren lassen. Sie entstehen, wenn Zorn oder Wut nicht ausgedrückt werden. Stattdessen sorgen sie dafür, dass sich unsere Physiologie und unsere Biochemie gegen uns selbst richten. Wie eine Strafe, die wir uns selbst auferlegen.[22]

Die Beichte, wem gegenüber wir sie nun auch ablegen, ist also ein Geständnis, das nur gute Folgen hat. Ein Lächeln, eine Linderung. Belastungen fallen ab, Bürden verschwinden. Trost stellt sich ein. Wir sind erlöst und nun erst recht bereit, gute Menschen zu sein.

Ebenso wie wir dafür aus einem Kreis unterschiedlichen Vertrauenspersonen wählen können, wählen viele Menschen dafür auch besondere Orte aus. Die Kirche, das Sofa eines Psychotherapeuten, die Natur. Besonders beliebt ist der Berg Athos. Er bildet eine orthodoxe Mönchsrepublik mit autonomem Status unter griechischer Souveränität in

Griechenland. Mein Arztkollege Prof. Rudolf Likar und ich besuchen ein Kloster, das hoch in den Bergen liegt und in der Dämmerung wie ein Geheimversteck aus einem alten James-Bond-Film wirkt, einmal im Jahr. Der russische Präsident Wladimir Putin selbst ließ es einst revitalisieren und besucht es auch. Die Räume glänzen in Gold und es sind kontemplative Tage, die man dort verbringt, mit Beichte, Fasten, Meditation und Gebet. Erwünscht sind nur Männer, Frauen dürfen den Berg Athos leider nicht betreten. Besucher aus allen sozialen Schichten finden sich dort ein, orthodoxe Büßer ebenso wie Verbrecher aus Russland.

Bei der Beichte sitzt ein Priester vorne im Saal. Alle singen. Jeweils ein Mann steht auf, geht nach vorn und flüstert ihm etwas ins Ohr. Der Priester legt ihm seine eigene Stola um, spricht ihn frei und zieht die Stola wieder weg. Dabei wird vielleicht eine besondere Energie frei, die alle im Saal zu spüren vermeinen.

Beichten als regelmäßige Übung könnte uns sogar vor Krankheit schützen und macht uns als Menschen besser. Probieren Sie's aus.

Charakterfitness-Trainingsstufe drei:
Pflege den Kompromiss

In unserer von Egomanie geprägten Gesellschaft hat sich der Kompromiss den Ruf als etwas erworben, bei dem beide verlieren. In Wirklichkeit ist er viel mehr als eine Vereinbarung mit wechselseitigen Vor- und natürlich auch Nachteilen. Er ist ein Grundprinzip der Evolution und als Muster tief in unserem Genom eingeschrieben. Denn wir sind nichts anderes als der Kompromiss zwischen den Genen unserer Eltern. Wenn wir uns im Kompromiss üben, üben wir uns in nichts Geringerem als dem Einhalten der Verfassung der Natur.

Lange war ich Mitglied der Bioethikkommission, die der vormalige österreichische Bundeskanzler Wolfgang Schüssel eingerichtet hatte. Sechs Jahre davon leitete ich sie auch. Die Essenz aus der schönen Tätigkeit steckt im Wort Kompromiss. Sich einigen auf etwas Gemeinsames, statt stur auf dem Eigenen zu beharren.

Singuläre Kurzsichtigkeit führt immer über eine Einbahnstraße an eine Wand. Sackgasse. Ende. Hier geht es nicht weiter.

Gute Menschen zeichnet das Zugehen auf Menschen mit anderer Gesinnung aus. Annäherung ist ein Zeichen des Verständnisses. Kompromissbereitschaft ist der rote Teppich des Respekts.

Kooperation ist die einzige Verhaltensweise, die immer zum Erfolg führt. Zusammenarbeit auf allen Ebenen macht Individuen, Gruppen, ganze Staaten und Kontinente fitter und erfolgreicher. Wer auf andere zugeht, Wünsche und Vorstellungen respektiert und den Mittelweg der Vernunft sucht, kommt ans Ziel. Vielleicht nicht immer schnell, aber dafür sicher.

Die Evolution ist seit Millionen Jahren voller Kompromisse. Es geht also, wenn wir wollen. Jeder einzelne Mensch ist ein Kompromiss, und zwar der zwischen den Genen seines Vaters und den Genen seiner Mutter.

Die biologische männliche Rolle ist es dabei, das Kind möglichst groß, stark und robust zu machen. Die väterlichen Gene haben den Ehrgeiz, das Baby wachsen zu lassen und nehmen auf die Mutter, die es auszutragen hat, wenig Rücksicht. Bei der biologischen weiblichen Rolle kommt hinzu, dass die Mutter überleben will und muss, damit auch das Kind überleben kann. Das Kind darf also nicht zu groß, zu stark und zu robust für ihren Körper werden. Die mütterlichen Gene versuchen also, den schwangeren Körper der Frau zu schützen.

Die Überlebens-Gene des Vaters und die Schutz-Gene der Mutter bilden also einen Kompromiss zwischen »Das Kind soll groß und stark werden« und »Ja schon, aber überleben möchte ich bitte auch.«

Diesen Mega-Kompromiss gibt es seit 300 Millionen Jahren. Seit damals schlüpfen die Nachkommen einer Art nicht mehr ausschließlich aus Eiern, sondern bei einigen Arten werden sie im Körper groß. Dieser Kompromiss ist in uns verankert, in jeder Zelle, in unserer kompletten DNA. Wir sind sozusagen ein genetischer Überlebenspakt zwischen dem männlichen und dem weiblichen Prinzip in der Evolution der Säugetiere.

Die Evolution entschloss sich auch beim Vorgang der Geburt zu einem Kompromiss. Auf der einen Seite wünscht sie sich möglichst viele Exemplare einer Spezies. Eine Frau soll also möglichst viele Kinder gebären. Dem gegenüber steht der nahezu unerträgliche Schmerz, den Frauen während der Wehen und der Geburt erleben. Einmal und dann nie wieder wäre ihre folgerichtige Entscheidung danach.

Der Kompromiss, den die Evolution hier schloss, ist fast ein wenig unfair. Okay, sagte sie, ich kann dir den Schmerz nicht nehmen, aber ich kann immerhin dafür sorgen, dass du ihn vergisst. Sie schuf ein eigenes Hormon, das die Erinnerungen an die Wehen und an die Schmerzen der Geburt einfach ausradiert.

Obwohl die Fortpflanzung für die Evolution den höchsten Stellenwert hat, geht sie selbst hier Kompromisse ein, bei denen sie notfalls auf Nachwuchs verzichtet. Das tut sie dann, wenn es um altes gegen neues Leben geht. Wenn sie den Eindruck gewinnt, dass die Frau zu wenige Ressourcen hat, um eine Geburt zu überstehen, zum Beispiel zu wenig Energie oder zu wenig Gewicht, stellt sie die Fortpflanzung im Körper der betreffenden Frau bis auf Weiteres ruhig. Die Frau hat keine Regel und keinen Eisprung mehr.

Unser Körper ist voller Kompromisse, ohne die das System Mensch nicht funktionieren würde. Doch der Kompromiss ist nicht nur das grundlegende biologische Erfolgskonzept. Auch innerhalb der menschlichen Gemeinschaft gewinnen auf Dauer immer nur die, die von ihrer Sturheit ablassen, einlenken und mit anderen einen gemeinsamen Weg finden.

Frieden ist immer ein einziger Kompromiss

Der erste Friedensvertrag der Geschichte ist im Gebäude der *Vereinten Nationen* in New York ausgestellt. Unterschrieben haben ihn am 10. November des Jahres 1259 v. Chr. Pharao Ramses II. und der hethitische Großkönig Hattušili III.[23] Beide Herrscher erkannten einander mit dem Vertrag als gleichrangige Partner an. Als solche versprachen sie sich wechselseitig militärischen Beistand gegen innere und äußere Bedrohungen. Somit waren sie gemeinsam stärker. Dass dieser Vertrag an einem so exponierten Ort zu bewundern ist, hat gute Gründe. Kompromisse und die menschliche Fähigkeit dazu schaffen Zuversicht, und Zuversicht gibt Kraft, die Zukunft zu bewältigen.

Ein besonders interessanter Friede war der Westfälische. Er umfasste zu viele und so weitreichende Kompromisse, dass ihm Juristen bis heute hohe historische Bedeutung beimessen. Wobei dieser Friede auch ein erzwungener war. Denn alle Kriegsparteien waren am Boden und konnten einfach nicht mehr. Kompromisse zu schließen war die einzige Möglichkeit, wie es irgendwie weitergehen konnte. Wobei sich angesichts der derzeitigen Entwicklung der Welt der Gedanke aufdrängt: Fangen wir doch besser gleich jetzt zu reden an als später, wenn schon alles kaputt ist.

Erfolgsmodell Kooperation

Die Grundlage für das Schließen von Kompromissen ist die Bereitschaft zur Kooperation. Wer kooperieren will, muss meist Kompromisse schließen, und wer Kompromisse schließt, will meist kooperieren. Interessante Hinweise auf die Erforschung der Kompromissbereitschaft gibt das sogenannte Gefangenendilemma.

Das Gefangenendilemma ist ein mathematisches Spiel aus der Spieltheorie. Es modelliert die Situation zweier Gefangener, die beschuldigt werden, gemeinsam ein Verbrechen begangen zu haben. Ein Staatsanwalt verhört die beiden Gefangenen einzeln. Sie können also nicht miteinander kommunizieren. Leugnen beide das Verbrechen, erhalten beide eine niedrige Strafe, da ihnen nur eine weniger streng bestrafte Tat nachgewiesen werden kann. Gestehen beide, erhalten beide wegen ihres Geständnisses eine hohe Strafe, aber nicht die Höchststrafe. Gesteht jedoch nur einer der beiden Gefangenen, geht dieser als Kronzeuge straffrei aus, während der andere als überführter, aber nicht geständiger Täter die Höchststrafe bekommt.

Das Dilemma besteht nun darin, dass sich jeder Gefangene entscheiden muss, entweder zu leugnen, also mit dem anderen Gefangenen zu kooperieren, oder zu gestehen, also den anderen zu verraten, ohne die Entscheidung des anderen zu kennen. Das letztlich verhängte Strafmaß richtet sich allerdings danach, wie die beiden Gefangenen zusammengenommen ausgesagt haben und hängt damit nicht nur von der eigenen Entscheidung, sondern auch von der Entscheidung des anderen Gefangenen ab.

Die auf Dauer für alle Beteiligten erfolgversprechendste Strategie ist die Kooperation. In Experimenten waren viele Mitspieler dazu auch bereit. In einem mit vierzig Mitspielern, die jeweils zwanzig Spiele paarweise absolvierten, betrug die Kooperationsrate im Durchschnitt allerdings doch nur relativ bescheidene 22 Prozent.

Schon Aristoteles hielt allerdings in der *Nikomachischen Ethik* fest: »Die beste Art Freundschaft erfordert ein Verhältnis unter Gleichrangigen, das ein wechselseitiges Geben und Nehmen ermögliche.«

Kooperation heißt demnach immer, dass wir einen Preis zahlen, um einem anderen einen Nutzen zu verschaffen. Auf diese Art erkaufen wir uns selbst Nutzen sowie

Reputation. Reputation spielt dabei eine bedeutendere Rolle, als wir zunächst glauben würden.

Wir opfern zum Beispiel wertvolle Zeit, um einem Fremden zu helfen und nehmen dafür in Kauf, zu einem wichtigen Termin zu spät zu kommen. Wir bauen so aber auf lange Sicht eine Reputation auf, die mehr wert ist, als sie an Zeit gekostet hat.

Denn niemand verweigert gerne einer Person mit hoher Reputation Hilfe, das schadet der eigenen Reputation ganz besonders. Bei egoistischen Personen mit geringem Ansehen ist das etwas anderes. Ihre Bitte um Hilfe können wir viel eher unbeschadet ignorieren.

Das gilt übrigens nicht nur für jeden einzelnen Menschen, sondern auch für Gruppen und für Gruppen von Gruppen bis hin zu Staaten. Wenn Griechenland Hilfe braucht, ist die Staatengemeinschaft zur Stelle. Wenn ein Schurkenstaat Hilfe braucht, wendet sie sich ab und denkt, dass die jeweilige Regierung besser die Lehren aus der Not ziehen sollte.

Interessant ist hier übrigens auch der medizinische Zusammenhang von Kooperation und Kapital. Wenn wir uns mit etwas eine gute Reputation verschaffen, werden im Belohnungszentrum des Gehirns dieselben Schaltungen aktiv wie beim Geldverdienen. Reden ist Silber, Schenken ist Gold.

Faule Kompromisse

Hinter Kompromissen können sich also immer auch egoistische Abwägungen verbergen, was immer noch besser ist als Krieg. Allerdings gibt es auch faule Kompromisse, etwa zwischen Ethik und Pragmatik, zu denen es immer dann kommt, wenn der Zweck die Mittel heiligen soll. Kann der Zweck die Mittel überhaupt heiligen, und wenn ja, inwieweit heiligt er sie?

Im Zuge der Corona-Krise etwa tauchte die Frage auf, ob individuelle Freiheitsrechte aus Gründen der Staatsräson beschnitten werden dürfen. Heiligt der Zweck wirklich die Mittel oder bekommen wir irgendwann auf jeden Fall die Rechnung dafür präsentiert, in Form einer Erosion unserer Zivilgesellschaft?

Ein Beispiel aus der Vergangenheit ist die Exekution Osama bin Ladens. Die emotional verständliche, aber rechtsstaatlich fragliche Ermordung eines Terrorchefs, die per Video ins Oval Office von Barack Obama übertragen wurde, ist zumindest diskussionswürdig.

Natürlich hat bin Laden die freiheitliche Seele der Welt verletzt. Amerika drängte darauf, die Mordopfer von 9/11 zu rächen. Aber ein Todesurteil, und das ist der Punkt, kann nicht das Weiße Haus verhängen und, außerhalb von Kriegszeiten, auch nicht das Militär. Natürlich wäre seine Übergabe an ein Gericht der korrekte Weg gewesen. Inwieweit machen sich sogenannte zivilisierte Staaten mit so einem Vorgehen selbst zu Schurkenstaaten, zumindest schleichend? Interessanterweise waren die, die dabei am meisten applaudiert haben, die amerikanischen Medien selbst. Gut so, meinten sie. *Yes we can.*

Ein anderes Beispiel. Der Dichter Hans Magnus Enzensberger nahm 2013 gemeinsam mit dem deutschen Journalisten Frank Schirrmacher an einer Diskussion teil. Dabei ging es auch um die Frage, ob Staaten Terroristen überwachen dürfe. »In jeder Verfassung der Welt steht das Recht auf Privatsphäre«, sagte er dazu. »Dieses Recht auf die Unverletzlichkeit der Wohnung wird abgeschafft. Das heißt, wir befinden uns nicht mehr in einem demokratischen Zeitalter.«

Für Enzensberger heiligt also auch der Schutz der Rechtsstaatlichkeit nicht jedes Mittel. So drängt sich auch nach der Veröffentlichung des sogenannten Ibiza-Videos, an dem 2019 die österreichische Bundesregierung zerbrach, die Frage auf, ob hier der Zweck tatsächlich die Mittel geheiligt hatte. Ob es tatsächlich Ziele gibt, die so bedeutend sind, dass sie die Verletzung des Datenschutzes beziehungsweise der Privatsphäre rechtfertigen. Im Falle von Politikern scheint das Medienrecht das zu bejahen.

Wobei es hier im medienrechtlichen Detail nicht darum geht, dass dieses Video veröffentlicht wurde, sondern wie. Jene Passagen, die Empörung auszulösen in der Lage waren, standen mit Bild und Text im Vordergrund, jene Passagen, in denen die Inkriminierten, vor allem der ehemalige österreichische Vizekanzler Heinz-Christian Strache, betonten, dass sie nichts tun würden, dass gegen die Gesetze sei oder Österreich schaden würde, standen im Kleingedruckten. Die unter medialem Applaus gefeierte Gewichtung Enzensbergers und Schirrmachers der Privatsphäre fanden dabei jedenfalls keine Berücksichtigung.

Heiligt der Zweck die Mittel? Bertolt Brecht, ein einflussreicher deutscher Dramatiker, beschäftigte sich ebenfalls mit dieser Frage. 1930 wurde sein Stück *Die Maßnahme* uraufgeführt. Darin findet sich der Schlüsselsatz: »Wer eine bessere Welt will, muss töten können.« Und zwar mit gutem Gewissen und auch ohne Gerichte.

Die Frage, wie weit die Revolution moralische und rechtliche Grundsätze verletzen darf, um Ausbeutung und Unterdrückung wirksam zu bekämpfen, die Brecht damit aufwarf, war eigentlich an die marxistische, menschenverachtende Terrorherrschaft Lenins und Stalins gestellt. Heute ließe sich der Schlüsselsatz aus *Die Maßnahme* so formulieren: Wer die Welt von politisch Andersdenkenden befreien möchte, dem sind keine ethischen Grenzen gesetzt, auch nicht in den sozialen Medien und beim Dirty Campaigning.

Heiligt der Zweck die Mittel?

Auch Thomas Mann befasste sich in seinem großen Bildungsroman *Zauberberg* damit. Anhand der düsteren Figur des Fanatikers Leo Naphta zeichnet er eine Gestalt, die bemüht war, allen Unmenschlichkeiten eine dogmatische Grundlage zu geben. Er schuf damit eine »zweite Ethik«, die den Terror rechtfertigt, wenn damit das Ziel erreicht wird.

Auch heute scheint es eine Tendenz zu geben, die eigene politische Meinung über demokratische Grundlagen zu stellen und so den Zweck die Mittel heiligen zu lassen. So verbot die linke Stadtregierung in Berlin, wo Demonstrationen zum Stadtbild gehören, Corona-Großdemonstrationen und vermischte dabei virologische und weltanschauliche Bedenken. Die Argumente des SPD-Senators Andreas Geisels waren fragwürdig. »Sie wecken Zweifel an der Verfassungstreue des rot-rot-grünen Berliner Senats. Und sie nähren den Verdacht, der Kampf gegen die Pandemie werde missbraucht, um missliebige Meinungen zum Schweigen zu bringen«, hieß es dazu in einem Kommentar der *Neuen Zürcher Zeitung*.[24]

Das alles sind Hinweise darauf, dass wir uns auch als Gesellschaft nie selbstgefällig unseres Gutseins sicher sein dürfen. Auch wir haben den Charakter-Fitness-Parcours dringend nötig. Wenn wir müde werden, ihn zu benützen, erodiert die Zivilgesellschaft tatsächlich.

Charakterfitness-Trainingsstufe vier:

Halte die andere Wange hin

Die Königsdisziplin ist das Nachgeben. Auf den ersten Blick sieht es immer so aus, als wären wir damit die Verlierer. Doch eine nähere Betrachtung zeigt, dass das Nachgeben die höchste Form des Kompromisses und damit mindestens ebenso erfolgsversprechend ist. Und würden wir alle, bildlich gesprochen, die zweite Wange hinhalten, statt zurückzuschlagen, würde sich das Gute auf der Welt mit exponentieller Geschwindigkeit ausbreiten.

Ein umfangreicher Teil der Weltgeschichte, nämlich jener des Kriegsgeschehens, lässt sich mit zwei Sätzen erklären: Kriege können entstehen, wenn jemand eine Ohrfeige bekommt und sofort zurückschlägt. Schlägt er nicht zurück, sondern hält er, bildlich gesprochen, die zweite Wange hin, gibt es keinen Krieg. Die Botschaft lautet: Üben wir uns im Nachgeben, denn es verbessert die Welt und bringt uns dem Himmel näher.

Die Kunst besteht darin, Aggressionen, die uns widerfahren, nicht sofort mit Aggression zu beantworten. Das verlangt nach innerer Kraft. Jemand behandelt uns ungerecht, doch wir fahren ihm nicht sofort mit unseren Krallen ins Gesicht, sondern warten, denken nach und zügeln unsere negative Energie. Dadurch bleibt ein Kampf aus. Dadurch erhöhen wir uns. Dadurch wachsen wir über uns hinaus. Dadurch wird die Welt besser. Nachzugeben ist die erweiterte Form des Kompromisses. Es ist im wahrsten Sinn des Wortes eine Königsdisziplin.

Einlenken tut gut. Das ist wissenschaftlich evident. Wir leben gesünder, wenn wir darauf verzichten, Gleiches mit Gleichem zu vergelten. Die Studien dazu sind in einer Meta-Analyse zum Thema Herzerkrankungen zusammengefasst. Sie zeigen das Naheliegende: Zorn erhöht das Herzinfarktrisiko signifikant.[25]

Der Blutdruck steigt rapide an, der Puls hämmert, der Atem wird heiß, die Augen sehen rot. Wer sich wie ein Pitbull auf seinen Widersacher stürzt, versetzt auf Dauer seiner eigenen Gesundheit den Todesstoß. Denn das Herz ist das Organ der Liebe. Es sieht es nicht gerne, wenn der Hass dominiert. Wird der Groll zur treibenden Kraft, gibt das Herz irgendwann auf.

Wir lächeln heute über die Bibelstelle, die uns sinngemäß empfiehlt, die zweite Wange hinzuhalten, wenn uns jemand ohrfeigt. Wie dumm ist das denn? Wer will sich denn auf die Art als Weichei outen? Irgendwann scheinen wir das Gefühl für das Majestätische am Nachgeben verloren zu haben.

Dabei ist die Aggression, derer wir uns gerade in unserer Empörungsgesellschaft so gerne bedienen, nichts weiter als die simpelste Art, einem Zwist zu begegnen. Es ist das Schwert des Stümpers, nicht das Florett des Weisen. Die Geschichte ist voll von Beispielen dafür, dass Nachgeben die bessere Strategie ist.

Eines davon geben Napoleon Bonaparte und sein Kratzbaum Charles-Maurice de Talleyrand-Périgord. Während Napoleon zum Jähzorn neigte, war Talleyrand, ehemals Bischof von Autun, später Außenminister Napoleons und sein engster Berater, ein Ausbund an Selbstkontrolle. Niemals widersprach Talleyrand seinem Herrn, den er auch wie einen solchen behandelte. Ihm wird folgender Satz zugeschrieben: »Ich bin ein alter Parapluie, auf den es seit vierzig Jahren regnet, was macht mir da ein Tropfen mehr oder weniger?«

Überliefert ist eine Szene, in der sich Napoleon mit hochrotem Kopf auf die Zehen stellte, um ganz nahe an das Gesicht des größeren Talleyrand heranzukommen. »Wissen Sie, was Sie sind?«, schrie er ihn an. »Sie sind nichts als Scheiße in Seidenstrümpfen!« Daraufhin rannte der Kaiser aus dem Zimmer, um gleich darauf wieder zurückzukehren und weiter auf seinen Getreuen einzuschreien. Wenn es »eine Revolution, einen Putsch oder sonst irgendwas« gäbe, werde er, Talleyrand, einer der ersten sein, die dran glauben würden. »Merken Sie sich das!«, schrie er.

An dem majestätisch gelassenen Talleyrand perlte derlei ab. »Schade, dass ein so großer Mann so schlechte Manieren hat«, soll er bloß beim Hinausgehen gesagt haben. Napoleon musste dann auch vor ihm »dran glauben«. Als Napoleon nach St. Helena verbannt wurde und dort an Magenkrebs mit Lymphknotenbefall starb, blieb Talleyrand ein Faktor in der Politik. Er diente in seinem politischen Leben sechs Regimen. Zuerst der vorrevolutionären Kirche, danach der Revolution, dem Direktorium, dem Kaiserreich, den Bourbonen und am Ende dem Bürgerkönig Louis Philippe. Das Geheimnis hinter seiner Strategie war, einstecken zu können, ohne auszuteilen. In seiner Branche gibt es dafür auch ein Wort mit zehn Buchstaben: Diplomatie. Der Zornige gewinnt vielleicht eine Schlacht, aber nie den Krieg.[26]

In dieser Kunst übte sich im Mai 2020 übrigens auch der österreichische Bundeskanzler Sebastian Kurz in bemerkenswerter Weise. Es ging um die Situation der Kunst in der Corona-Krise. In einer Einblendung kritisierte ihn der Direktor des Theaters an der Josefstadt ungewöhnlich hart und teilweise untergriffig. Der Kanzler nickte. »Der Herr Direktor hat recht. Wir werden uns das überlegen.«

Am Sonntag war der Theaterdirektor erneut eingeladen. Der Direktor war nun wie ausgewechselt. Sinngemäß sagte er, dass die Meinung des Kanzlers viele interessante Aspekte habe, dass er sich offenbar ehrlich bemühe und dass man sehen werde, was die Zeit bringe. Besonnenheit, auch wenn sie glatt ist und bloß als politische Methode der Empfehlung von Spin-Doktoren folgt, führt offenbar zu Besonnenheit.

Manche Menschen tun sich damit leichter, andere schwerer. Denn die Ursachen für Jähzorn liegen oft in der Endokrinologie. Sie haben zum Beispiel mit dem Testosteronspiegel zu tun, der bei jedem Menschen genetisch determiniert ist. Mit ihm steigt der Hang zur Aggression. Davon mehr im dritten Teil, in dem wir uns auch mit der Wirkung unseres Hormonhaushaltes auf unser Verhalten und mit der Wirkung unseres Verhaltens auf unsere Hormone befassen werden.

Am Nordufer des Sees Genezareth

Die Geisteshaltung des Nachgebens und Hinnehmens, selbst wenn wir ungerecht behandelt werden, wurzelt im Christentum. Genau genommen entstand sie am Nordufer des Sees Genezareth. Es ist ein magischer Ort mit warmen Quellen, und wo warme Quellen sprudeln, schwimmen meist auch viele Fische, die wiederum Fischer anlocken. Dort, auf einer Erhebung, hielt Jesus Christus die Bergpredigt, vor Fischern, die seine Apostel wurden, und in der er die Sache mit der zweiten Wange erstmals verkündete.

Im Matthäus-Evangelium finden wir die Bergpredigt mit ihrer zeitlosen Gesetzmäßigkeit. *Als Jesus die vielen Menschen sah, stieg er auf einen Berg,* heißt es dort. *Er setzte sich, und seine Jünger traten zu ihm. Dann begann er zu reden und lehrte sie.* Dann kommt Jesus zur Sache. *Ihr habt gehört, dass gesagt worden ist: Auge für Auge und Zahn für Zahn. Ich aber sage euch: Leistet dem, der euch etwas Böses antut, keinen Widerstand, sondern wenn dich einer auf die rechte Wange schlägt, dann halt ihm auch die andere hin.*

Ihr habt gehört, dass gesagt worden ist: Du sollst deinen Nächsten lieben und deinen Feind hassen.

Ich aber sage euch: Liebt eure Feinde und betet für die, die euch verfolgen, damit ihr Söhne eures Vaters im Himmel werdet. Denn er lässt seine Sonne aufgehen über Bösen und Guten, und er lässt regnen über Gerechte und Ungerechte.

Der Verzicht auf Gegenwehr hat freilich auch in der Bibel nichts mit Kapitulation zu tun. Um das zu erkennen, bedarf es einen Blick auf die sprachlichen Feinheiten. Im Griechischen und im Hebräischen bedeutet »keinen Widerstand leisten« eigentlich, »du sollst deine Art überwinden«.

Unsere »Art« meint grob gesagt unseren Egoismus, das von unserem Willen geschaffene Konstrukt unserer Überzeugungen, Ideen und Wünsche, das wir vor uns hertragen, und mit dem wir uns oft genug selbst im Weg stehen. Als der Rabbi Akiba, einer der bedeutendsten Väter des Judentums, gefragt wurde, wie er sein hohes Alter erreicht habe, antwortete er: »Ich habe nicht auf meine Art bestanden.«

Das bedeutet, er konnte nachgeben.

»Leiste keinen Widerstand und lass dich auf die andere Wange schlagen« heißt in Wahrheit »Entledige dich deiner alten Muster, sei nicht dein altes Du, dein erzürnbares Ego, sondern wachse über deine Art hinaus«. Mit Schwäche hat das ganz bestimmt nichts zu tun.

Dass wir diese Art der Demut, die Kunst des Nachgebens, nicht einfach von heute auf morgen lernen können, ist klar. Entscheiden wir uns dafür, wird unser erster Impuls, wenn uns jemand auf die Zehen steigt, wohl trotzdem noch eine Weile kein herzliches Dankeschön sein. Das verlangt Übung. Askese. Und Training der inneren Ausgeglichenheit, denn je unruhiger unser Geist ist, desto leichter lassen wir uns reizen.

Die Feldrede nach der Bergpredigt

In der Feldrede, einem Teil des Lukasevangeliums, in dem Jesus seine Lehre verkündet, klingt die Botschaft ganz ähnlich. *Euch, die ihr mir zuhört, sage ich: Liebt eure Feinde; tut denen Gutes, die euch hassen. Segnet die, die euch verfluchen; betet für die, die euch misshandeln. Dem, der dich auf die eine Wange schlägt, halt auch die andere hin, und dem, der dir den Mantel wegnimmt, lass auch das Hemd. Gib jedem, der dich bittet; und wenn dir jemand etwas wegnimmt, verlang es nicht zurück. Was ihr von anderen erwartet, das tut ebenso auch ihnen. Wenn ihr nur die liebt, die euch lieben, welchen Dank erwartet ihr dafür? Auch die Sünder lieben die, von denen sie geliebt werden. Und wenn ihr nur denen Gutes tut, die euch Gutes tun, welchen Dank erwartet ihr dafür? Das tun auch die Sünder. Und wenn ihr nur denen etwas leiht, von denen ihr es zurückzubekommen hofft, welchen Dank erwartet ihr dafür? Auch die Sünder leihen Sündern in der Hoffnung, alles zurückzu-*

bekommen. Ihr aber sollt eure Feinde lieben und sollt Gutes tun und leihen, auch wo ihr nichts dafür erhoffen könnt. Dann wird euer Lohn groß sein und ihr werdet Söhne des Höchsten sein; denn auch er ist gütig gegen die Undankbaren und Bösen. Seid barmherzig, wie es auch euer Vater ist!

Egoismus, der sich im Kleid der Nächstenliebe verbirgt, hat da keine Chance mehr. Der Effekt eines solchen Verhaltens, ins Heute umgelegt, wäre sicht- und messbar. Wir bräuchten weniger Rechtsanwälte und würden unser Herz-Kreislauf-System entlasten. Mahatma Gandhi hat gezeigt, dass sich damit auch Politik machen lässt. Gewaltlos lässt sich die Welt verändern. Das gilt für jeden Menschen und jedes politische Problem. Würden wir das Wangen-Gebot im Nahen Osten einhalten, gäbe es dort möglicherweise schon Frieden. Das ist die große Conclusio: Böses mit Bösem zu vergelten, führt zu einer exponentiellen Ausbreitung des Bösen. Böses mit Gutem zu vergelten, führt zu einer exponentiellen Ausbreitung des Guten.

Umso nachdenklicher stimmt es, wenn die Symbole dieser Botschaft in Flammen aufgehen. In Frankreich und Amerika brennen immer öfter Kirchen und Heiligenstatuen werden geköpft.[27] Weltweit werden immer mehr Christen verfolgt. Wer darüber spricht, wird schnell als islamophob oder rechtsextrem gebrandmarkt.[28] Und Brüssel schweigt dazu.

Charakterfitness-Trainingsstufe fünf:
Höre auf den Wald

In der Natur liegt eine Kraft, die uns zu besseren Menschen macht. Wenn wir uns mit ihr vereinen, vereinen wir uns letztlich auch mit uns selbst und mit einem größeren Ganzen, das uns die Dinge relativer sehen lässt. Doch Natur ist mehr als Blumen, Wald und Wiesen. Uns die Natur bewusst zu machen und uns mit ihr zu vereinigen, hat auch etwas mit Viren zu tun, ohne die es uns gar nicht gäbe.

Das Dekameron ist der Titel einer Novellensammlung des italienischen Autors Giovanni Boccaccio, einem Stück Weltliteratur.[29] Die Handlung: Als im 14. Jahrhundert in Europa die Pest wütet, fliehen zehn junge Edelleute, sieben Frauen und drei Männer, in ein von üppigen Gärten umgebenes Landhaus bei Florenz und vertreiben sich die Zeit, indem sie einander zehn Tage lang Geschichten erzählen.

Die Flucht in die Natur, auch *Retreat* genannt, ist wieder massentauglich geworden. Sie hat den Rang eines spirituellen Rückzugs aus dem Alltag und dient als Ruhepause für Körper und Geist. Man fährt aufs Land und lässt die Seele in den Himmel schauen. Man macht kreative Seminare und erweitert den Horizont. Der Wald heilt. Bäume sind gute Ärzte. Dass das keine verträumte Romantik einiger Esoteriker ist, die barfuß über die Wiese hopsen und Bäume umarmen, zeigen Wissenschaft jede Menge Fachliteratur.

Eine Studie aus Dänemark besagt: Wer in seiner Wohnung von Grün umgeben ist, hat ein um 55 Prozent geringeres Risiko, an psychischen Problemen zu erkranken. Eine amerikanische Studie bestätigt: Nur dreißig Minuten im Grünen senken den Cortisolspiegel bereits deutlich. Eine britische Studie ergab: Ausgeglichenheit und Wohlbefinden sind dann am größten, wenn wir mindestens zwei Stunden pro Woche im Freien verbringen. Eine japanische Studie wiederum ergab: Der Mensch hat mehr Immunzellen, wenn er die Nacht über eine Luft einatmet, die aus dem Wald kommt. Das stärkt die *natural killer cells*, die durch Terpenoide gestärkten, natürlichen Killerzellen. Und eine Studie aus Pennsylvania, schon von 1993, belegte: Wenn wir von einem Krankenzimmer aus ins Grüne blicken, ist die Heilungswahrscheinlichkeit viel größer. Ähnlich eine Arbeit über Gefängnisinsassen: Die Aggressionen werden weniger, wenn die Häftlinge ins Grüne können, etwa indem sie in einem Park spazieren gehen.[30]

Wir dürfen nicht vergessen, es gibt den Homo sapiens seit dreihunderttausend Jahren, das sind zehntausend Generationen. Wir tragen deshalb das Genprofil der Natur in uns. Glück und Furcht zum Beispiel. Wenn wir eine Schlange sehen, sind wir verängstigt. Aber wenn ein Rowdy in seinem Sportwagen mit 150 Sachen an uns vorbeirast, schreckt uns das kaum.

Die universelle Schönheit

Gewisse Gefühle sind im Erbgut verankert, bei allen Menschen. Die Schönheit der Natur, ein weißer Sandstrand, ein Wasserfall, ein Sonnenuntergang, ein See, ein Bergmassiv im Morgenlicht. Warum empfinden wir manche Landstriche als besonders schön? Der Forschungsreisende Alexander von Humboldt fragte sich das schon im 18. Jahrhundert.

Eine Arbeit aus dem *Max-Planck-Institut* gibt heute Antwort darauf. Bei der Kunst existieren unterschiedliche Geschmäcker, aber ob die Natur schön ist oder nicht, beantworten alle Menschen gleich. Für das Leuchten des Planeten hat jeder das gleiche Empfinden. Glück und Natur liegen nah beieinander.

Deswegen ist, was wir heute *gardening* nennen, nichts anderes als eine Therapie für Körper und Seele.[31] Es baut Stress ab, fördert körperliche Aktivität und bringt rasch ein Erfolgserlebnis. Sich mit der Erde zu beschäftigen, Dinge anzupflanzen, wachsen und sprießen zu sehen, das ist schön. Wir lieben das Graben und Anbauen und Warten, bis die Saat gedeiht. Jeden Tag zeigt sich die Natur dabei von einer anderen Seite. Der Philosoph und Psychoanalytiker Erich Fromm fasste es in einer These zusammen, in der sogenannten Biophilie, der »leidenschaftlichen Liebe zum Leben und allem Lebendigen«.

Wir fühlen uns am lebendigsten, wenn wir mit der Umwelt in Verbindung treten. Wenn wir in der Natur sind, ändern sich die Gehirnströme. Der Körper schüttet nicht nur weniger Stresshormone aus, auch das Herz schlägt ruhiger. Studien zeigen, dass wir in Parks und baumbewachsenen Straßen langsamer gehen. Wir sind dort sogar freundlicher zu anderen. Wenn wir uns zum Teil der Natur machen, sehen wir das Leben als Ganzes und nehmen uns nicht so wichtig. Die Natur macht uns zu besseren Menschen.

Auch Viren sind Natur

Weil, während ich das im Sommer 2020 schreibe, die COVID-19-Pandemie eine tiefe Angst vor Viren geweckt hat, sollten wir uns an dieser Stelle kurz daran erinnern, dass auch sie ein Teil der Natur sind, und zwar ein wesentlicher. Ohne Viren gäbe es uns nicht. Sie sind schon viel länger auf der Erde als wir, rund zwei Milliarden Jahre lang. Nicht sie waren die Eindringlinge auf diesem Planeten, sondern wir waren es, denn die Viren hatten es sich hier bereits gemütlich gemacht, lange bevor wir kamen. Wahrscheinlich werden sie auch noch da sein, wenn wir Menschen längst wieder ausgestorben sind. Das heißt, dass sie uns nicht brauchen, wie wir vielleicht denken. Im Gegenteil. Wir brauchen sie. Wir verdanken ihnen sogar unsere Existenz.

Lassen Sie uns, um das besser zu verstehen, ein paar Jahre in die Vergangenheit und dort durchs Mikroskop schauen. Es war wirklich eine große Enttäuschung, als der amerikanische Biochemiker und Unternehmer Craig Venter das menschliche Genom dechiffrierte hatte und, in Anwesenheit des amerikanischen Präsidenten, erkennen musste, dass der Mensch gerade einmal 20.000 Gene hat. Der einfache Reis hat doppelt so viele, der Weizen fünf Mal so viel. Die Krone der Schöpfung, das vermeintlich großartigste Lebewesen, hatte einen läppischen Genpool.

Woraus bestehen wir dann letzten Endes? Aus Knochen, Knorpeln und Körpersäften? Aus guten Ideen? Wie konnten wir zu einer so dominanten Spezies werden?

Ein überraschendes Ergebnis des Humangenomprojekts, das 1990 mit dem Ziel ins Leben gerufen wurde, das menschliche Genom vollständig zu entschlüsseln, war, dass große Teile unseres Erbguts von Viren stammen.[32] Diese viralen Sequenzen machen mehr als die Hälfte unseres gesamten Genoms aus. Es ist ein Patchwork zwischen Viren und Mensch.

Die viralen Anteile stammen überwiegend von sogenannten Retroviren, die die Vorfahren des Menschen infizierten und es dabei schafften, ihr Erbgut dauerhaft in das Genom ihres Wirtes einzubauen. Viren waren also unsere ersten Kooperationspartner, denen wir verdanken, wie wir aussehen, wie wir sind und was wir können.

Es sieht fast so aus, als hätten wir über die Viren die Qualitäten früherer Lebewesen eingesammelt und für uns nutzbar gemacht, als hätten wir damit in einer Art

Evolutionsarchiv die Weisheit der Erdgeschichte in uns aufgenommen.

Durch Viren haben in erster Linie die Bakterien, aber auch andere, einfache Lebewesen immer neue DNA und RNA geschenkt bekommen. Das bedeutet, Viren sorgten für evolutionäre Fortschritte, und interessanterweise sind es auch Viren, die uns, kurz gesagt, vor Viren schützen. Die guten schützen uns vor jenen, die uns schaden. Denn Viren wehren sich gegen Viren, indem sie eigene Strategien entwickeln. Sie betreiben taktische, biochemische Kriegsführung, als kleine Generäle mit großem Wirkungsbereich.

Viren sind also keineswegs nur unsere ausgewiesenen Feinde und jene Krankmacher, als die sie heute gelten. Respektsabstand zu ihnen zu halten, ist trotzdem erforderlich. Es geht hier nicht um den Babyelefanten, der mit dem oft kindischen Getöse um die COVID-19-Pandemie bekannt wurde. Es geht um einen gedanklichen Respektsabstand. Viren sind keine Kuscheltiere. Wer zu leutselig mit ihnen umgeht, wird funktionell überrannt.

Die Natur, Lehrmeisterin und Förderin auf unserem Weg, gute Menschen zu sein, besteht also aus mehr als Wiesen, Blumen und Wäldern. Das müssen wir auf dem Charakter-Fitness-Parcours verstehen: Eins mit der Natur zu werden, heißt, eins mit uns selbst zu werden. Wenn wir das schaffen, tragen wir nicht nur zu unserem Glück, sondern zum Glück der Welt bei. Das ist das Biophilia-Gesetz.

Der Respekt vor der Natur

Machen wir an dieser Stelle noch einen kleinen Vorgriff auf den zweiten Teil, in dem es, wie gesagt, darum geht, welchen Nutzen es uns bringt, gut zu sein, und welchen Schaden es bringen kann, wenn wir es nicht sind. Gut zu sein heißt, wie schon angedeutet, nicht nur gut zu unseren Mitmenschen zu sein und sie zu achten, sondern auch gut zur Natur zu sein und sie zu respektieren.

Wiederholt haben Wissenschaftler darauf hingewiesen, dass die COVID-19-Pandemie zustande kam, weil wir die Grenzen zwischen Tier und Mensch überschritten haben. Das war wahrscheinlich immer schon ein Problem, seit Menschen sesshaft sind und Tierzucht betreiben, aber heute ist es offensichtlich so, dass das Übermaß mehr Probleme schafft. Wir kriegen den Rand nicht voll.

Obwohl wir es besser wissen sollten: Das Grippe-Virus kommt von den Schweinen und das hoch ansteckende Rotavirus, die weltweit häufigste Ursache für schwere Durchfallerkrankungen bei Säuglingen und Kindern, von den Kälbern. Wir importieren solche Erreger, seit wir Ackerbau, Viehzucht und vor allem Völlerei betreiben aus dem Tierreich.

Viren mögen unsere ersten und vielleicht wichtigsten Kooperationspartner sein, doch sie können zu Raubtieren werden, wenn wir die Balance stören. Was das bedeuten kann, hat Professor Harald zur Hausen herausgefunden. Er entdeckte, dass Viren Krebs auslösen können und erhielt dafür den Nobelpreis. Er ist auch fest überzeugt davon, dass im Fleisch, das wir essen, so viele RNA-Bestandteile sind, dass deren Konsum für das Kolonkarzinom mitverantwortlich ist. Kurzum: Rotes Fleisch kann Darmkrebs verursachen.[33]

Am fünften Tag schuf Gott der biblischen Schöpfungsgeschichte zufolge das »Getier« und er gab uns, die er demnach erst tags darauf schuf, den Auftrag, damit wie mit der gesamten Natur respektvoll umzugehen. Was wir nicht tun. Die industrielle Tierhaltung ist nach den von Menschen an Menschen begangenen Genoziden eines der großen Menschheitsverbrechen. Die Industrie und wir alle als Konsumenten begehen es bloß nicht aus böser, unmittelbarer Absicht, sondern aus Gier und Fresslust. Die Folgen mildert das nicht.

Wir produzieren dabei Tote auf vielfältige Weise. Durch die Zivilisationskrankheiten, die mit übermäßigem Fleischverzehr einhergehen. Durch die genannten Krankheiten, die aus dem Tierreich auf Menschen übergesprungenen sind. Durch die Vernichtung von Regenwäldern, um Anbauflächen für Futtermittel zu schaffen. Durch mangelnde Anbauflächen für den Kampf gegen den Hunger auf der Welt, weil wir sie als Weideland verwenden. Durch die Treibhausgase, die die derzeit lebenden eine Milliarde Rinder, 600 Millionen Schweine und 50 Milliarden Hühner in die Atmosphäre absondern. Durch die Vergiftung des

Grundwassers durch tierische Exkremente sogar schon in der bisher noch heilen Welt der Berge und Almen, weil Bauern selbst dort extensive Viehwirtschaft betreiben.[34]

Zählen wir die Opfer zusammen, die das alles schon gefordert hat und die es noch fordern wird, dann sind das bei Weitem mehr als die Opfer aller Genozide zusammen. Ganz abgesehen davon, dass das alles das Zeug hat, unser Ökosystem kollabieren zu lassen und damit die sogenannte *Carrying Capacity* des Planeten zu reduzieren. Sinkt sie in einem durchaus realistischen Katastrophenszenario zum Beispiel auf fünf Milliarden, heißt das, dass drei Milliarden Menschen sterben müssen, weil der Planet sie einfach nicht mehr ernähren kann.

Dazu noch einige Fakten: Shefali Sharma vom *Institute for Agriculture and Trade Policy* wies 2018 in einer Studie nach, dass die fünf weltweit größten Fleisch- und Molkereikonzerne zusammen mehr Treibhausgas-Emissionen verursachen als die drei größten Ölkonzerne *Exxon Mobil*, *Shell* und *BP* zusammen.[35]

Eine deutsche Studie zeigte 2015, dass 88 Prozent von 57 Putenfleischproben antibiotikaresistente Keime enthielten.[36] Eine 2020 publizierte Studie der *Northwestern Medicine and Cornell University* ergab, dass Personen, die mehrmals pro Woche rotes oder verarbeitetes Fleisch essen, ein bis zu sieben Prozent höheres Risiko einer Herz-Kreislauf-Erkrankung und eines frühzeitigen Todes haben.[37]

Andere Studien zeigten einen Zusammenhang zwischen Fleisch und Krebserkrankungen, Übergewicht und Depressionen. Letzten Endes sieht die Rechnung so aus: Der Profit aus der Nahrungsindustrie wirkt sich direkt proportional auf unseren Körper, unseren Geist und den ganzen Planeten aus.

Es wäre Unfug zu behaupten, dass Gott uns damit bestraft für unsere krassen Verstöße gegen die Regeln, die er uns in seiner Heiligen Schrift, der Bibel, mitgegeben hat. Es scheint aber doch so zu sein, dass diese Heilige Schrift in Teilen die uralte Verfassung der Natur abbildet. Eine Verfassung, in der alles mit allem verbunden ist und die deshalb gerade uns Menschen, die wir durch unsere Vielzahl und unsere Erkenntnisfähigkeit alles dominieren, Respekt abverlangt. Man könnte es so formulieren: Wir bestrafen uns selbst, wenn wir diese Verfassung mit Füßen treten. Die Industrie, indem sie alles andere ihrer Gewinnmaximierung unterordnet, und wir alle, indem wir möglichst viel möglichst billiges Fleisch essen wollen. Vielleicht straft uns nicht Gott dafür, aber die Natur rächt sich, und wir sehen das noch immer viel zu wenig.

Woraus sich die Frage nach den Alternativen ergibt. In einer Milliardenindustrie, die vegane fleischähnliche Lebensmittel mit fragwürdigen gesundheitlichen Aspekten herstellt, können sie kaum bestehen. Die Alternativen ließen sich, da wir nun schon einmal dabei sind, auch aus der Bibel ableiten. Gott der Herr setzte den Menschen in den Garten, dass er ihn bebaue und bewahre, heißt es darin. Respekt vor der Natur gebietet uns also, die Balance zu halten. Als Allesfresser brauchen wir Fleisch, doch es muss darum gehen, wie viel davon wir brauchen, welches wir essen wollen und wie wir es herstellen.

Konrad Lorenz, der österreichischer Zoologe, Medizin-Nobelpreisträger und Hauptvertreter der klassischen vergleichenden Verhaltensforschung, war oft bei meinem einstigen Arbeitgeber und Mentor, dem Wiener Kardinal König, zum Mittagessen geladen. Obwohl Lorenz Atheist war, unterhielten sich die beiden immer angeregt. »Es ist der Balanceakt, der den Menschen fehlt«, sagte Lorenz.

Der Balanceakt, den Lorenz meinte, ist es, was uns zu guten Menschen und im Sinne des in der Verfassung der Natur verankerten Gesetzes des Ausgleichs auch zu glücklichen Menschen macht, die gesund, im Wohlstand und in Harmonie mit ihren Mitmenschen, mit sich selbst und mit der Natur leben.

Teil 2

Gut sein lohnt sich

Wenn wir diesen Planeten als das wahrnehmen, was er sein sollte, ein Trainingsplanet des Charakters, dann verfügen wir jetzt über einige einfache Mittel, um dem zu entsprechen. Wir können den ersten Impulsen widerstehen und unsere Entscheidungen glymphatisch treffen. Wir können unsere Gedanken entgiften, indem wir uns einer Vertrauensperson mitteilen. Wir können uns in der Kunst des Kompromisses und in der des Nachgebens üben, auch wenn es manchmal noch so schwer zu sein scheint. Und wir können uns in die Natur begeben, regelmäßig und absichtsvoll, weil wir uns dabei auf gute Art kleiner fühlen und weil sie uns dabei verbindet mit etwas größerem Ganzen.

Wir brauchen für all das zum einen Selbstreflexion. Wir müssen »Maß an uns selbst« nehmen, unsere guten aber auch unsere schlechten Seiten mit offenen Augen wahrnehmen, um die Menschen werden zu können, von denen wir vielleicht glauben, sie bereits zu sein. In der Aufklärung bediente man sich dabei der Symbole des Zirkels und des Winkelmaßes. Das Winkelmaß steht auch dafür, ein aufrechtes Leben zu führen, für Werte wie Ehrlichkeit und Geradlinigkeit, für Regeln und Ordnung. Der Zirkel steht für den Kreislauf des Lebens, aber auch für die Unendlichkeit und die Unsterblichkeit der Gemeinschaft und für den inneren Kreis, den inneren persönlichen Freiraum des Menschen, sich zu entwickeln.

So einfach, wie es sich in ein Buch schreiben lässt, ist es natürlich nicht. Impulskontrolle zum Beispiel lässt sich lernen, aber es ist etwa so, wie mit dem Rauchen aufzuhören. Selbstbeobachtung spielt dabei eine Rolle: In welchen Situationen verliere ich die Kontrolle? Was kündigt den Verlust meiner Selbstkontrolle an? Ein heißer Kopf? Zitternde Hände? Dabei helfen neben dem Aufenthalt in der Natur auch Sport, Entspannungsübungen wie Meditation und Yoga oder Autogenes Training.

Neben der Selbstreflexion bedarf es dabei unseres Willens. Ganz im Sinne von William Shakespeares *Othello*, wo es heißt: Unser Körper ist unser Garten, der Gärtner ist unser Wille.[38]

Hier das ganze Shakespeare-Zitat, weil dem hinsichtlich unserer eigenen Verantwortlichkeit dafür, ob wir gute oder schlechte Menschen sind, zumindest auf poetischer Ebene wenig hinzuzufügen ist:

... In uns selber liegts, ob wir so sind oder anders.
Unser Körper ist ein Garten und unser Wille der Gärtner,
so dass, ob wir Nesseln drin pflanzen wollen oder Salat bauen,
Ysop aufziehn oder Thymian ausjäten,
ihn dürftig mit einerlei Kraut besetzen
oder mit mancherlei Gewächs aussaugen,
ihn müßig verwildern lassen oder fleißig in Zucht halten
– ei, das Vermögen dazu und die bessernde Macht
liegt durchaus in unserm freien Willen.
Hätte der Waagbalken unsres Lebens
nicht eine Schale von Vernunft,

um eine andre von Sinnlichkeit aufzuwiegen,
so würde unser Blut und die Bösartigkeit unsrer Triebe
uns zu den ausschweifendsten Verkehrtheiten führen;
aber wir haben die Vernunft, um die tobenden Leidenschaften,
die fleischlichen Triebe,
die zügellosen Lüste zu kühlen …

Wir könnten es kürzer auch mit Friedrich Schiller sagen, dem Arzt, Philosophen und Dichter: *Es ist der Geist, der sich den Körper baut.* Vorausgesetzt, wir ermöglichen es ihm, indem wir den nötigen Willen aufbringen.

Wir brauchen auch Motivation für unser Charakter-Trainingsprogramm. Sie kann nur dem Glauben entspringen, nicht ausschließlich dem Glauben an Gott oder an ein anderes höheres Wesen, sondern dem Glauben daran, dass es uns in dem von Laurie Santos in ihren Online-Kursen präsentierten Sinn tatsächlich etwas bringt, wenn wir gute Menschen sind.

Es liegt im Geist unserer Zeit, dass wir nicht mehr gerne Dinge glauben, wir wollen sie bewiesen haben. Genau da springen zum Glück die modernen Naturwissenschaften ein, die aus verschiedenen Disziplinen Erkenntnisse dazu liefern, wie gut zu sein mit einem guten Leben zusammenhängt, und umgekehrt. Darum wird es in Folge in diesem zweiten Teil dieses Buches gehen.

Fünf gute Gründe, gut zu sein

Es liegt dem Wesen des Menschen zugrunde, dass er nicht nur im evolutionären Auftrag überleben und sich fortpflanzen will, sondern dass er ein gutes Leben führen will. Ein glückliches, ein gesundes, eines in Frieden. Das ist ein grundlegendes Bedürfnis, ein Ur-Gefühl, und etwas, das ihn träumen lässt. Dass die Menschheit Jahrtausende lang dazu neigte, sich für dieses Ziel gegenseitig die Rübe abzuhacken, sollten wir eigentlich als Anfangsschwierigkeit ansehen, nur geht das leider nicht so ganz. Sehen wir uns den Zustand der Welt an, zeigt sich vielerorts nach wie vor wenig Respekt vor der Rübe des anderen.

Heute sollten wir eigentlich wissen, was sich gehört. Denn darüber denken wir Menschen nach, seit wir in der Lage zu denken sind. Wir schielen nach dem Frieden und fragen uns, wie er sich herstellen ließe. Nach welchen Regeln ein friedliches Zusammenleben denn überhaupt möglich sei. Und wir fanden sie, diese Regeln, bereits vor sehr langer Zeit. Der *Codex Hammurapi*, das älteste Gesetzbuch der Welt, und die beiden Tontafeln mit den Zehn Geboten, die Moses am Berg Sinai der Bibel zufolge von Gott bekam, sind die frühesten Zeugnisse davon.

Damals gab es noch keine Juristen, keine Soziologen und auch keine Psychologen. Die Menschen griffen auf ein Ur-Gefühl zurück, auf jenes für Recht und Unrecht, und es wies ihnen den richtigen Weg. Auf diesem Weg sind wir gerutscht und gestrauchelt, gestolpert und gefallen. Aber selbst nach viertausend Jahren hat dieser Paläo-Codex noch seine Berechtigung. Er hat sich nie als falsch herausgestellt.

Die Gesetze, an denen sich die Menschheit damals orientierte, haben nichts an Gültigkeit und Strahlkraft verloren. Im Gegenteil, die empirischen und analytischen Wissenschaften, deren Forschungsergebnisse zu diesem Thema vorliegen, bestätigen sie heute mehr denn je. Sie geben diesen Regeln neue Aktualität. Aus neuen Gründen vielleicht, und in neuen Zusammenhängen. Aber das ändert nichts an ihrer Beständigkeit und an der tiefen, in ihnen steckenden Wahrheit.

Altes Wissen also als neue Wegweiser zu einem Leben, das gut ist, uns miteinander und mit allem anderen in Harmonie bringt und uns glücklich macht. Ja genau, glücklich. Denn auch den Zusammenhang zwischen einem guten und einem glücklichen Leben hat nicht erst Laurie Santos entdeckt – auch er ist uralt, auch er entspringt einem tiefen Wissen, das in unseren Ur-Gefühlen liegt. Es geht um das von innen heraus erfüllt sein, um das so erfüllt sein, dass wir nach außen wie mit einem Ganzkörper-Heiligenschein strahlen würden.

Gerade am europäischen Kontinent fehlt es nicht an gescheiten Überlegungen, was Menschen alles tun müssen, um glücklich zu sein. Für den antiken Philosophen Aristoteles zum Beispiel war das Glücklichsein das übergeordnete Ziel unseres Lebens. Aristoteles sprach in diesem

Zusammenhang von der *Eudaimonia*. Wörtlich genommen bedeutet *Eudaimonia*, einen guten Dämon in sich zu tragen, einen Vermittler zwischen dem Menschen und Gott, der über eine innere Stimme mit uns spricht, und mit ihm verbunden zu sein. Aristoteles sah Gott als ein kosmisches Prinzip. Bekamen Menschen ihr Tortenstück vom Glückskuchen, war das für ihn immer ein Geschenk aus einer höheren Welt.

Bloß, was können wir tun, um beschenkt zu werden? Sollen wir uns dafür einfach nur in einer immer länger werdenden Menschenschlange anstellen und warten, bis wir dran sind? Im tiefen Vertrauen, dass dann auch noch etwas vom Kuchen da ist? Und wenn nicht, hat man halt Pech gehabt? Weil es als Gegenstück zum Glück in einer Welt der Dualität auch das geben muss?

Nein, meinte schon Aristoteles, wir können etwas tun für unser Glück. Wir können einen quasi allumfassenden Frohsinn erreichen, wenn wir die Tugend beherrschen, die uns von der Sklaverei unserer Begierden befreit. Für Aristoteles bedeutete Tugend nichts anderes, als Leidenschaften und Triebe unter die Herrschaft der Vernunft zu stellen. Mithilfe dieser Tugend könne der Mensch im rechten Maß leben, meinte er. Manchmal liest sich Aristoteles, als würde er Kant vorwegnehmen, der viel später die aufgeklärten und toleranten Weltenbürger im Gehrock nach den Regeln der praktischen Vernunft glücklich machen wollte.

Was wir als den Weg über die Tugenden zum Glück kennen, oder jedenfalls kennen sollten, ist so alt wie der Dekalog, der vor etwa viertausend Jahren im menschlichen Geist erschien. Er enthält klare Regeln, mit denen wir unsere Begierden im Sinne Aristoteles‘ überwinden, zivilisiert und friedlich zusammenleben und dabei das Strahlen von innen lernen können. Damals wie heute.

Wir können beruhigt auf dieses alte Wissen zurückgreifen. Denn diese Regeln der Rechtschaffenheit sind vielfach erprobt. Dass sie nicht immer eingehalten, falsch ausgelegt und sogar als Legitimation für Untaten missbraucht wurden, ist eine andere Sache. Schütteln wir sie aber ein wenig im Sieb der Zeit, ergibt, was übrig bleibt, eine ziemlich magische Fünf.

Fünf Anleitungen, die verblüffend exakt in unsere Zeit passen. Fünf Anleitungen, deren biologischen und neuronalen Hintergründe Forscher mittlerweile auf faszinierende Weise belegt haben. Fünf Anleitungen, über die uns nicht nur Ur-Gefühle verraten, dass sie gut für uns und die Welt sind, sondern mittlerweile auch Forschungsergebnisse der modernen Naturwissenschaften. Fünf Gebote der Menschlichkeit. Hier sind sie.

Du sollst Vater und Mutter ehren, oder: Warum wir besser unsere Familie hochhalten

Es gibt so etwas wie eine Verfassung der Natur, ein Hunderttausende Jahre altes evolutionär geprägtes Regelwerk, das keine Regierung und kein Parlament dieser Welt aushebeln kann. Dieser Verfassung der Natur zu entsprechen, bedeutet Gesundheit, Zufriedenheit und Wohlbefinden. Und umgekehrt. Eins der bisher ungeschriebenen Gesetze dieser Verfassung belegen nun die modernen Naturwissenschaften zunehmend mit immer neuen Erkenntnissen: Gut zu sein, indem wir gut zu unserer Familie sind, tut uns selbst gut. Und umgekehrt.

Gibt es neben Übergewicht, fettreicher Ernährung und fehlender Bewegung noch weitere Risikofaktoren für den Herztod? Gefährlicher scheint tatsächlich etwas anderes zu sein: soziale Einsamkeit, wie eine eben erschienene Arbeit belegt.[39] Sie verweist auf eine britische Langzeitstudie[40], wonach Frauen und Männer zwischen 50 und 59 Jahren, die allein sind, ein 25 Prozent höheres Risiko haben, in den nächsten zehn Jahren zu sterben. Weitere Untersuchungen zeigten, dass einsame Menschen mehr entzündungsfördernde Botenstoffe in sich tragen.[41]

Die Evolution wob den familiären Verband über Millionen Jahre als Palliativum gegen Krankheit und Altern, er scheint allerdings seit geraumer Zeit zu erodieren. 2019 deklarierte die Weltgesundheitsbehörde die Einsamkeit als großen Risikofaktor für die Erde, schließlich leben in großen Städten fast die Hälfte der Menschen in einem Ein-Personen-Haushalt.[42]

England überlegt, ein eigenes Ministerium für das Alleinsein zu errichten. Social Media erfreuen sich auch deshalb so starken Zulaufs, weil sie eine Möglichkeit sind, der oft selbstgemachten Isolation entgegenzutreten. Allerdings bestätigen viele Arbeiten, dass diese digitalen Kontakte die zwischenmenschlichen Begegnungen nicht kompensieren. Menschen bleiben in ihrem Inneren trotzdem einsam.[43]

Was bei der Politik noch nicht ganz angekommen zu sein scheint. So war Einsamkeit im Alter auch Thema eines Vorhabens des österreichischen Bundeskanzlers Sebastian Kurz: »Einsamkeit im Alter, das ist kein neues Phänomen, das ist nicht ein Problem der Corona-Pandemie, aber die Pandemie hat dieses Phänomen noch einmal beschleunigt und verschärft«, sagte er. »Ich glaube, wir sind uns alle einig, dass ein Altern in Würde in unserem Land auch bedeuten muss, dass sich niemand alleine fühlen darf. Und wir werden daher als Bundesregierung uns ganz intensiv in den nächsten Monaten diesem Thema widmen.«

Im Vordergrund stand dann aber nicht die Familie, sondern eine Digitalisierung der Senioren, also gleichsam ihre Verkabelung. Dabei tragen wir die Prägungen des uralten evolutionären Konzeptes noch immer in uns. Woher es kommt, was es bedeutet und wie wir es nützen können, davon wird dieses Kapitel handeln.

Geschichte, die ein Zahn erzählte

Es war sozusagen ein Biss in die Vergangenheit, der dem Forscher-Team rund um den Anthropologen Jean-Jacques Hublin gelang.[44] Um herauszufinden, was den Menschen zum Menschen macht, fühlten die Wissenschaftler den Neandertalern auf den Zahn. Anhand von Gebiss-Analysen entdeckten sie, dass Kinder der Ur- und Vormenschen eine deutlich kürzere Kindheit hatten als wir heute.

In dieser Erkenntnis liegt eins der großen Geheimnisse des Menschseins. Es geht dabei um die späte Pubertät der Menschenkinder, und darum, dass Menschen Großeltern haben, was bei den Ur- und Vormenschen aufgrund ihrer kürzeren Lebenserwartung eher nicht der Fall war. Aber eins nach dem anderen.

Es war in Frankreich, wo das Leipziger *Max-Planck-Institut für evolutionäre Anthropologie*, die *Harvard University* und die *European Synchrotron Radiation Facility*, eine multinationale Großforschungseinrichtung mit Sitz in Grenoble, den besagten Zahn als biologische Informationsquelle nutzen. Als Paläontologe wusste Hublin, dass Zähne mehr verraten als jeder andere

Knochen. Zähne sind nicht nur eine Art Geburtsurkunde, sie sind ein ganzes Nachschlagewerk.

Isotope im Zahnschmelz etwa verraten etwas über die Art der Nahrung und Abriebspuren geben Aufschluss über die Konsistenz des Essens, also ob es hart oder breiig war. Vor allem aber erlauben Zähne eine erstaunlich genaue Rekonstruktion der individuellen Lebensgeschichte.

Hublin analysierte den Zahn eines Neandertalers mithilfe des Synchrotrons von Grenoble, einem Teilchenbeschleuniger. Das Röntgenlicht dieser Riesenmaschine machte hauchfeine Schichten des Zahnschmelzes sichtbar. Wie bei Baumringen lässt sich durch schlichtes Abzählen an jedem Zahn exakt das Lebensalter ermitteln. Kaum war die Methode entwickelt, machten sich die Forscher ans Zählen, und kamen im Vergleich zum modernen Menschen auf eine ansehnliche Differenz bei den Kinderjahren.

Hublin und seine Forscher-Kollegen Svante Pääbo und Michael Tomasello waren sich daraufhin einig bei der Antwort auf die große Frage, was genau der entscheidende Schritt hin zum modernen Menschen war: eine längere Kindheit. Wie sich herausstellte, ist sie beim Homo sapiens fast doppelt so lang wie bei seinen prähistorischen Vorfahren, die so etwas wie Kindheit praktisch gar nicht kannten.

Ein Homo erectus zum Beispiel war mit acht Jahren schon zu voller Körpergröße herangewachsen. Das heißt, dass er mit sieben in der Pubertät gewesen sein muss. So gesehen ist der moderne Homo sapiens, der etwa mit zwölf zu pubertieren beginnt, ein unglaublicher Trödler. Er lässt sich derart viel Zeit mit der Reifung, dass er im Vergleich zu Schimpansen und Neandertalern mit Abstand der Letzte ist, der flügge wird.

Die Erkenntnis ist enorm. Denn als die Natur anfing, Kinder länger Kinder sein zu lassen, setzte sie damit tiefgreifende Veränderungen der gesamten Spezies in Gang. Die lange Zeit zwischen Geburt und Geschlechtsreife machte den Menschen zu etwas Besonderem. Und sie zog eine ganze Reihe von Folgeerscheinungen nach sich, die ihn letztlich auch dazu befähigten, einen guten Menschen aus sich zu machen. Die Verlängerung der Kindheit war also auch die Geburtsstunde dessen, was wir Kultur nennen. Der Mensch überschritt damit sozusagen die Schwelle zur anatomischen und kulturellen Modernität.

Denn dass die Kinder unreifer zur Welt kamen und langsamer wuchsen, bedeutete auch, dass sie länger bei ihren Eltern blieben. Auf einmal hatten sie viel mehr Zeit, um von ihren Eltern und anderen Mitgliedern ihres Stammes zu lernen, was sie fürs Leben brauchen. Schnitzwerk und Bogenkunst, Lieder, Tänze, Rituale und Kommunikationsgepflogenheiten und alles mögliche andere. Dass sich die Erwachsenen umgekehrt ihren Kindern länger und intensiver widmeten, stärkte den Zusammenhalt in der Gruppe. Es brachte mehr zwischenmenschliche Nähe, stärkte die Sorgfalt im Umgang miteinander und die soziale Verantwortung.[45]

Das ist der naturwissenschaftliche Hintergrund für eins der fünf biblischen Menschlichkeitsgebote:

Du sollst Vater und Mutter ehren.

Man könnte dieses vierte Gebot naturwissenschaftlich so extemporieren:

Eure Spezies, der Homo sapiens, ist überhaupt erst durch die Familie entstanden. Seid euch deshalb immer ihrer Bedeutung bewusst. Sie ist es, was euch ausmacht, also achtet auf sie und pflegt und schützt sie,
so gut ihr könnt.

Die Primaten- und Neandertaler-Mütter stillten ihren Nachwuchs etwa nach viereinhalb Jahren ab. Erst danach war die Mutter wieder bereit für weiteren Nachwuchs. Den für damals typischen Abstand zwischen zwei Geburten geben Primatologen mit fünfeinhalb Jahren an. Die älteren Geschwister waren aufgrund der frühen Pubertät also schon so gut wie aus der Höhle, wenn die jüngeren geboren wurden. Auf die Art gab es nie so etwas wie eine Familie.

Beim Homo sapiens verhält sich das ganz anders. Bei ihm ist die Stillzeit zumindest um die Hälfte kürzer. Selten dauert sie mehr als zweieinhalb Jahre. Danach kann die

Frau schnell wieder schwanger werden, wenn sie will. Die Geburten der Kinder liegen also wesentlich näher beisammen. Wenn die jüngeren Geschwister zur Welt kommen, sind die älteren immer noch klein. In der Theorie kann eine Frau durchaus mehr als ein Dutzend Kinder gebären und sich anschließend auch noch um ihre Enkel kümmern. Damit konnte die Familie entstehen.

Für den Anthropologen Hublin ist die größere Anzahl der Kinder eine mindestens ebenso wichtige Veränderung wie das in die Länge gezogene Wachstum. Denn die Geschwister traten nun auch als Spielgefährten und Leitfiguren der Kindheit auf den Plan. Ein goldener Faden, der die Kinder, die Jugendlichen, die Männer und Frauen einer Generation miteinander verbindet, war gesponnen. Die Evolution hatte das Familienband geknüpft, das seither ein Teil der Verfassung der Natur ist.

Es entstanden Kinder, die Eltern und Großeltern haben und Großeltern, die Kinder und Enkel haben. Sie alle lebten nun in einer Gemeinschaft, in einem Familienverband unter einem Dach, so wie wir es heute noch am Land kennen. Es war ein wundervolles soziales Konzept, das die Menschheit über Jahrzehntausende hinweg nicht nur zur stärksten Spezies machte, sondern auch ihre innere Entwicklung im Sinne der Überwindung des Tierischen und der Befreiung aus der Sklaverei unserer Begierden unterstützte.

Das können wir jungen Menschen entgegenhalten, die meinen, sie hätten keinen Bedarf an den älteren, die doch nur den Planeten aufgerieben hätten, und die ihre eigene Versorgung für ihre alten Tage mit einer möglichst früh abgeschlossenen Lebensversicherung oder einem Fonds-Sparplan zu bestreiten gedenken. Das können wir auch jenen Eltern sagen, die sich lieber um Karriere, Konsum und Abenteuer als um ihre Kinder kümmern und die so dafür sorgen, dass ihre Kinder es mit ihnen eines Tages genauso machen werden: Gemäß eines ungeschriebenen, aber tief in uns schlummernden Gesetzes werden diese Kinder voraussichtlich nichts an sie zurückzugeben haben, weder in emotionaler noch in wirtschaftlicher noch in irgendeiner anderen Hinsicht.

Man könnte sagen: Erst durch die Familie und alle daran Beteiligten, die Großeltern, die Eltern und die Kinder, lernte die Menschheit, wie Gutsein geht.[46]

Das evolutionäre Konzept Familie verlängerte das Leben

Noch einmal kurz zurück zur erhöhten Fruchtbarkeit, die mit einer verlängerten Kindheit einherging. Möglicherweise brachte sie dem Homo sapiens schon im eiszeitlichen Europa den entscheidenden Vorteil im Wettstreit mit seinem Vetter, dem Neandertaler. Es ist nicht auszuschließen, dass sich der Homo sapiens nur dank der Zahl seiner Kinder durchsetzte. Nachwuchs garantierte Nachhaltigkeit.

Dieser Wandel zu einer längeren Kindheit und einer höheren Fruchtbarkeit ging auch mit einer verlängerten Lebenserwartung einher. Neuroendokrine Untersuchungen, also Untersuchungen, die sich mit der Verknüpfung des Hormonsystems mit dem Nervensystem befassten, belegten das. Reproduktion und Lebensdauer hängen über einen Mechanismus im Thalamus, der den größten Teil des Zwischenhirns bildet, zusammen.

Es sind die sogenannten *Releasing*-Hormone, die einerseits die Fortpflanzung antreiben, und andererseits den Alterungsprozess verlangsamen. Weil beim Menschen die Fortpflanzungszeit lange dauert, ist dieser Schutz vor dem Altern auch länger aktiv. Solange die genannten Hormone im Gehirn schön brav herumjoggen, können wir uns vermehren und bleiben jung.[47]

Der Mensch altert also nicht wie ein Auto, das fährt und fährt und irgendwann zu rosten beginnt, bis es am Schrottplatz landet. Die Zellen können sich selbst reparieren und regenerieren. Das ist, als würde in dem Auto immer ein guter Mechaniker am Steuer sitzen und beim kleinsten Geräusch ein großes Service machen. Die Zellen erfrischen sich allerdings nur bis zu einem gewissen Zeitpunkt. Dann steigt der Mechaniker aus.

Dieser Zeitpunkt ist dann gekommen, wenn die elterliche Fitness für die Aufzucht der Kinder und damit für die Erhaltung der Art nicht mehr notwendig ist. Haben Vater und Mutter ihre Aufgabe erledigt, legt sich im Hirn ein Schalter um, und die biologische Uhr beginnt dem Lebensende entgegenzuticken.[48] Der Befehl zum Altern kommt also eigentlich vom Gehirn.

Man kann das gesamte geniale evolutionäre Gefüge in einem Satz zusammenfassen: Je länger Kinder Kinder bleiben, desto länger leben die Erwachsenen, weil sie sich um ihre Kinder kümmern müssen.

Die Forschung beschäftigt sich intensiv damit, wie sich dieser Mechanismus zur Verlängerung des Lebens benutzen lässt. Zunächst stellte sie fest, dass der dadurch angelegte Jungbrunnen der Hormone eher den Frauen vorbehalten ist, weil sie für die Evolution wichtigere Aufgaben zu erfüllen haben als Männer.[49] Sie müssen die Kinder, die zu zweit gezeugt werden, gebären. Während die Geschlechtshormone Lebensqualität und Lebensdauer von Frauen verlängern, reagieren Männern offenbar ganz anders darauf.

Eine Studie an 81 koreanischen Eunuchen ergab, dass sich die Lebensspanne durch die Kastration sogar signifikant ausdehnt.[50] Die Herren oder zumindest das, was sie nach ihrer freiwilligen Operation waren, lebten gut siebzig Jahre, also im Schnitt 14 bis 19 Jahre länger als Männer, die sexuell funktionstüchtig waren. Jetzt hat Mann – überspitzt und auch hypothetisch gesagt – die Wahl. Kastrieren lassen und länger leben. Oder sexuell aktiv bleiben und früher sterben.

Neue Untersuchungen zeigten im Detail, dass die Blockade des sehr aktiven männlichen Hormons, des Dihydrotestosterons, dem Herzen guttut.[51] Allerdings scheint auch hier der goldene Schnitt entscheidend zu sein: Ein Mangel an männlichen Hormonen ist genauso schlecht wie ein Überangebot.

Bei Frauen überlegt die Medizin schon seit langem verschiedene Wege: Um dem Alter zu entfliehen, könnte man die Reproduktionsfähigkeit doch einfach erhalten. So tun, als wäre sie immer noch bereit, jeden Moment schwanger zu werden. Ohne das natürlich im Entferntesten vorzuhaben. Man schlägt der Natur ein Schnippchen und reitet auf einem Schimmel Richtung Ewigkeit.

Die langlebige Gesellschaft von morgen ist, wie es der israelische Historiker und Bestsellerautor Yuval Noah Harari indirekt formulierte, eine postmenopausale Gesellschaft. Das heißt: Die Postmenopause der Frau, nämlich die Zeit, in der sie keine Kinder mehr bekommen kann, wird immer länger. Schon 2050 will die Wissenschaft die Lebenserwartung verdoppeln können. Auf heute umgerechnet wäre nach dieser Hochrechnung Golda Meir gerade in Pension gegangen, Farah Diba trotz ihrer Schicksalsschläge noch hochaktiv und Margaret Thatcher würde erst beginnen, ihre Memoiren zu schreiben.

Was bedeutet, dass wir in dreißig Jahren eine ganz andere Gesellschaft bilden werden. Denn wenn die Zeit nach der Reproduktionsfähigkeit, ganz anders als von der Evolution vorgesehen, die mit Abstand längste im menschlichen Lebenszyklus ist, dann wirft das Fragen auf: Wie leben die Menschen dann? Was tun sie mit ihrer Zeit? Und wenn sie nichts tun, wovon leben sie dann? Wer bezahlt die Rechnung für diese lange Lebenserwartung?

Am Vorabend dieser Entwicklung ist es deshalb wichtig, dass wir uns für die Lebensform der zweiten Lebenshälfte zu interessieren beginnen. Als allererstes müssen wir damit aufhören, Frauen nach ihrer biologischen Qualifikation zu beurteilen, also danach, ob sie noch Kinder bekommen können oder nicht, was gerade in der Medizin zum Teil noch üblich ist.

Die Großmutter-Hypothese

Interessant ist auch die sogenannte »Großmutter-Hypothese«, die in Wissenschaftskreisen heftig diskutiert wird. Es geht um folgende Frage: Warum hat die Evolution überhaupt die Menopause entwickelt? Da steht dann ein Forscher mit Brille und Bobo-Bart auf irgendeinem Podium und stellt die Frage so: Braucht die Welt Großmütter? Die Antwort lautet ja, dringend, denn die Evolution hat das alles aus gutem Grund so gewollt.

Rein biologisch betrachtet sind Großmütter Frauen in einer postreproduktiven Lebensphase. Im Tierreich gibt es eine solche Lebensphase nur bei bestimmten Wal-Arten und bei einem einzigen Insekt. Die vier Wal-Arten sind der Killerwal, der Beluga-Wal, der Kurzflossenpilot und der Narwal. Das eine Insekt ist die Blattlaus. Warum die Blattlaus noch über die Wechseljahre hinaus lebt, ist nicht erforscht. Vielleicht lebt sie bloß ein bisschen gesünder als zum Beispiel die Reblaus.

Wollte man eine Hommage an die Großmütter mit wissenschaftlichen Studien bepflastern, käme eine richtige Prachtstraße dabei heraus. Viele dieser Studien unterstützen die Großmütter-Hypothese, die ursprünglich von der Anthropologin Kristen Hawkes stammt. Konkret besagt sie, dass wir ohne Großmütter nie die Menschen geworden wären, die wir heute sind. Weil Großmütter sich schon sehr früh in der Menschheitsgeschichte um ihre Enkel kümmerten, womit sie ihre Töchter entlasteten und damit die Überlebenschancen der Kleinen verbesserten.[52]

Forscher überprüften diese, wie gesagt, umstrittene Hypothese etwa anhand der Bevölkerung von Quebec, Kanada, zwischen dem Jahr 1608 und 1799. In einer Zeit also, als dort die ersten französischen Siedlungen entstanden. Die Analyse umfasste 3.382 Großmütter, die 34.660 Kinder zur Welt brachten. Von diesen Kindern heirateten 7.164 Mädchen und hatten selbst insgesamt 56.767 Kinder.

Das Fazit der Studie, die das Fachmagazin *Current Biology* publizierte, lautet kurz gesagt: Je weiter weg die Großmütter von ihren Töchtern lebten, desto weniger Kinder bekamen die Töchter. Pro hundert Kilometer Entfernung waren es 0,6 Kinder weniger pro Tochter. Gemäß dieser Studie erreichten Kinder, deren Großmütter verfügbar waren, auch eher das Alter von 15 Jahren.[53]

Überlebenswichtig waren Großmütter schon im Pleistozän, das vor etwa 2,6 Millionen Jahren begann und vor etwa 11.700 Jahren mit dem Beginn der Holozän-Serie, der menschheitsgeschichtlichen Jetztzeit, endete. Das glaubt Alexander Pashos vom *Max-Planck-Institut für ethnologische Forschung* in Halle an der Saale. In dieser von riesigen gefährlichen Tieren und starken Klimaschwankungen geprägten Zeit sei es Eltern schwer möglich gewesen, ihre Kinder allein aufzuziehen, meint er. Familien mit langlebigen Großmüttern hätten deshalb einen evolutionären Vorteil gehabt. Zum Glück für uns alle. Denn in der Folge hätten sich, so Pashos, Gene für Langlebigkeit immer stärker durchgesetzt.[54]

Verschiedene Analysen und europäische Daten aus dem 18. und 19. Jahrhundert stützten die Großmutter-Hypothese ebenfalls. Die Kindersterblichkeit war geringer, wenn die Großmütter noch im Haus wohnten. Außerdem war der Ernährungsstatus der gesamten Familie höher. Die Großmutter kochte anscheinend schon damals das bessere Gulasch.

Die finnische Forscherin Mirkka Lahdenperä zeigte den Vorteil der Anwesenheit einer Großmutter in der Familie hier und jetzt. Die Kinder in solchen Familien sind reger und agiler.[55] Großmütter scheinen also auch gut für die Fitness ihrer Enkel zu sein.

Es ist sozusagen eine Win-win-win-Situation. Großeltern hält die Kinderbetreuung fit und jung, Eltern hält ihre Anwesenheit davon ab, die Nerven wegzuschmeißen und die Enkel lernen von Oma und Opa alles mögliche Nützliche fürs Leben. Sie lernen zum Beispiel, Teil einer größeren Gemeinschaft zu sein.

Das betrifft auch ein Thema der Tagespolitik: Eltern und Großeltern haben deshalb das Bedürfnis, ehrlich erarbeitetes und versteuertes Geld ihren Kindern oder Kindeskindern schenken zu dürfen. Ein Teil der Bevölkerung, möglicherweise jener Teil, die keine Kinder hat und das anders sieht, möchte dies aber der anderen Hälfte verbieten beziehungsweise steuerlich erschweren.

Der Generationenvertrag der Gefühle

Wenn die Jungen mit den Alten nichts mehr anfangen können, und umgekehrt, wankt das Gesellschaftssystem. Denn innerhalb einer kompletten Familie entsteht, wie bereits angedeutet, ein unausgesprochener Generationenvertrag der Gefühle. Die jeweils Jüngeren lernen von den jeweils Älteren, was es heißt, für andere da zu sein. Am Ende sind alle füreinander da, zuerst die einen für die anderen, dann die anderen für die einen.

Durch die Gesellschaft zieht sich so eine Struktur der Geborgenheit, die durch keine Freundschaft und kein

Sozialsystem ersetzbar ist und die dort erodiert und sich rasch ganz auflöst, wo nur noch Singles für sich selbst da sind. Der von der Evolution vorgegebene Verband der Großfamilie wird damit zu einem unbekannten Land, in das niemand mehr reist.

Dabei tragen viele Menschen eine, vielleicht evolutionär geprägte, Sehnsucht nach diesem Verband in sich. Die vielen Projekte für gemeinschaftliches Wohnen, die jetzt entstehen, zeigen das. Sie lassen sich als Sehnsucht nach diesem Verband interpretieren, in dem Hunderttausende Jahre lang alle einander halfen. Die Alten den Jungen auf ihren ersten Metern im Leben, die Jungen den Alten auf ihren letzten. Dabei ging und geht es auch um Lebenssinn, Lebensqualität und darum, wahrgenommen zu werden und einfach Kontakt zu haben. Schließlich sind zwischenmenschliche Beziehungen für die Mehrheit der Menschen die Quelle eines erfüllten Lebens. Das scheint sogar für virtuelle Sozialkontakte zu gelten, wie ein Laborexperiment zeigt, das der amerikanische Psychologe Tyler Stillman zusammen mit Kollegen durchführte.[56]

Darin luden die Wissenschaftler Studierende zu einer Partie Cyberball ein, einem einfachen Wurfspiel, bei dem die Teilnehmer einander nicht sahen. Sie waren über das Internet miteinander verbunden und alle koordinierten auf dem Bildschirm drei Zeichentrickfiguren. Die Person in Ballbesitz konnte per Mausklick entscheiden, welchem der beiden anderen sie den Ball zuwarf.

Was die Versuchspersonen nicht wussten: Es handelte sich um ein abgekartetes Spiel. Das Verhalten der vermeintlichen Mitspieler bestimmte ein Computer. Und der sorgte dafür, dass die Studierenden anfangs ein paar Mal den Ball erhielten und dann nie wieder. Sie wurden systematisch ausgegrenzt. Im Vergleich zu einer Kontrollgruppe, die bis zum Schluss und deutlich häufiger angespielt wurde, hielten sie ihr Leben anschließend für weniger sinnvoll.

Das heißt, wenn wir an den Rand gestellt werden und nicht mehr Teil einer Gemeinschaft sind, neigen wir zu Depressionen. Wenn schon ein einfaches Computerspiel diesen Effekt auslösen kann, dann schafft das das echte Leben erst recht. Und in der Familie ist die Gefahr besonders gering, an den Rand gestellt zu werden.

Die Innsbrucker Sinnforscherin Tatjana Schnell untersucht seit zwei Jahrzehnten, was unserem Leben Bedeutung gibt. Zwischenmenschliche Beziehungen schaffen das ihr zufolge auf unterschiedliche Weise.[57] Einerseits, weil Freundschaften, Liebe und gemeinsamer Spaß direkt zum Wohlbefinden beitragen. Andererseits sind sie auch ein Merkmal sozialen Engagements, einer Form der Selbsttranszendenz: Es geht nicht nur um mich, sondern auch um andere. Je früher Menschen dafür geprägt werden, umso besser: Die Familie erweitert unsere Existenz quasi epigenetisch[58] und gibt uns Halt und Kraft. Sogar Heilkraft, wie sich gezeigt hat.

Heilung durch Geborgenheit

Familiäre Strukturen wirken nicht nur erziehend[59], sondern auch heilend. Das klingt fast zu romantisch, um wahr zu sein. Doch da hilft wieder einmal die Wissenschaft aus. Sie hat die Beweise dafür.

Sara Moorman, Gerontologin am *Boston College Institute on Aging*, untersuchte die Beziehungen zwischen den Generationen näher. Mit einer 2016 in *The Gerontologist* publizierten Studie wies sie nach, dass Großeltern, die durch den allgemeinen Anstieg der Lebenserwartung im Schnitt immer älter werden, vom Kontakt mit ihren bereits erwachsenen Enkeln gesundheitlich profitieren, und umgekehrt.[60]

Lebt man in Harmonie miteinander – und das ist auch eine Form des Gutseins –, sinkt das Risiko für Depression auf beiden Seiten, und zwar signifikant. Erhalten die Großeltern nur funktionale Hilfe, ohne selbst Hilfe zu leisten und aktiv in Beziehung zu treten, erhöht sich das Risiko wieder. Generationenübergreifender Kontakt stärkt und stabilisiert demnach die Seele.

Biologisch gesehen wirken sich familiäre Bindungen auch auf den Körper aus. Der amerikanische Psychiater George Engel stellte das anhand eines, kontroversiell diskutierten, sogenannten biopsychosozialen Modells dar, das aus der Allgemeinen Systemtheorie stammt und den Menschen mit Körper und Geist innerhalb seiner ökosozialen Lebenswelt betrachtet. Hierarchisch angeordnet stehen in diesem Modell über der Nation und der Biosphäre die Gesellschaft, die Gemeinschaft, die Familie, die Zwei-Personen-Beziehung und ganz oben der Einzelne, die Psyche.

Dieses Modell von Krankheit und Gesundheit erweitert das seit mehr als Hundert Jahren vorherrschende biomedizinische Modell der Humanmedizin. Es geht um die Körper-Seele-Einheit und das Modell reicht über die Vorstellungen der herkömmlichen Psychosomatik hinaus. Es dokumentiert eine Parallelität zwischen allen psychologischen und physiologischen Prozessen, die ihrerseits immer unter ökosoziokulturellen Rahmenbedingungen stattfinden. Das bedeutet, dass jedes seelische Ereignis, also jeder Gedanke, jedes Gefühl oder jeder Handlungsimpuls zugleich immer auch ein physiologisches Ereignis ist.

Bestätigungen für diese erweiterte Sichtweise des Menschen kommen aus allen relevanten Forschungsbereichen, etwa aus der Psychoimmunologie, der Neurobiologie, der Verhaltensmedizin und der Gesundheitspsychologie. Gesundheit wird darin nicht als Fehlen von pathogenen Keimen oder ökosozialen Störfaktoren definiert, sondern als die Fähigkeit des Organismus, mit Herausforderungen auf beliebigen Systemebenen, seien es Bakterien, Viren, Gifte, belastende psychische oder ökosoziokulturelle Lebensumstände, umzugehen. Krankheit stellt sich ein, wenn diese Fähigkeit gerade zu gering ist oder ein Regelkreis überfordert ist.

Werte wie soziale Einbindung, familiäre Geborgenheit, emotionale Unterstützung und geteiltes Leid und natürlich auch geteilte Freude sind dabei mindestens ebenso wichtig, wenn nicht sogar wichtiger, als Produkte der Pharma-Industrie wie Blutdrucksenker oder Entzündungshemmer. Anders ausgedrückt: Der Mensch braucht gesunde gesellschaftliche und familiäre Strukturen, um auch seelisch und körperlich gesund zu bleiben und das vom Lebensanfang an zu lernen.

Das beginnt schon beim Essen. Es ist etwas, das uns selbstverständlich erscheint und keine weitere Kompetenz erfordert. Doch jeder Mensch muss das Essen erst einmal lernen. Dafür eignet sich besonders gut ein bestimmtes Zeitfenster, das in der Kindheit liegt.

Sehen wir uns das anhand der Kinder und Jugendlichen zwischen 11 und 17 Jahren in Deutschland an. Ein Fünftel von ihnen zeigt Symptome einer Essstörung. Zwanzig Prozent aller Kinder sind übergewichtig, die Hälfte davon sind fettleibig.[61] Das sind mehr als doppelt so viele wie Ende der 1980er-Jahre. Warum auf einmal? Möglicherweise, weil sie das Zeitfenster, um das Essen zu lernen, mangels Aufmerksamkeit und Verfügbarkeit ihrer Eltern nicht lernen konnten.

Eine Studie der *Harvard University* begleitete mehr als 2.700 Jugendliche, die noch bei ihren Eltern wohnten, und stellten fest: Die Kinder, die ihre Mahlzeiten gemeinsam mit ihren Eltern einnahmen, ernährten sich deutlich ausgewogener, tranken weniger Süßgetränke und litten seltener an Übergewicht.[62] Alles Dinge, die sich positiv auf die Gesundheit im Erwachsenenalter auswirken. Kinder und Jugendliche hingegen, die in Gesellschaft ihres Smartphones Hamburger mampfen, verpassen sich quasi selbst eine Mastkur.

Die Forscherin Jess Haines von der *University of Guelph* dokumentierte, dass für Kinder nichts besser ist als ein aus frischen Zutaten selbst gekochtes Gericht, das innerhalb einer Familie gemeinsam gegessen wird. Sogar Streitgespräche sind als Beilage zugelassen. Heftige Diskussionen am Familientisch sind immer noch besser, als mit jedem Löffel die Einsamkeit in sich hineinzufressen. Gemeinsames Essen ist die einfachste Vorsorge gegen Essstörungen. Eine Glücksdiät für die Zukunft. Guten Appetit.

Lebensschule Familie

Die Familie ist die Startbox, von der aus wir ins Rennen gehen. Dort lernen wir zu helfen und uns helfen zu lassen, was nichts anderes ist als die Grundlage für ein gesunde Balance von Geben und Nehmen. Letztendlich lernen wir dort den maßgeblichen Unterschied zwischen Gut und Böse. Zwei Türen. Durch welche gehst du, mein Kind? Die Familie kann die wirksamste Schule für ein gutes und gesundes Leben sein.

Die frühkindliche Phase als Lebensschule entwickelte sich bei den Säugetieren über Millionen von Jahren. Beim Homo sapiens wurde daraus eine Charakterschule, und es stehen alle Fächer auf dem Lehrplan, die im Leben gebraucht werden. Mit Messer und Gabel zu essen, die Schuhe zu binden, mit dem Handy umzugehen oder Konflikte zu bewältigen. Die Kinder brauchen in dieser Schule nicht zu pauken. Sie lernen ganz automatisch durch Vorleben und Nachmachen.

Gefährliche Verstöße gegen den Plan der Natur

Das von der Evolution vorgesehene biologische Verhältnis zwischen Eltern und Kindern beruht auf naturwissenschaftlichen Fundamenten, es ist von Neurotransmittern geprägt und hormonell und molekular-neurologisch unterlegt. Diese Dinge infrage zu stellen, mehr noch, sie als sozial veraltet und klischeehaft verträumt darstellen zu wollen, ist ein heikles Spiel.

Stellen wir uns in diesem Punkt besser nicht gegen die Natur. Das gefährdet nicht nur die jungen Generationen, die sich nach dem Wunsch der Evolution in diesen Strukturen das Menschsein aneignen sollten. Es unterwandert darüber hinaus auch eine Zivilisationserrungenschaft der besonderen Art: die Hilfsbereitschaft. Egomanen strecken nicht gern die Hand aus und sagen: Komm, steh auf, ich helfe dir. Hilfsbereitschaft ist nicht automatisch da und nur teilweise angeboren. Sie entwickelt sich ebenfalls in der Lebensschule Familie, oder eben nicht.

Bei den übrigen Säugetieren ist die Zuwendung zum Nachwuchs, seine Aufzucht und seine Schulung durch Instinkte geregelt. Beim Homo sapiens hat sich diese instinktive Zuneigung wie erwähnt auch in die Gegenrichtung übertragen, von den Jungen auf die Alten. Ihnen wird, wenn sie es brauchen, jene Hilfsbereitschaft zuteil, die sie ihren Kindern einst haben angedeihen lassen, als die sie brauchten. Verwandtschaftliche Bindungen sind, wie gesagt, die beste Vorsorge gegen die Einsamkeit im Alter.

Die familiären und verwandtschaftlichen Strukturen zu relativieren oder gar aufzulösen, stört deshalb die Zivilisationsentwicklung des Homo sapiens nicht nur, sie gefährdet sie. Derzeit gehen einige Tendenzen in diese Richtung, das System Familie wird herabgewürdigt und als Ganzes infrage gestellt. Dabei übersieht man zum Beispiel auch die Neuroendokrinologie der Familie: Schon im Mutterleib erkennt das Kind die Stimme der Eltern. Es riecht bereits die Mutter und kann sich nach der Geburt beruhigt zurücklehnen, wenn es beim Schmusen und Streicheln die gleichen Mutter-Pheromone wiedererkennt. Solche Bande bringt keine andere Gemeinschaft hervor.[63]

Die Familie sei unnötig, überflüssig, nicht mehr zeitgemäß, schreiben tendenzielle Medien. Sie zeigen alternative Möglichkeiten des Zusammenlebens, um ihre Offenheit zu demonstrieren. Diese Einstellung hat, global gesehen, vielleicht sogar einen Masterplan. In Wahrheit geht es um Kontrolle der Massen. Denn die Familie ist der stärkste zwischenmenschliche Zusammenhalt, den es gibt. Ist dieses Band einmal gekappt, ist jedes Individuum leichter manipulierbar.

Die Familie auszuradieren, die Massen zu lenken und eine Elite zu schaffen, die alles dirigiert, ergäbe eine dystopische Gesellschaftsform, die an die Ideen machthungriger politischer Denker und Führer wie Karl Marx, Leo Trotzki und Josef Stalin erinnert. Auch Sekten agieren so. Eine Autorität als Leitfigur zeigt angebliche neue Perspektiven, gaukelt ein heiles Gemeinschaftsgefühl vor und schottet ihre Jünger von ihren Familien und Freunden ab.

Die Familie zum antiquierten Gebilde, zum Relikt einer vergangenen Welt erklären zu wollen, ist ein fragliches Experiment. Das sei in aller Deutlichkeit gesagt einfach Wahnsinn. Welche Auswirkungen es haben wird, wenn wir diesen alten und mit den Erfahrungen und Entwicklungen von Jahrmillionen ausgestatteten Weg verlassen, vermag niemand abzuschätzen.

Bemerkenswert ist dabei, dass wir ausgerechnet in unserer Ära der Ursprünglichkeit, in der wir jede Tomate auf ihre Natürlichkeit überprüfen und den Stammbaum jedes Frühstückseis untersuchen, keinerlei Hemmungen zeigen, Lebensweisen über Bord zu werfen, die uns selbst eins mit unserer Natur machen. Wir stellen uns mit der Ächtung des Konzeptes Familie selbst über die Evolution und über die Verfassung der Natur, als wären wir Götter. Das ist ein in der Menschheitsgeschichte noch nie dagewesenes Ausmaß an Hochmut, und was mit den Hochmütigen passiert, das wissen wir. Sie fallen, früher oder später.

Der Generationenvertrag ist aufrecht und wir brauchen ihn zusehends dringender, weil immer weniger junge Menschen immer mehr alten Menschen gegenüberstehen. Ein gesundes Zusammenleben wird nur dann funktionieren, wenn die Kinder die Zuwendung der Eltern und möglichst auch der Großeltern in sich tragen und sie auch zurückgeben wollen.

Du sollst Vater und Mutter ehren: Gut zu sein, indem wir dieses vierte Gebot und seinen tieferen Sinn im Hinblick auf den Wert der Familien befolgen, kann uns als Individuum und als Gesellschaft vor vielem retten.

Wenn die Familie als Schule des gegenseitigen Helfens fehlt, entstehen Zeichen an der Wand. Insignien der Nachlässigkeit. Sie sind da wie schwarze Schatten, die den Menschen begleiten und sein Schicksal verdunkeln. Corona hat schon gezeigt, was das bedeuten kann. Eine der großen Fragen, die da auftauchten, lautete: Sind die Alten genauso viel wert wie die Jungen?

In Texas war diese Frage schneller beantwortet, als ein Revolverheld seinen Colt zieht. Die Alten müssen sich opfern, um die Wirtschaft wieder zum Blühen zu bringen, lautete sie. Ganz klar.[64]

Der texanischen Vizegouverneurs Dan Patrick meinte, dass die Alten besser sterben mögen, als dass der Corona-Lockdown die Wirtschaft weiter belastet. Er, Patrick, jedenfalls sei bereit, sein Leben zu geben, wenn dafür diese furchtbaren Beschränkungen wieder aufhören würden. Schließlich habe er sechs Enkel, argumentierte er. Er wolle für die Jungen den *American Dream* erhalten. Sterben quasi als Dienst an der Allgemeinheit. *Make America great again!*

In China gab es sogar offene Aggressionen gegen alte Menschen. Obwohl im chinesischen Konfuzianismus die Familie einen hohen Stellenwert hat, zogen Horden junger, rastloser Männer gegen die Alten durch die Straßen und skandierten unschöne Parolen.[65] Wie kann sich so etwas aufschaukeln? Durch Langeweile? Durch Wut auf ein Virus? Oder vielleicht, weil die jungen Menschen unserer Zeit die Zuwendung der Eltern nicht in dem Ausmaß erlebt haben, dass die Spiegelneuronen aktiv wurden und sie etwas zurückzugeben haben?

Die Gesellschaft driftet offenbar ab in eine große Einsamkeit. Das Fachmagazin *Science* veröffentlichte, dass weltweit 300 Millionen Frauen im Alter von mehr als 65 Jahren am Alleinsein und an Zukunftsängsten leiden. In dreißig Jahren soll sich diese Zahl fast verdreifachen, auf 850 Millionen. Europa – ein Altersheim: Das ist keine Drohung, aber es wird zur Drohung, wenn wir die bidirektionale Zuneigung von Jung und Alt gefährden.

Das resultiert auch daraus, dass die Menschheit automatisiert und digitalisiert wird. Zu schnell ist das Tempo, zu rasant der Fortschritt, zu verbissen das Trachten nach einer perfekten Welt, diktiert von ein paar globalen Firmen. Ein neuer Uniformismus wird zu Religion, in deren heiligen Schrift steht: Religion erhoben haben. *Wir bekommen alles gleich und wir sind alle gleich.* Die Alten sind in dieser Welt überflüssig. Mehr noch. Sie sind eine Last.

Nur die Familie steuert hier dagegen. Sie ist das Postulat für Individualität. Familie bedingt Identität. Der Name, die Vergangenheit, die Mitglieder, die Herkunft. Die Familie ist das Rettungsseil, das die Vergangenheit mit der Zukunft verbindet.

Ein Aus der Familie würde gleichzeitig ein Aus der Solidarität bedeuten. Statistiken aus Deutschland belegen, dass sich dreißig Prozent aller Akademikerinnen bereits gegen ein Kind entscheiden, bei Männern geht es in dieselbe Richtung. Gebärstreik, Zeugungsstreik, Ehestreik.[66]

Verlassen wir tatsächlich das, was die Natur seit der Steinzeit für uns vorgesehen hat, einfach so, menschheitsgeschichtlich gesehen über Nacht?

Versuche in die Richtung sind nicht ganz neu. 1967 proklamierte die *Kommune 1*, eine politisch motivierte Wohngemeinschaft in Berlin, die Zertrümmerung der Familie, als sie kundtat: *Die bürgerliche Kleinfamilie ist die Quelle allen Unglücks.*

Wo das hingeführt hat, sehen wir. Die vaterlose Gesellschaft, die nachträglich wie ein Sehnsuchtsziel der 68er wirkt, ist letztlich eine Geschichte der Verwahrlosung in beide Richtungen: in die Überforderung und in die soziale Verrohung. Den meisten Kindern, die ohne Väter aufwachsen, fehlen die Rollenmodelle und sie suchen Antworten auf der Straße. Scheidungskinder, auch das ist statistisch belegt, sind lernschwächer, kontaktärmer und neigen öfter zu Drogenkonsum und kriminellen Delikten.[67]

Die neuen systempolitischen Intentionen, die das erklärte Ziel haben, die Einzelperson über die Familie zu stellen, tun dabei trotzdem so, als wäre die Gemeinschaft ein Credo. Das ist eine der großen Lügen unserer Zeit. Die familiäre Gemeinschaft ist fast schon ein Fauxpas. Die *Süddeutsche Zeitung* schrieb dazu: »Menschen bekommen auch deshalb immer seltener Kinder, weil es nicht mehr politisch korrekt ist, zu sagen oder gar zu zeigen, dass Kinder glücklicher machen können als Reisen und Stilmöbel, Aktien und Freizeit.«

Es gaukelt akademische Weitsicht vor, sich für eine Welt zu entscheiden, in der Kinder nur mehr maßvoll oder gar nicht mehr vorkommen, weil sie die Umwelt belasten. Nur Kinderlosigkeit könne den Planeten retten, heißt es immer öfter.

Wie sich die Zeiten ändern. Am Anfang des Menschengeschlechtes waren Kinder der Schlüssel dafür, dass sich die Spezies überhaupt durchsetzen konnte. Sonst säßen jetzt Ameisen oder Maikäfer in den Parlamenten.

Jetzt sind Kinder also fast schon so etwas wie Schädlinge für den grünen Gedanken. Auf Kinder verzichten, um das Klima zu retten: Diese Diskussion findet tatsächlich statt. Eine schwedische Studie sorgte im Jahr 2017 mit der Aussage für Aufruhr, dass das mehr als zehnmal so viel CO_2-Emissionen einspart wie der Verzicht auf ein Auto.

Auch der *Club of Rome*, eine Vereinigung von Vertretern einer neuen Weltordnung, will die Erde nicht mehr mit Kindern belasten.[68] Der Kapitalismus 4.0 wird zum Klassenkampf zwischen Eltern und Kinderlosen, die sich via Internet gegenseitig die Welt erklären.

Natürlich wird man zustimmen, dass wir die Welt nicht über Gebühr strapazieren. Aber wir sollten nicht die Zahl der Kinder zurückschrauben, sondern die Gier. Müssen wir wirklich mit Megaschiffen bis zum Markusplatz in Venedig fahren? Die Möglichkeit für jeden einzelnen, zu jeder erdenklichen Jahreszeit alle Produkte kaufen und überall hinreisen zu können, wurde zu einer grundlegenden Antriebskraft des Anthropozäns, also jenes Zeitalters, in dem der Mensch zu einem der wichtigsten Einflussfaktoren auf die biologischen, geologischen und atmosphärischen Prozesse der Erde geworden ist. Die Konsumgesellschaft plündert die Ressourcen des Planeten und bringt ihn an den Rand des Kollaps.[69]

Der Mensch verhält sich wie der Verschwörer unter den Säugetieren. Ein Umstürzler, der sich permanent gegen die Vorgaben der Evolution versündigt. Er missachtet die Verfassung der Natur, und nicht nur in Bezug auf die Umwelt, sondern auch in Bezug auf die Familie.

Die deutsche Robert-Bosch-Stiftung legte 2005 einen umfassenden Bericht zum Thema Familie und demografischen Wandel vor, der unüblich emotional ausfiel. »Eine Entscheidung für eine Familie ist eine grundsätzliche Lebensentscheidung, die eher selten intellektuell oder ökonomisch, sondern eher emotional und wertorientiert ist«, hieß es darin. »Kinder sind ein großer Reichtum, ein großes Glück, das sich nur schwer ohne Pathos beschreiben lässt.«[70]

Jüngste Zahlen schüren Zweifel daran, dass dieses Bewusstsein noch lebt. Kurz nach dem Corona-Lockdown stiegen die Scheidungsraten um gut ein Drittel. Noch ein Drittel mehr fragile Kinderseelen, denen Schaden zugefügt wird. Schaden, der beträchtlich und oft irreversibel ist.

Eine 2019 im Fachmagazin *Scandinavian Journal of Public Health* publizierte Studie der Universität Bergen in Norwegen bestätigt erneut, dass Scheidung sich schädlich auf die Gesundheit der Kinder auswirken kann. Angst, Depression, emotionale Probleme oder Stress und physische Auswirkungen wie Magen- und Kopfschmerzen könnten die Folge sein, sagt einer der Autoren der Studie, der Arzt und Wissenschaftler Eivind Meland.[71]

Für die Studie befragten die Wissenschaftler 1.225 Jugendliche über einen Zeitraum von zwei Jahren hinweg. Sie stellten fest, dass es einen Zusammenhang zwischen der Kommunikation mit dem Vater und der Gesundheit der Kinder gibt. Viele, die angaben, den Kontakt zum Vater verloren zu haben, hatten die meisten gesundheitlichen Beschwerden.

Die Studie verdeutlicht noch einmal auch die Wichtigkeit der Vaterrolle für das kindliche Wohl und vielmehr noch jener der engen Beziehung zu beiden Elternteilen. Die Kinder können den Schaden, den sie nehmen, selbst nicht reparieren, auch nicht später als Erwachsene. Dennoch waren im Jahr 2018 allein in Deutschland 120.000 Minderjährige von der Scheidung ihrer Eltern betroffen.

Torsten Schäfer von der *Deutschen Gesellschaft für Allergologie und Klinische Immunologie* untersuchte in seiner Studie die Auswirkungen von schweren Erkrankungen, Arbeitslosigkeit und Scheidungen in der Familie, dies anhand von 1.930 Kindern, die an Neurodermitis litten.[72]

Die Ergebnisse überraschten die Forscher selbst. Während Arbeitslosigkeit und sogar Todesfälle keine nachweisbare Auswirkung auf die Neurodermitis-Schübe der Kinder hatten und eine schwere Erkrankung eines Familienmitglieds das Risiko sogar senkte, führte der Faktor Scheidung und Trennung der Eltern zu einer signifikant häufigeren Erkrankung der Kinder.

Möglicherweise lässt ein Schicksalsschlag wie der Tod eines Angehörigen oder eine schwere Krankheit die Familie näher zusammenrücken, war die Erklärung der Forscher. Die vermehrte soziale Aufmerksamkeit wirke sich wiederum positiv auf das kindliche Immunsystem aus.

Bei einer Trennung dagegen überwiegt der seelische Stress derartig, dass sich nicht nur psychische Probleme, sondern eben auch Neurodermitis-Schübe häufen. Halten wir uns vor Augen, dass 15 bis 20 Prozent der Bevölkerung an allergischen Erkrankungen wie Heuschnupfen, Asthma und Neurodermitis leiden, müssen wir uns fragen, wie sehr das mit der Erosion der familiären Strukturen zu tun hat.

Eine Frage des Ehrens

Der Auftrag, Vater und Mutter zu ehren, hat noch eine weitere Dimension, die wir oft übersehen und von der wir nicht erst im Jenseits, sondern bereits hier im Diesseits profitieren können. In diesem Zusammenhang hat Bert Hellinger, Lichtgestalt der Familienaufstellung, zahlreiche Publikationen darüber vorgelegt, dass Menschen nur dann in etwas erfolgreich sein und damit glücklich werden können, wenn sie dabei das vor ihnen Gewesene respektieren.[73]

Übernimmt jemand einen Job, sollte er seinem Vorgänger respektvoll begegnen, sonst wird er möglicherweise selbst an seiner neuen Aufgabe scheitern. Wozu den Vorgänger auch schmähen? Um sich selbst zu erhöhen? Um alte Ideen wegzuwischen, nur weil sie nicht dem eigenen Geist entsprungen sind? Wie oft erlebt man das in seinem beruflichen Umfeld – vielleicht wurde auch das in der Lebensschule der Kindheit falsch programmiert.

Eine kurze Anekdote

Hier noch eine kleine Anekdote aus einem Weingarten: In der Gesellschaft der Ärzte haben wir den sogenannten Endokrinen Kreis, in dem mehrere Hundert Menschen zusammenkommen, eine gepflegte Runde. Man kennt sich in der Zwischenzeit.

Vor einigen Jahren ging unversehens und vor dem eigentlichen Beginn der Veranstaltung eine Tür auf, und die steirischen Gynäkologinnen und Gynäkologen kamen mit einer Kiste herein, einem Geschenk an die Organisatoren, konkret an mich, der diesen Endokrinen Kreis ins Leben gerufen hat. In der Kiste befanden sich dreihundert Weinstöcke aus der Steiermark. Es war eine recht ansehnliche Aufmerksamkeit, nachdem ich zuvor geäußert hatte, der steirische Wein sei besonders gut, süffig.

Jetzt fühlte ich mich genötigt, mich um meine Weinstöcke zu kümmern. Sie brauchten ein Zuhause, einen Erdboden. Also organisierte ich im Burgenland ein kleines Stück Land und setzte sie dort aus. Und siehe da, sie wuchsen. Ich pflegte sie ein wenig, was mir viel Freude machte. Arbeit in der Natur. Reben schneiden und ihnen beim Wachsen zusehen.

Nach zwei Jahren bemerkte ich, dass Weinstöcke auch Feinde haben. Pilze, Läuse und Ähnliches. Sie befielen meinen Wein. Ich musste etwas tun. Also fuhr ich ins nächste Lagerhaus, wo in Österreich Agrarprodukte zu haben sind, und wollte ein leichtes Pestizid für meine Weinstöcke kaufen, ganz wenig. Als ich das Mittel verlangte, sah mich der Verkäufer an, als käme ich von einem anderen Stern.

»Sie wissen nicht, was das Gesetz hier vorsieht«, sagte er, indem er die Stirn in Falten legte. »Wenn Sie dieses Pestizid für einen Weinstock kaufen, müssen Sie erst einmal einen Kurs machen. Dann müssen Sie eine Prüfung ablegen. Und dann müssen Sie jemanden haben, der Ihnen vor Ort den Umgang damit zeigt.«

Da dachte ich mir: Um Pestizide zu kaufen, brauchen wir, wohl nicht zu Unrecht, Kurs, Prüfung und Erfahrung. Aber die Voraussetzungen, Kinder zu erziehen, schaffen wir uns selbst, quasi über Nacht. Seit wir uns den Gesetzmäßigkeiten, die uns die Familie auferlegt, zunehmend entziehen, kennen wir für Weinstöcke mehr Regeln als für Babys.

Du sollst nicht töten, oder: Benimm dich gut im Internet

»Töten« steht in diesem Gebot für mehr als nur dafür, einem anderen Menschen das Lebenslicht auszulöschen. Es steht auch für Taten, die hier bei uns in Mitteleuropa fast schon traurige Alltäglichkeit sind. Diejenigen, die sie begehen, sollten bedenken, dass sie damit nicht nur ihren Opfern, sondern auf krasse Weise auch sich selbst schaden.

»Das Gericht sieht es als seine Pflicht an, sie darauf hinzuweisen, dass Ihre Hinrichtung bereits erfolgt ist. Wenn es Sie im Folgenden auf freien Fuß setzt, so unter der Bedingung, dass Sie das Reglement für die lebenden Toten respektieren. Sie haben alles zu unterlassen, was den Verdacht nähren könnte, Sie wünschten, unter die Lebenden zurückzukehren.«

Peter Sloterdijk in »Neue Zeilen und Tage«, Suhrkamp 2018

Nicht töten. Diese Übung ist einfach, werden Sie denken. Töten steht nicht auf Ihrer Sündenliste. Sie kommen nicht einmal annähernd in die Versuchung, tatsächlich jemanden umzubringen.

Sie haben recht. Töten im Sinne des fünften Gebotes auf Moses' Tontafel ist für die meisten Menschen kein Thema, zumindest hier, mitten in Europa. Üblicherweise lösen wir hier Zwiste nicht, indem wir unser Gegenüber abmurksen.

Wieso geht es dann um dieses biblische Menschlichkeitsgebot in einem Buch, das vom Gesetz des Ausgleichs handelt und davon, warum wir, ganz pragmatisch betrachtet, besser gute Menschen sind? Weil Töten darin für mehr steht, als dafür, anderen Menschen endgültig das Lebenslicht auszulöschen. Aber der Reihe nach.

Es gab gemäß der semitischen Weisheits-Überlieferung eine Zeit, da wusste der Mensch gar nicht, dass es so etwas wie das Töten überhaupt gibt. Man kannte nicht einmal das Sterben. Gewaltlos oder nicht, der Tod war unbekannt. Für die ersten Menschen war Töten demnach keine Option. Bis sie aus dem Paradies vertrieben wurden.

Dann passierte den Menschen zweierlei: Sie wurden sterblich und brachten sich gegenseitig um. Kaum hatten sie das Paradies verloren, schritten sie auch schon zur bösen Tat. Kain erschlug Abel. Brudermord, das war gleich einmal das Erste. Seit damals wird gemordet und umgebracht, was das Zeug hält. Seit damals begleitet das Schlachten das Menschengeschlecht. Als hätte Quentin Tarantino diesen langen Film gedreht.

Wir erleben das Verlassen des Paradieses selbst im Zyklus unseres Lebens. Jede Geburt ist ein Verlassen des Paradieses. Das Kind im Fruchtwasser, badend in der Seligkeit, und plötzlich muss es raus, wird zum ersten Mal mit den Unannehmlichkeiten des Lebens konfrontiert und letzten Endes mit Krankheit und dem eigenen Tod.

Im Buch *Homo Deus* beschreibt der bereits zitierte Noah Harari den Menschen im dritten Jahrtausend. Er erwacht und ist froh, dass die Geißeln der Vergangenheit vorbei sind. Hunger, Krankheiten und Kriege gibt es nicht mehr. Sollte derlei drohen, setzt die Regierung eine Kommission ein, die das Problem unverzüglich löst. Gut gelaunt blickt der Mensch in die Zukunft und vertraut auf die globale Digitalisierung und die Biotechnologie und arbeitet unter anderem an einer neuen biotechnologischen Variante des ewigen Lebens. Das ist seine Agenda. Man hat den Eindruck, der Mensch will wieder zurück ins Paradies.

Was den Tod betrifft, könnte der Medizin das Kunststück gelingen. Das Ringen mit dem Tod ist längst kein aussichtsloser Kampf mehr. Daniel Yoshor, Neurochirurg und Forscher am *Baylor College of Medicine* in Houston, hat ein System namens *Orion* entwickelt, das altersblinde Augen sehend macht.[74] Es nutzt eine Technik, die das funktionslose Auge überbrückt und die Bilder von einer Kamerabrille drahtlos auf die Sehrinde ins Sehzentrum schickt. Wie ein Streaming direkt ins Hirn. Erfindungen wie diese sind nur der Anfang von etwas. Der Cyborg steht vor der Tür.

Die Ersatzteile kommen teilweise aus dem 3D-Biodrucker. Wissenschaftler der *Rice University* in Houston druckten ein funktionierendes Lungenmodell. Es besteht aus einem Hydrogel, das dem Körpergewebe unheimlich ähnelt. An der *Universität von São Paulo* gelang der 3D-Druck einer Leber. Die Organspende der Zukunft wird geprintet. Forscher der *Tel Aviv University* züchteten in ihrem Labor sogar ein kleines Herz mit Blutgefäßen und Herzkammern, das aus menschlichen Stammzellen besteht.[75]

Was freilich noch fehlt, ist ein 3D-Drucker für einen paradiesischen Charakter. Die digitale Welt wird revolutionäre Erleichterungen bringen. Die künstliche Intelligenz wird Erkenntnisse liefern, von denen wir nie zu träumen gewagt haben. Und das neue Vorzeigeprojekt, der Kampf gegen das Altern und die Krankheiten, wird Dimensionen annehmen, die uns heute noch unheimlich vorkommen würden. Aber besser werden die Menschen dadurch nicht.

So wie es aussieht, werden sie weiter stehlen, betrügen, lügen, verletzen und töten. Der Mensch ist mörderisch. Er war es immer schon. Seit Abel vorgezeigt hat, wie Töten geht, und er wird es wohl noch lange bleiben.

Nur die Gründe für das Töten ändern sich. Früher hat man im großen Stil getötet, weil man mehr Land wollte. Terrain gewinnen, Ländereien vereinnahmen, Macht erweitern, die Weltherrschaft erlangen. Das änderte sich im 20. Jahrhundert, wie Peter Sloterdijk in seinem Buch *Die schrecklichen Kinder der Neuzeit* zeigt. Heute wird nicht getötet, um sich Schleswig-Holstein oder Lothringen unter den Nagel zu reißen. Es wird getötet, weil man andere politische Ziele hat. Eine andere Ideologie, ein anderes Gesellschaftsmodell oder ein anderes politisches Kalkül. Weltbilder werden entworfen und anderen mit Gewalt aufgedrängt. Diese Vorgangsweise setzt auch die Moral und die Ethik außer Kraft, weil sie scheinbar einem höheren Ziel dient.

Auch die Art des Tötens ändert sich. In der Jetztzeit ist das Internet die digitale Version des elektrischen Stuhls. Womit wir den Begriff, ganz im biblischen Sinn, weiter fassen müssen.

Die digitale Art zu töten

In Europa gibt es keine Kriegs- und keine Todesstrafe mehr. Bloß ist das Töten damit nicht verschwunden. Es passiert jetzt nur mit anderen Waffen. Es ist anonym und funktioniert über das Handy oder per Mausklick. Digital geht das Töten im Sinne der Vernichtung von Menschen und Existenzen munter weiter. Menschen werden an den digitalen Pranger gestellt und landen damit in der elektronischen Todeszelle. Die Schuld, getötet zu haben, bleibt und begleitet den Mörder.

Ein Beispiel ist der Selbstmord von Benny Fredriksson, dem ehemaligen Direktor des Stockholmer Stadttheaters. Åsa Linderborg, Kulturchefin der schwedischen Boulevardzeitung *Aftonbladet*, war damals federführend an einer medialen Hetze wegen MeToo-Vorwürfen gegenüber dem Mann, und das belastet sie bis heute.

Die mediale Hinrichtung des Theatermachers funktionierte wie ein gut geölter Galgen. Die genannte Zeitung war bei Weitem nicht das einzige Medium, das die Story unkritisch verbreitete. Fredriksson wurde als »unberechenbarer Diktator« bezeichnet, man unterstellte ihm »sexuelle Belästigung und Bedrängung des gesamten Personals«. Es waren anonyme Zeugenaussagen von ehemaligen Mitarbeiterinnen und Mitarbeitern, ungeprüfte Vorwürfe und anscheinend auch persönliche Rachepläne im Spiel.

Der Hass geriet außer Kontrolle. Öffentliche Unterstützungs- oder Relativierungsäußerungen wurden mit einem Shitstorm belegt und die zunächst nur vagen Anschuldigungen zu einer Hassspirale hochstilisiert. Bevor es überhaupt zu einer Untersuchungskommission kam, nahm sich Fredriksson das Leben.[76]

Doch diese Feindseligkeit hat ihre Tücken. Das Gesetz des Ausgleichs wirkt unerwartet und unversehens wird den Tätern klar, wie sehr sie sich selbst geschadet haben. Åsa Linderborg sagte später: »Ich denke jeden Tag an diesen Menschen, den ich in den Tod getrieben habe.«

Johannes Eichstaedt von der *Stanford Universität* befasst sich wissenschaftlich mit der mörderischen digitalen Bösartigkeit. Er fand heraus, dass aktive Feindseligkeit Risikofaktoren für Herzerkrankungen, Bluthochdruck und Fettleibigkeit sind.[77]

Wer sich in der sogenannten Community ständig aufregt und seinen unbändigen Hass elektronisch hinausschreit, schadet also seinem Herzen. Die Kraft des Hasses, geleitet über Glasfaserkabel und verbreitet in die ganze Welt, kommt zurück wie ein Bumerang.

Der Fall Fredrikssons warf wichtige Fragen zur Verantwortung von Medien und den Folgen medialer Verurteilung auf. Immer öfter stellen Medien ihre Meinung über die sachliche Berichterstattung. Die Kolumne eines Journalisten über etwas tritt vor die Meldung an sich. Die Einstellung bekommt mehr Gewicht als der Bericht. Wer anderer Meinung ist, wird an die Wand gestellt. Hetzjagden geschehen heute auf scheinbar seriöser Ebene. Mit dem medialen Schlachtschussapparat.

Ein Beispiel dafür ist auch der frühere Siemens-Finanzchef und Parade-Manager Heinz-Joachim Neubürger, der sich im Jahr 2015 das Leben nahm.[78] Sein Tod war das Ergebnis jahrelanger Vorwürfe.

Begonnen hatte es 2006 mit einer Korruptionsaffäre, die sich zum größten Schmiergeldskandal in der deutschen Nachkriegsgeschichte ausweitete. Neubürger und andere Ex-Vorstände wurden beschuldigt, von einem ausgeklügelten Schwarzkassensystem im Siemenskonzern gewusst und es gedeckt zu haben.

Keiner wehrte sich so vehement gegen diese Behauptung wie der einstige Finanzchef. Bis zuletzt beteuerte er seine Unschuld.

Die Geschichte von Heinz-Joachim Neubürger ist ein Lehrstück über die Gnadenlosigkeit des öffentlichen Prangers. Sein Suizid war dabei alles andere als ein Einzelfall. Allein zwischen dem Sommer 2013 und Anfang 2014 brachten sich vier Top-Manager um, innerhalb von kaum mehr als sechs Monaten. Carsten Schloter, Chef des Telekommunikationsunternehmens *Swisscom*, fand man tot daheim in seinem Haus im schweizerischen Villars-sur-Glâne. Einen Monat später erhängte sich der Versicherungsmanager Pierre Wauthier und genau am selben Tag zwängte sich Karl Slym, Boss von *Tata Motors*, im 22. Stock des Shangri-La-Hotels in Bangkok durch ein sehr kleines Fenster und sprang in den Tod. Ende Jänner 2014 griff William Broeksmit, ein leitender Manager der Deutschen Bank, zum Strick. Sie alle wurden in etwas hineingezogen, das sie, wie sie beteuerten, nicht verschuldet hatten.

Die deutsche Wochenzeitung *Die Zeit* schrieb über Hetzjagden, die zum Tod von Menschen führten und bezeichnete sie als die neue Form des Tötens. Killing 4.0.

Unrecht muss geahndet und darüber muss auch berichtet werden. Für die Verurteilung sind aber ausschließlich unabhängige Gerichte zuständig und nicht die öffentliche Meinung. Die physische Todesstrafe gibt es nicht mehr, darf sie durch die digitale Todesstrafe ersetzt werden?

Neben dieser Art von Treibjagd gibt es den absichtlichen, finanziellen Ruin von Menschen. Ist jemand nicht genehm, nimmt man sich das Zielfernrohr und hält in seinem Umfeld Ausschau nach Kunden, Geschäftspartnern und Auftraggebern, denen man Fake News liefern kann, bis sie den Unbequemen fallen lassen. So einfach geht das. Es gibt Menschen, die sich für so etwas bezahlen lassen. Desinformation. Schmutzkübelkampagnen. Wenn sich jemand auf einen Menschen einschießt und ihn zum Beispiel als Kinderschänder bezeichnet, übernehmen zuerst viele und irgendwann alle das unreflektiert.

Den Anfang müssen längst keine großen Tageszeitungen oder Fernsehstationen mehr machen. So gut wie jeder kann derlei über seine Social-Media-Accounts lostreten. Das Opfer kann sich kaum wehren. Rufmord ist ein Verbrechen, das so gut wie nicht geahndet wird. Und immer mehr Opfer sind Kinder und Jugendliche.

Im Rahmen der Studie *Health Behaviour of School-aged Children* gaben mehr als ein Drittel der befragten Schüler in Österreich an, in den vergangenen Monaten Opfer von Bullying-Attacken gewesen zu sein.[79] Bei Cybermobbing fühlen sich die Opfer hilf- und machtlos. Die Täter bleiben anonym, ihre Tarnkappe ist ein Pseudonym. Das digitale Zuschlagen hinterlässt Spuren bei den Jugendlichen. Ihre schulische Leistung leidet, ihre Motivation sinkt, nicht selten sind psychische Störungen die Folge.

Bei Cybermobbing ist es für die Opfer besonders schwer, sich den Attacken zu entziehen. Der Täter oder die Täterin ist unsichtbar. Die Belästigungen können rund um die Uhr stattfinden. Sie enden nicht nach der Schule. Cybermobbing findet überall statt, wo digitale Medien genutzt werden. Am Handy, am Laptop. Permanent.

Und auf einmal ist die Logik nicht mehr so widerspruchslos. Das Töten ist damit nicht mehr so weit weg von uns, hier, mitten in Europa. Die Zahl der Opfer legt nahe: Da muss es auch sehr viele Täter geben.

Wie Taten auf die Täter zurückfallen und sie schwer belasten können, haben auch Kriege gezeigt. Damit befasst sich unter anderem Ulrike Schmidt, Traumatherapeutin und -forscherin am Max-Planck-Institut für Psychiatrie. Sie hat mit Soldaten gearbeitet, die an posttraumatischen Belastungsstörungen leiden. Dies, obwohl ihre Taten vom Verteidigungsministerium ihres Heimatlandes legitimiert waren und sie gemeinsam mit ihren Kameraden nur Befehle befolgten.

Die deutschen Bundeswehrsoldaten zum Beispiel litten noch Jahre nach ihren Kampfeinsätzen in Afghanistan an Depressionen und ähnlichen Erkrankungen. Taten gehen also auch dann nicht spurlos an den Tätern vorüber, wenn die in der Überzeugung gehandelt haben, alles richtig zu machen. Und wohl auch dann nicht, wenn die Waffe kein Maschinengewehr, sondern ein Smartphone ist.

Während sich Mobbing-Täter letztendlich auch selbst schaden und ihr eigenes Gleichgewicht durcheinanderbringen, entsteht so auch eine kollektive Bösartigkeit, der wiederum jeder selbst eines Tages zum Opfer fallen kann.

Die Chefredakteurin einer großen Zeitung meinte unlängst, man finde immer weniger Redakteure, die sich trauen, eine als persönliche Meinung ausgewiesene Kolumne zu schreiben. Der Shitstorm ist bei allem, was geschrieben wird, ein Automatismus. Aggressive Geistigkeit, die Mordlust im Netz, ist eine kollektive Krankheit geworden. Auch hier wäre etwas Charakterfitness gefragt. Denn letztlich fällt auch das auf die Täter zurück.

Respekt

Tötet man physisch, steht man vor einer Leiche. Tötet man digital, sind keine sterblichen Überreste sichtbar. Dennoch wirkt, wie gesagt, auch hier das Gesetz des Ausgleichs. Die negative Energie fällt auf die Menschen zurück, die andere mithilfe digitaler Folter fertigmachen.

Wer im Guten bleibt, auch digital, ist gesünder. Studien zum Thema Verzicht auf Aggression haben positive Effekte auf die Gesundheit gezeigt. Die Studienautoren glauben interessanterweise, dass das vor allem am Verzicht auf das Werten und Urteilen liegt. Zwei Dinge, die unglaublich viel Unheil anrichten. Sie setzen den menschlichen Organismus unmerklich unter Stress. Nicht nur den Körper der Bewerteten und Beurteilten, sondern eben auch den der Bewertenden und Beurteilenden. Mit allen negativen Begleiterscheinungen. Diese Art von Stress tötet langsam.

Dennoch hat das Werten und Urteilen Hochkonjunktur. Sie geht zulasten des Menschen, denn er verliert dabei an Wert.

Firmen haben ihre Personalabteilung bereits in *Human Resources* umbenannt, was wörtlich übersetzt Menschenmaterial bedeutet. Das bedeutet nichts Gutes. Der Vergleich mit dem Begriff Pferdematerial, wie er in der Welt der Sportreiter üblich ist, drängt sich auf. Pferde müssen bei Anzeichen von Schwäche, wenn sie weniger erfolgreich in Wettbewerben laufen und springen, den Stall verlassen und jüngeren und schnelleren Artgenossen Platz machen.

Alpha-, Beta-, Gamma-Mensch. Tauglich oder schon für den Abfall bestimmt? Diese Frage gibt es nicht nur in der Wirtschaft. In Deutschland ist sie gerade besonders aktuell. Das Land diskutiert angeregt über Euthanasie. Über das Recht des Menschen, über sein eigenes Ende zu bestimmen.

Selbstbestimmung bis in den Tod. Wie immer man darüber denkt, das ist nur ein Teil des Themas. Bei der Freigabe der Euthanasie geht es um mehr als dieses Recht. Die heikle Frage ist: Wer redet sonst noch mit? Wer könnte die Entscheidung sonst noch beeinflussen? Wer könnte töten, indem er den Selbstmord des Opfers vorantreibt? Durch einfühlsame Worte zum Beispiel?

Das deutsche Wochenmagazin *Spiegel* brachte dazu die Geschichte eines Mannes, der sich die Urlaubspläne nicht durch die Krebskrankheit seines Vaters vermiesen lassen wollte. Der Hausarzt verordnete dem alten Herrn tatsächlich eine normalerweise letale Dosis Morphium. Die Geschichte ging in diesem Fall für den Senior gut aus. Als der Arzt zurückkam und den Todesbericht ausfüllen wollte, saß er munter auf der Bettkante und lächelte.[80]

Wenn Euthanasie nicht zu einer weiteren neuen Form des Tötens werden soll, stellt sich also die Frage, welchen Druck andere auf jemanden ausüben, der vielleicht todkrank ist. Das ist die große Gefahr. Das Gericht hat das zwar bestätigt, aber auch auf die Gefahren der Durchführung und auf die Änderung des kollektiven Bewusstseins aufmerksam gemacht.[81]

Keine Frage ist, dass man besser schlafen kann, wenn das Leben unangetastet bleibt, und zwar in jeder Lebenslage. Wenn man keine Angst haben muss, dass einen die eigenen Kinder oder Enkel weghaben wollen, weil dann ihr Weg zum Erbe frei ist. Wenn man ganz bestimmt kein schlechtes Gewissen haben muss, weil man noch immer am Leben ist.

Wie immer wir töten, ob digital, mit lieben Worten oder mit staatlicher Legitimation: Es fällt auf uns zurück, biologisch und in Form von Traumata, wie es die Journalistin Åsa Linderborg erlebt hat, nachdem sie mit ihrer medialen Hetze mitgewirkt hatte, einen Mann in eine Verzweiflungstat zu treiben.

Du sollst nicht ehebrechen, oder: Sei gut zu deinem Partner

Trotz Turbo-Trend zu Just-for-fun-Sexualität, Pornografie und Masturbation ist die Sehnsucht von Jungen und Mädchen, von Männern und Frauen nach erfüllender Zweisamkeit ungebrochen. Aus guten biologischen Gründen.

Es waren 400.000 Ehepaare, die die *American medicare database* auswertete[82] und Erstaunliches zutage brachte: Stirbt ein Ehepartner, so folgt ihm in 16 bis 18 Prozent der Fälle relativ bald die oder der Zurückgebliebene nach. Das einmal gegebene Versprechen »bis zum Tod« bekommt hier eine neue Dimension. Sicher ist: Die gelebte Zweisamkeit hat eine enorme biologische Kraft.

Die Entstehung der Zweisamkeit

Bevor diese Zweisamkeit entstand, gab es eine Milliarde Jahre Erdgeschichte, in der nur Kleinstlebewesen und Bakterien existierten. Ihre einzige Fähigkeit bestand damals wie heute darin, sich in zwei Teile mit identen Genomen zu teilen. Sie hatten damit keine überragenden Chancen, die Katastrophen der Weltgeschichte zu überleben. Vulkanausbrüche und Veränderungen der Atmosphäre hätten sie nicht überlebt.

Doch sie hatten Hilfe, und zwar von den Viren. Viren befielen die Bakterien und töteten sie nicht, sondern bescherten ihnen mithilfe ihrer Viren-DNA neue Eigenschaften. Auf diese Art konnten sich die Bakterien an neue Gegebenheiten anpassen und überleben.

Die Evolution hatte dabei alle Hände voll zu tun. Zum Beispiel als sogenannte Cyanobakterien, die es mutmaßlich schon mehr als drei Milliarden Jahre lang gibt, die Fotosynthese nutzten und dabei als Abfallprodukt ihres Stoffwechsels jede Menge Sauerstoff freisetzten. Mehr Sauerstoff und weniger Methan in der Atmosphäre führte zu einer Klimakatastrophe, die 300 Millionen Jahre lang dauerte. Alles vereiste. Die ganze Erde gefror. Das Leben musste sich praktisch unter das Eis zurückziehen. Das zu bewerkstelligen, war eine Sonderleistung der Evolution, die nachträglich Applaus verdient.[83]

Um sich den neuen Gefahren und Herausforderungen zu stellen und bei jeder Bedrohung irgendein rettendes Schlupfloch zu finden, brauchte die Evolution immer neue DNA, immer neues Erbgut. Das lieferten die Viren. Auch unser menschliches Genom besteht zur Hälfte aus viraler DNA.[84]

Die Viren waren die Katalysatoren der Evolution. Heute sind sie als Todesengel verrufen, doch damals waren sie Überlebenshelfer. Todesengel sind sie eigentlich auch heute nicht wirklich, und sie wollen es auch gar nicht sein. Damit stünden sie sich nur selbst im Weg. Denn stirbt ihr

Wirt, sterben auch sie. Sie stellen durch ihre Anpassung sicher, dass der Wirt überlebt. Deshalb brechen große Virus-Epidemien mit dem gleichen Erreger ein oder zweimal aus, kaum öfter.

Aber die Evolution arbeitete weiter und erfand den Mann. Durch ihn entstand die Zweigeschlechtlichkeit, die es vorher nicht gab. Mit ihm war plötzlich ein ganzer Gen-Pool an neuer DNA vorhanden.

Seither ist die Zweigeschlechtlichkeit ein ehernes Prinzip der Verfassung der Natur. Wir könnten also ein wenig polemisch die Frage stellen: Ist der Mann ein Nachfolger der Viren?

In diesen Geschlechtsunterschied zwischen Mann und Frau hat die Evolution viel Mühe gesteckt, um die Erhaltung der Art zu gewährleisten. Unterschiede im Immunsystem, im Stoffwechsel, im Herz-Kreislauf-System und in den Neurotransmittoren, um nur einige Beispiele zu nennen.

Es gibt zwei Geschlechter. Es gibt kein drittes, viertes, fünftes oder siebzigstes. Wie sich das heute soziobiologisch ändert, ist ein anderes Kapitel. Aber nach wie vor können zwei Männer, zwei Frauen oder ein Transgender-Paar kein Kind zeugen und gebären. Sie mögen und sollen glücklich werden, das wünsche ich aufrichtig. Trotzdem hat die Natur einige Regeln vorgegeben, an denen sich auch mit noch zu beherztem Geschlechtsverkehr nicht rütteln lässt.

Wissenschaftler der Freien Universität Berlin haben herausgefunden, dass Männer mit Migrationshintergrund und

Personen mit einer nichtbinären Geschlechteridentität am Theater bevorzugt werden.[85] Wenn das stimmt, dann sind dafür Biologie-Atheisten zuständig, die einmal bei Mutter Natur um einen Nachhilfeunterricht ansuchen sollten.

Warum wir besser zweisam sind

1968 versuchte man es mit dem Experiment der freien Liebe und dem berühmten Aufruf zum täglichen One-Night-Stand. Wir erinnern uns. *Wer zweimal mit derselben pennt, gehört schon zum Establishment.*

Zweisamkeit war auf einmal spießig. Man konzentrierte sich so auf die *Just-for-fun*-Sexualität, und wollte alles, was die Evolution in Millionen von Jahren hervorgebracht hatte, hinter sich lassen.

Die Hippies waren so beschäftigt damit, dass sie gar nicht bemerkten, wie in Europa die Hongkong-Grippe ausbrach. Weltweit starben rund eine Million Menschen, 40.000 alleine in Deutschland. Ein Ausbruch, viel schlimmer als Corona, der in der *Love-and-Peace*-Stimmung einfach unterging. Polygamie war spannendender als Pandemie.

Allerdings hielt das, was die 68er unter Sex verstanden, nicht lange. Für die Fortpflanzung hatte sich Mutter Natur so viel einfallen lassen, dass das ein paar Studenten mit langen Haaren und heruntergelassenen Hosen nicht so leicht vom Tisch fegen konnten. Der zwischenmenschliche Überbau der Sexualität war, wie sich herausstellte, unverzichtbar. Und er funktioniert nur, wenn wir ihn bewusst berücksichtigen.

Du sollst nicht ehebrechen, lautet das sechste Gebot. Heute könnten wir es so formulieren: Sei gut zu deinem Partner, und du wirst es vielfach zurückbekommen. Unter anderem auch in Form von guter, schöner, inniger und erfüllter Sexualität. Das Wunder der altruistischen Erotik.

Überliefert ist das sogenannte *Teknos-in-kalo*-Prinzip: Die Sexualität soll sich im Schönen abspielen, nicht im Dunklen oder mit verschlossenen Augen. Eros ist nichts anderes als das Erscheinen des Geistes im Körper, meinte die antike Philosophie. Es lohne sich, dem Sexualpartner mit Respekt und Achtung zu begegnen, es gehe nicht nur um das Berühren, sondern auch um das Berührtwerden. Um den ehrlichen Austausch von Zärtlichkeiten also.

Die gute alte Treue

Das Wertebarometer zeigt genau in diese Richtung. Die Mehrzahl der jungen Menschen sieht das Paradies auf Erden in einer heilen Welt der Liebe und sehnt sich danach.

Vierzig Jahre nach der 68er-Revolution hat sich die Einstellung der jungen Menschen damit stark verändert. Eine Studie mit dem Titel *Studentische Sexualität im Wandel* belegt das. Sie befasste sich mit den Werten von 9.700 Studierenden und stieß dabei auf einen, der bei Weitem am höchsten im Kurs stand: die Treue. Nur acht Prozent der jungen Menschen waren bereit, sich auf einen Seitensprung einzulassen, im Jahr 1981 waren es noch 34 Prozent gewesen.[86]

Bei einer Studie über Herzensangelegenheiten an der *Texas Tech University* mit 500 Studenten ergab sich ein ähnliches Bild. Liebe ist das Wichtigste, Sex ein Zeichen der Liebe, und Liebe ist wichtiger als Sex, so das Fazit.[87]

Das Herz scheint über die Hoden gesiegt zu haben, und das ist keine leere Floskel. Denn es gibt symbolisch den *Tractus Genito Cerebralis*. Kurz gesagt bedeutet das, dass die Genitalorgane Vorstufen des Gehirns sind. Tatsächlich findet Sexualität mithilfe von Botenstoffen wie dem Bindungshormon Oxytocin nach wie vor eigentlich im Gehirn statt. Die Sexualität beim Menschen ist nicht nur triebhaft und reflexartig, sondern zerebral. Es kommt also nicht von ungefähr, wenn wir sagen: Die wahren Abenteuer sind im Kopf.

Wir können zwischen Lust und wahrer Liebe unterscheiden, das ist wissenschaftlich belegt. Eine Studie an der Abteilung für Neurologie an der *University of Chicago* rund um die Forscherin Stephanie Cacioppo befasste sich 2014 mit der interessanten Frage, ob sich der Unterschied zwischen purer Lust und echter Liebe vielleicht sogar im Blick einer Person ablesen lässt.[88]

Ja, lässt er sich. Je nachdem, ob das Ziel der Probanden Liebe oder doch nur Lust war, veränderte sich ihr Eye-Tracking-Muster, also ihre Blickbewegungen. Schauten die Probanden der anderen Person ins Gesicht, waren sie eher an einer romantischen Liebesbeziehung interessiert. Wanderte der Blick länger am Körper entlang, war das ein eindeutiges Zeichen für sexuelle Begierde.

Bei echter Liebe sehen einander Partner in die Augen, wenn es zwischen zwei Menschen um pure Lust geht, tun sie das kaum. Das lässt sich in jedem Pornofilm überprüfen. Blickt man sich direkt in die Augen, wird das Bindungs- und Liebeshormon Oxytocin freigesetzt. Liebende haben Verwendung dafür, Lustvolle stört es eher.

Das Pornografie-Desaster

Als krasses Gegenteil einer Sexualität, die von Liebe getragen ist, ließe sich Pornografie betrachten. Der Begriff selbst ist ein aus dem Altgriechischen abgeleitetes Kunstwort, zusammengesetzt aus *Dirne* und *schreiben, malen, zeichnen*. Der antike Schriftsteller Athenaios, der rund 200 Jahre vor Christus lebte, prägte es. Er war ein sogenannter Poikilograph und damit Vertreter einer interessanten literarischen Methode, die Wissenswertes aus verschiedenen Sachgebieten zusammenfasste. Sein dreißigbändiges Hauptwerk war das »Gastmahl der Gelehrten«

in dem er über die Teilnahme an einem mehrtägigen Gastmahl in Rom berichtet. Es geht in den Tischgesprächen um die die altgriechischen Sitten und Gebräuche, um das Alltagsleben, die politische Geschichte, die zeitgenössische Kunst und die Wissenschaft, und eben auch um *pornográphos*. Athenaios verstand darunter die literarische Biografie oder entsprechende Darstellungen in der Malerei.

In seiner heutigen Bedeutung prägte den Begriff im Jahr 1830 der deutsche Altphilologe und Begründer der Klassischen Archäologie und Alten Geschichte Karl Otfried Müller. Er hatte eine Bezeichnung für obszöne Kunstwerke gesucht, die bei Ausgrabungen in Pompeji entdeckt worden waren.

Mittlerweile ist Pornografie ein Massenphänomen. Die Geschichte von den Bienen und dem Bestäuben erzählt längst niemand mehr. Verstörend ist etwa eine Arbeit der Skandinavierin Annette Sorensen. Das Einstiegsalter in die grotesk frauenverachtende Welt der Pornografie liegt mittlerweile bei elf bis zwölf Jahren und verringert sich zusehends. Jedes dritte Kind zwischen zehn und 14 Jahren konsumiert heute öfter und regelmäßig Sex-Seiten. Vier von fünf Jugendlichen zwischen 13 und 18 Jahren halten Pornografie-Konsum für normal. Mehr als neun von zehn Männern und mehr als sechs von zehn Frauen waren in der Jugendzeit aktive oder passive Konsumenten von Pornografie. Das Smartphone klärt also schneller auf als jeder Elternteil mit schamroten Wangen.

Unter den dreißig Webseiten, die in Deutschland am häufigsten besucht werden, finden sich gleich vier Porno-Portale. 2019 verzeichnete allein *pornhub.com* 42 Milliarden Besuche, mehr als acht Milliarden mehr als im Jahr davor. Nach der Nutzung des Planeten als Trainings-Planet, Charaktertraining und Impulskontrolle klingt das eher nicht, und es hat Folgen.

Die Psychologin Tabea Freitag, die mit ihrem Mann die Plattform *Return – Fachstelle Mediensucht* in Hannover gründete, weist darauf hin, dass fast neunzig Prozent der gefragtesten Mainstream-Pornos Gewalt und Demütigung von Frauen zeigen.[89] Hier finden Verhaltensprägungen vor allem bei Jugendlichen statt, die im späteren Leben schwer reversibel sind und die Sexualität als eine der Urkräfte der Evolution zerstören und damit eine der fundamentalen menschlichen Kraftquellen versiegen lassen.

Was auch körperliche Folgen haben kann, worauf viele Studien über intensiven Pornokonsum inzwischen hindeuten. »Der vorzeitige Samenerguss ist eine der häufigsten sexuellen Funktionsstörungen bei Männern, und noch vor 15 Jahren war ein ausbleibender oder verzögerter Orgasmus beim klassischen Geschlechtsverkehr ein kaum existentes Thema«, schreibt die Psychologin Heike Melzer in einem Aufsatz, erschienen in der Fachzeitschrift *Nervenheilkunde*.[90] Das habe sich geändert. Zudem kämen in ihre Sprechstunden inzwischen Zwanzigjährige mit Erektionsproblemen. Anders ausgedrückt: Wir können uns dazu verführen lassen, Sexualität als nichts weiter als einen konsumistischen Akt zu leben, doch unsere Natur spielt da auf Dauer nicht mit.

Eine Untersuchung ergab schon im Jahr 2012, dass dreißig Prozent der Männer zwischen 18 und 24 Jahren unter erektiler Dysfunktion leiden. 2015 wies eine andere Studie einen Zusammenhang zwischen häufiger Masturbation zu Pornografie und erektiler Dysfunktion nach. Untersuchungen zeigen auch, dass erhöhter Pornokonsum mit einer niedrigeren Beziehungsqualität und einem Anstieg der Scheidungsrate einhergeht. Sie lassen zudem einen Zusammenhang zwischen Pornokonsum und Angstzuständen, Einsamkeit und Depression vermuten.

Dietrich Rosen leitet eine Selbsthilfegruppe für Pornografie-Süchtige in Hannover und zieht einen bedenklichen Vergleich: »Rund siebzig Prozent der Schüler geben in Umfragen an, sich mehrmals wöchentlich Pornos anzusehen, bei den Schülerinnen sind es zehn Prozent. Würden siebzig Prozent der Schüler angeben, mehrmals die Woche harten Alkohol zu trinken, gäbe es einen Aufschrei. Aber bei Pornos, die für unter Achtzehnjährige verboten sind und ebenfalls süchtig machen können, wird geschwiegen.«

Wer das thematisiert, wird als altmodisch hingestellt. Dabei hat das Ganze bedenkliche medizinische Implikationen. Wieder geht es um Dopamin-Ausschüttungen im Gehirn, die ähnlich berauschend wirken wie Kokain: Man möchte immer mehr.

Der Journalist Johannes Gernert widmet dem Thema ein Buch mit dem Titel *Generation Porno: Jugend, Sex, Internet*.[91] Seiner Meinung nach ist die Pornografie selbst gar nicht so sehr das Problem, vielmehr gebe es keine richtigen Beziehungen mehr zwischen Eltern und Kindern und kaum Freundschaften. Diese Beziehungslosigkeit sei der Grund, warum man Zuflucht bei der Internetpornografie suche. Wichtiger, als sie zu dämonisieren, sei es, die gesellschaftlichen Hintergründe zu erkennen. Ein guter Ansatz.

Bernd Siggelkow, Pfarrer und Gründer des Kinderhilfswerks Arche in Berlin, spricht von einem enormen Leistungsdruck im Bett. Jungen Menschen sei es wichtig, mit so vielen Partnern wie nur möglich Sex zu haben. Siggelkows Buch *Deutschlands sexuelle Tragödie* sorgte dementsprechend für Aufsehen.[92] Darin warnt er vor einer frühreifen Jugend, die sexuell verwahrlost und auch in Zukunft nicht mehr zu Partnerschaften fähig sei.

Der Pfarrer brachte dazu drastische Beispiele aus seiner Arbeit. Eine Mutter, die gemeinsam mit ihrem fünfjährigen Kind Pornos ansah. 15-Jährige, die schon fünfzig oder sechzig Sexpartner hatten. Sie haben alles erlebt, was man erleben kann, meint er, aber trotz der vielen Stöhnerei wünschen sich alle einen Partner fürs Leben, mit dem sie ein Haus, ein Auto und einen Hund haben können. Die Jugend schwankt zwischen Traum und Wirklichkeit. Zwischen Treue und Pornografie, zwischen einem guten und einem kaputten Leben.

Der partnerschaftliche Sex geht jedenfalls laut Studien zurück. Die Generation *Tinder*, für die Sex angeblich nur ein Wischen entfernt ist, ist jetzt weniger aktiv als noch in den vergangenen Jahren. Warum? Die Antwort auf diese Frage findet sich unter der Gürtellinie. Nicht der Sex wird weniger, nur der Sex mit anderen. Der Mensch ist sich selbst genug.

Laut einer amerikanischen Studie stieg der Anteil der amerikanischen Männer, die sich innerhalb einer Befragungswoche selbst befriedigt hatten, von 1992 bis 2014 auf 54 Prozent. Der Prozentsatz der Frauen verdreifachte sich auf 26 Prozent.[93] Das ist ein Turbotrend Richtung Masturbation. Man legt im Bett lieber Hand an sich, als sie einem Partner zu reichen. Pornografie fördert das Ego, und umgekehrt. Die Zweisamkeit ist zu mühsam, zu langsam und zu unverfügbar geworden.

Der Schutz der Zweisamkeit

Der Sinn der Sexualität aus Sicht der Evolution bleibt dennoch die Gründung einer Gemeinschaft. Das belegen biologische Reaktionen im Körper, wie die Forscherin Naomi Eisenberger von der *University of California* 2007 herausfand.[94]

Bei Menschen, die allein sind, steigt der Cortisol-Spiegel. Das heißt, sie sind latent im Stress. Ist der Cortisol-Level im Körper hoch, befindet sich der Mensch in Alarm- und Fluchtbereitschaft. Der Blutzucker steigt, das Immunsystem fährt herunter, Schlafen wird schwierig. Wenn der Mensch alleine ist, stehen alle Zeichen auf Gefahr, weil er Jahrzehntausende lang allein nicht überleben konnte.

Sexualität, die in Elternschaft mündet, die soziale Nachhaltigkeit der Familie, das alles wirkt sich positiv aus, wie wir bereits gesehen haben. Eine schwedische Studie mit gleich 700.000 Probanden, 2017 veröffentlicht im *Journal of Epidemiology & Community Health*, zeigt etwa den Zusammenhang zwischen Elternschaft und der Lebenserwartung. Väter und Mütter haben demnach eine durchschnittlich zwei Jahre höhere Lebenserwartung als kinderlose Frauen und Männer.[95] Wenn Lust und Liebe richtig eingestellt sind, stabilisiert das die Zweisamkeit, auch darin lässt sich Gutes sehen, das unser Leben verlängert.

Liebe und andere Unzulänglichkeiten

Nicht jede Partnerschaft ist mit Liebe gesegnet, so gut wird die Menschheit nie werden. Vergeben und Nachsicht sind aber immer noch besser als Streit und Scheidung. Auch hier kommt das Gesetz des Ausgleichs zum Tragen. Die Balance zwischen Mann und Frau.

Zusammenbleiben statt Scheidung. Auch diese Beharrlichkeit hat mit dem Gesetz des Ausgleichs zu tun. Und mit den Übungen aus der Charakterschule. Kompromisse zu finden und ab und zu nachzugeben, wirken auch hier Wunder. Man rauft sich zusammen, lernt einander schätzen und vielleicht wieder zu lieben. Die Belohnung kommt vom Körper. Harmonische Zweisamkeit stärkt das Immunsystem.

Das ist keine Annahme, sondern von der *Ohio State University* untersucht. Im Zuge einer Studie mit Ehepartnern fügte man jeweils beiden kleine Wunden zu, nichts, was wirklich wehtat. Danach analysierten Psychologen in zwei Szenarien ihre Beziehung.

Erstes Szenario: Einer der Partner erzählte zehn Minuten lang, was er gerne an sich selbst ändern würde. Der andere hörte aufmerksam zu und versuchte, verständnisvoll zu reagieren.

Zweites Szenario, einige Wochen später: Die Paare sprachen über wiederkehrende Unstimmigkeiten.

Nach beiden Durchgängen prüften die Forscher den Verlauf der Wundheilung. Ergebnis: Ein feindseliger Ton senkte die Heilungsrate um dreißig Prozent, eine hitzige Debatte sogar um vierzig Prozent. Eine einigermaßen harmonische Zweisamkeit lässt also sogar Wunden schneller heilen.

Forscher der *Universität von Otago* in Neuseeland kamen zu einem ähnlichen Schluss. Bei einer an 34.500 Menschen in 15 Ländern durchgeführten Studie fanden sie heraus, dass die Ehe, auch so, wie sie nun einmal ist, vor Depressionen und anderen psychischen Problemen schützt.[96]

Das Team um die Psychologin Kate Scott konnte außerdem einen hartnäckigen Fehlschluss korrigieren: Es sind nicht nur Männer, die von der Ehe profitieren. Auch die Frauen tun das. Überraschenderweise leiden Männer aber stärker unter Trennungen. Sie erkranken danach besonders häufig an Depressionen, Frauen aber neigen in dieser Situation eher zu Drogen- oder Alkoholmissbrauch. Zweisamkeit hält also frisch und stabilisiert die mentale Gesundheit.

Das Dilemma der wahren Liebe

In einer Zeit, die merkbar beschleunigt ist, sucht der Mensch zwar nach dem idealen Partner, zweifelt aber stets daran, ob er die beste, lustigste und spannendste Wahl getroffen hat. Man sucht Vergleichsmöglichkeiten. Und ein absurder Kreislauf beginnt: Um den richtigen Deckel für den Topf zu finden, wird fleißig ausprobiert, fremdgegangen, ausgetauscht. Altersgrenze gibt es dabei keine mehr. Beim Mann ebenso wenig wie bei der Frau.

Das Paradies des alten Mannes mit der jungen Frau ist, nebenbei gesagt, allerdings ein Mythos. Der grauhaarige Galan wird nicht frischer, wenn er sich eine Zwanzigjährige zur Frau nimmt. Sogar das ist wissenschaftlich erforscht. Der amerikanische Psychologe David Buss rät reifen Männern deshalb davon ab, eine Partnerin zu wählen, die vielleicht gerade den Schulabschluss geschafft hat und einen Sugardaddy sucht. Je größer der Altersunterschied, so Buss, desto schlechter stünde es um die Gesundheit des Lebemannes. Und umso schneller stirbt er. Die weibliche Jugend gibt ihm keine Kraft, im Gegenteil, sie saugt ihm die Kraft aus.[97]

Für Frauen, die sich einen Toyboy suchen, gilt Ähnliches. Obwohl Frauen mit jungen Begleitern grundsätzlich nicht mehr der Ruf, verzweifelt zu sein, vorauseilt. Man findet sie eher cool, nennt sie *Cougars*, zu Deutsch Pumas, die herumschleichen und nach Beute Ausschau halten. Einerseits in Bars, andererseits im Internet.

Dieses unaufhörliche Suchen, sich nicht festlegen wollen, Experimentieren und Fremdgehen ist allerdings nichts Neues. Es begleitet die Institution der Ehe bereits seit ihrer Erfindung.

Der Schweizer Mittelalterhistoriker Simon Teuscher befasste sich mit ihren Anfängen. Denn die Ehe für alle, die gleichzeitig auch eine Absicherung der Frau bedeutete, gab es keineswegs immer. Noch im frühen Mittelalter war in den ärmeren Schichten eine völlig ungeregelte, rechtlich nicht definierte Paarbeziehung üblich, meist auf Kosten der Frau. Erst die christliche Konzeption änderte das, indem sie die Ehe zum Sakrament erhob und damit die Frauen absicherte.

Die Kirche schoss aber wie so oft übers Ziel hinaus und wurde zu streng. Der erhobene Finger des Glaubens machte die Männer dabei keineswegs treuer. In Venedig des Jahres 1509 waren 11.654 der 300.000 Einwohner Prostituierte. Beim Konstanzer Konzil, das von 1414 bis 1418 dauerte, sollen 1.500 Dirnen in der Stadt gewesen sein, beim Basler Konzil im Jahr 1431 überhaupt gleich 1.800.

Die venezianischen Dirnen waren so etabliert, dass die Venezianer sie im 16. Jahrhundert in einem Katalog vorstellten.[98] Die bekannteste war Veronica Franco. Fräulein Veronica war zugleich Dichterin wie auch Kurtisane. Man sagt, sie lag in mehr Hotelzimmern als die Bibel. Sie nahm an literarischen Zirkeln teil, heiratete 1564 einen reichen Arzt, doch die Ehe hielt nicht lange. Ihre letzte Ruhestätte fand sie bis heute, wohlgemerkt als Prostituierte, in der Kirche *San Francesco della Vigna*.

Wir sollten trotzdem besser gut zu unserem Partner oder unserer Partnerin sein. Denn die Heilkraft der Zweisamkeit etwa in Form der Ehe für Körper und Geist scheint sich auch dann zu entfalten, wenn sie nichts weiter ist als ein lebenslanger guter Versuch.

Du sollst nicht stehlen, oder: Kümmere dich statt um das Haben besser um das Sein.

Wozu sollen wir mehr besitzen, als wir brauchen, um den Sinn unseres Lebens zu finden und zu erfüllen? Was wir an Unnötigem mit uns herumschleppen, fehlt anderen und belastet uns selbst. Die kapitalistische Welt bedarf deshalb eines neuen Gleichgewichtes zwischen Haben und Sein. Denn es dominiert das Haben und damit die Gier. Sie ist nicht nur die treibende Kraft bei der laufenden Zerstörung des Planeten, sie macht uns auch krank.

Steve Jobs, legendärer Mitbegründer von *Apple*, propagierte, wie sein Biograf Walter Isaacson berichtet, nicht nur beim Essen den Radikalverzicht – über Wochen ernährte er sich oft nur von Karotten und Äpfeln[99], um seinen Geist zu stählen –, sondern auch beim Kauf seiner Kleider: immer der gleiche Rollkragenpullover, immer die gleiche Turnschuhmarke, und das über Jahre. Als er einmal gefragt wurde, warum er sich nicht mehr und andere Kleidungsstücke zulegen wolle, antwortete er: Weil er seinen Geist freihalten wolle von der Frage, was er einkaufen und was er jeden Morgen anziehen wolle. Und es ist tatsächlich so: Besitz okkupiert uns und das durch Gier freigesetzte Dopamin verdrängt vieles: neue Gedanken, Inspirationen, Einfälle oder zum Beispiel die Freude an einer Beethoven-Sonate.

Haben und Sein

Haben und Sein. Zwei Worte, die wir mit Erich Fromm verbinden. Über sie hat der Psychoanalytiker und Sozialpsychologe sein bekanntestes Werk geschrieben, mit eben diesem Titel, *Haben und Sein*, einmal abgesehen von seinem ebenfalls bekannten Werk *Die Kunst des Liebens*. Die Essenz daraus lautet: Wir können nur gute Menschen sein, wenn wir mehr Wert auf das Sein legen und weniger auf das Haben. Nur dann lösen wir uns von den Fesseln eines übermächtigen Besitzes, der unsere Kraft bindet, und wahrscheinlich haben wir dann auch, wie Steve Jobs meinte, bessere Ideen.

Das Sein ist es, das wir kultivieren müssen. Das Sein allerdings nicht im Sinne von Tatenlosigkeit, sondern im Sinne einer produktiven inneren Tätigkeit. Im Sinne unserer Charakterschule der Seele also. Über das Training des inneren Menschen haben wir schon gesprochen. Hier nun der geistige Unterbau dazu. Warum ist es so wichtig, eher zu sein, als zu haben? Was heißt das im Konsumzeitalter? Wie geht das und was haben wir davon?

Die Idee an sich ist alt. Und gleichzeitig ganz neu. Einer der Ersten, der das Glück in einem Leben als Seiender statt als Habender sah, war Meister Eckehart. Der große Philosoph des Spätmittelalters nahm Besitztümer nicht so wichtig wie damals alle Welt. »Der ist viel glücklicher, der alle Dinge entbehren kann, und ihrer nicht bedarf, als wer alle Dinge mit Bedürfnis in Besitz hält«, sagte er einmal, und ein anderes Mal formulierte er: »Der Mensch ist der beste, der das entbehren kann, was ihm nicht nottut.« Heute propagieren das viele Menschen. Weniger haben, mehr sein. Die Idee lebt und scheint neue Kraft zu bekommen.

Was hat das mit dem Gebot »Du sollst nicht lügen« zu tun? Der Zusammenhang ist einfacher, als er auf den ersten Blick wirkt: Haben bedeutet immer auch besitzen. Und dort beginnt schon das Problem. Betrachten wir die Welt als eine, in die wir kommen, um uns zu entwickeln, dann werden die materiellen Dinge zu Lebensmittel im Wortsinn. Zu Dingen, die wir benützen, um den Sinn unseres Lebens zu erfüllen. Benützen bedeutet nicht unbedingt besitzen. Benützen hat viel mit Teilen zu tun, während Besitzen viel mit wegnehmen und an sich raffen, gewissermaßen also mit Stehlen zu tun hat.

Machen wir dazu einen Ausflug in die Chemie. Das Stehlen hat dort einen interessanten Stellenwert. Wenn wir grillen, ein Blatt Papier verbrennen oder ein Auto starten, leiten wir, ohne dass es uns bewusst ist, einen Diebstahl ein. Das Diebesgut sind Elektronen. Sie werden der Kohle, dem Papier oder dem Benzin gestohlen. Der Dieb ist der Sauerstoff. Er rafft die Elektronen bei Verbrennungsvorgängen an sich. Dieses Grundgesetz vieler chemischer Reaktionen ruht im Periodensystem und heißt Oxidation oder Reduktion.

Das materielle Leben hat also ein diebisches Grundgesetz, könnten wir sagen.[100] Es ist eine Art Erbsünde. Von diesem Grundgesetz geht es aus, das Diebische, das Stehlen, und zieht sich mit allen seinen Begleiterscheinungen, dem Geiz und der Gier, durchs Menschengeschlecht. Wenn es sich schon im Kleinen, im Periodensystem der Elemente, so verhält, warum sollte es im Großen anders sein? Gier und Geiz sind Kampfhunde, die immerzu knurren und beißen, und die Dinge an sich raffen wollen, egal von wem und egal wozu.

Habsucht, Geiz und Gier

Der Kapitalismus könnte auch menschlich sein. Er könnte einer Wirtschaft zugrunde liegen, die sich auf ihren eigentlichen Sinn konzentriert und zum Vorteil aller Beteiligten Dinge produziert, die wir brauchen, um gut leben zu können. Es ist kein Grundgesetz, dass Kapitalismus brutal sein muss. Doch zu verlockend ist dieses Mehr von allem. Gewinnmaximierung wird so zum Dogma einer Gesellschaft, die schneller rennt, als sie auf Dauer laufen kann.

Der Bestsellerautor Marc Elsberg sagt anlässlich seiner Buchpräsentation seines Buches mit dem Titel *Gier – Wie weit würdest du gehen?* Folgendes: »Wir brauchen Wettbewerb, das ist gar keine Frage. Nur spielt genau der in den gängigen Wachstums- und Wohlstandmodellen immer die Hauptrolle. Wir müssen weg von dem Gedanken, dass Wettbewerb über allem steht.« Elsberg pocht darauf, mehr auf Kooperationsmodelle zu setzen. »Um Wirtschaft und Gesellschaft zu organisieren, braucht es ein Umdenken. Mittlerweile ist es ja wissenschaftlich belegt, dass Kooperation mehr Wachstum erzeugt als Wettbewerb.«

Benützen statt besitzen. Austauschen statt wegnehmen. Teilen und gewinnen. Nur leider gelingt uns das nicht. Der Geiz und seine große Schwester, die Gier, stehen uns im Weg. Sie sind die größten Geißeln der Menschheit. Denn sie verhindern den Frieden. Sie stören die Balance. Sie spalten das globale Gefüge. Doch sie sind auch unsere eigenen Geißeln. Durch sie verpassen wir das richtige Leben, das gute Leben im doppelten Wortsinn des Wortes »gut«.

Die Wurzeln allen Übels

Schon im vierten Jahrhundert, also gegen Ende der Antike, sah der Mönch und Schriftsteller Euagios Pontikos, Begründer der klassischen Todsündenlehre, die Wurzel allen Übels in der Geldgier. Das können wir heute zu Recht noch immer so sehen, obwohl auch die Bewertung von Sünden einem Zeitgeist unterliegen.

Im frühen Mittelalter etwa galten schlechte Gedanken als schwerste Sünde, wir könnten sagen, ganz im Sinne einiger Zeilen, die wir alle kennen, deren Quelle unklar ist und die möglicherweise auf ein altes chinesisches Sprichwort zurückgehen: *Achte auf deine Gedanken, denn sie werden Worte. Achte auf deine Worte, denn sie werden Handlungen. Achte auf deine Handlungen, denn sie werden Gewohnheiten. Achte auf deine Gewohnheiten, denn sie werden dein Charakter. Achte auf deinen Charakter, denn er wird dein Schicksal.*

Zwischendurch trat der Stolz als das größte Laster schlechthin in den Vordergrund. Ab dem Hochmittelalter war es dann, durch die Intensivierung der Handelswege und des Bankwesens, erneut die Habgier.

Die Definition von Todsünden hängt also auch von den gängigsten Vergehen der jeweiligen Zeit ab. Die Zukunft wird ziemlich sicher einmal mit dem Finger auf uns zeigen und sagen: Seht sie euch an, wie sie am Anfang der Digitalisierung an ihrer Gier gestrauchelt sind, heute unvorstellbar, aber wahr. Unsere Todsünden sind Gier und Geiz.

Der römische Politiker, Schriftsteller, Anwalt und Philosoph Marcus Tullius Cicero formulierte dazu diesen Satz: »Habgier im Alter ist eine Narrheit. Vergrößern wir denn unseren Reiseproviant, wenn wir uns dem Ziel nähern?«

Wir könnten daran die Frage anschließen: Wie viel Reiseproviant brauchen wir überhaupt? Wozu mehr mitnehmen, als wir brauchen können? Wozu mehr, als wir tragen können? Während andere zu wenig haben? Auf das

Sein, statt auf das Haben zu setzen, ist letztlich eine Übung in Askese.

Geiz, Habgier und Habsucht sind im Lateinischen unter dem Begriff *Avaritia* zusammengefasst. Die Geschichte zeigt interessanterweise, dass in Zeiten wirtschaftlicher Umbrüche die Akzeptanz der Gier besonders gering ist. Nur ein paar wenige Menschen nutzen jeweils solche Phasen, in denen das Chaos die Bedeutung von Zusammenhalt und Gemeinschaft stärkt, um sich zu bereichern.

Auch jetzt leben wir in Zeiten von Umbrüchen, die vielleicht noch gar nicht richtig begonnen haben. Auch jetzt überdenken mehr Menschen als bisher, wie viel sie besitzen müssen. Bücher zu diesem Thema boomen, Entrümpeln ist in und Sharing-Konzepte für Autos und Wohnungen sind im Kommen.

Eine neue gesellschaftliche Ordnung hat sich daraus allerdings noch nicht ergeben. Effizienzsteigerung. Operative Exzellenz. Abschlanken. Gewinnorientiert denken. Das sind nach wie vor die Codewörter einer Wirtschaft, die es gewohnt ist, am Ende jeden Jahres Boni an ein paar Auserwählte auszuschütten. Sie haben sie im Hinblick auf ihr Wirken im gesamten gesellschaftlichen Gefüge nie verdient, bekommen sie aber trotzdem. Weil sie selbst die Spielregeln festgelegt haben.

Die vielleicht fundamentalste dieser Spielregeln ist die Abschaffung der Transzendenz. Denn sie erlaubt es, diesen Planeten statt als einen der Übung als einen des Konsums zu sehen. Am Ende der Reise besinnen wir uns vielleicht noch kurz und begreifen, was wir versäumt haben. Doch bis dahin gibt es kein Halten. Auf einem Planeten des Konsums sind Gier und Geiz die wichtigsten Götzen.

Die Biochemie der Gier

Auch hier spielen biochemische Prozesse eine Rolle, und wieder haben sie mit dem bereits erwähnten Glückshormon Dopamin zu tun. Der Schweizer Theologe Anton Bucher glaubt, dass vom impulsiven Kaufen über die damit verbundenen Dopamin-Ausschüttungen im Gehirn ein direkter Weg zum pathologischen Kaufrausch führt.

Nachgewiesen hat das der Neurologe Hans Breiter von der *Harvard Medical School.* Sucht und Gier gehören zusammen. Er untersuchte die Gehirnaktivität von Kokainsüchtigen, die der nächsten Line entgegenfieberten, und das Verhalten von Anlegern, die mit hohem Einsatz sehr riskant spekulierten. In beiden Fällen war der Nucleus accumbens außerordentlich aktiv, also jene Hirnregion, an der das Dopamin andockt und im Nu ein Glücksgefühl auslöst. Der in diesem Zusammenhang gerne zitierte Film *Wall Street* hat das deutlich gesagt. »Gier ist gut!«, sagt darin voller Begeisterung Michael Douglas alias Gordon Gekko. Die Broker suchen demnach weniger das Ergebnis, sondern mehr den Kick. Diesen Kick bringen durch die Blutbahn rauschendes Dopamin und andere sogenannte Glückshormone wie Endorphine. Harte Drogen verstärken deren Wirkung noch um ein Vielfaches.

Das mit Gier und Geiz zelebrierte Haben berauscht also. Der Blick aufs Konto, das Gold, die Aktien, die Wertpapiere. Millionen machen, zur Elite gehören, zu den reichsten Menschen der Welt oder zumindest im eigenen Dorf, an den Hebeln der Macht sitzen, alles lenken und mit der nächsten Rendite Bewunderung kassieren. Reiche Menschen können auch das Privileg für sich beanspruchen, beliebt zu sein und geliebt zu werden, zumindest von jenen, die sich etwas erhoffen. Wer frei von Gier und Geiz ist, der werfe den ersten Stein.

Gier macht krank

Der britische Psychiater und Philosoph Neel Burton erkannte, dass Gier und Geiz krank machen.[101] Er wies nach, dass Erschöpfung, Angstzustände, Depressionen und Verzweiflung die traurigen Begleiter dieser Charakterzüge sind. Gier untergräbt dabei die Mitmenschlichkeit, also einen der wichtigsten Werte, auf denen die Gesellschaft fußt. Sogar auf die Umwelt wirkt sie sich negativ aus. Entwaldung, Wüstenbildung, Versauerung der Ozeane, Artensterben. Der Klimawandel. Letztendlich auch Pandemien, wie sich gezeigt hat. Nicht nur viele große persönliche Probleme, sondern auch die großen Probleme der Menschheit sind eine Folge des Habens als Lebenssinn und der Gier als seiner logischen Folge.

Die Ethik des anstrengenden Lebens

Ein Leben des Seins zu führen statt eines des Habens, bedeutet allerdings nicht, nichts zu haben. Der Mensch soll so viel Eigentum haben, dass er genug »Proviant für seine Reise« hat, dass er also in Würde leben kann. Es gibt dabei so etwas wie eine Ethik des anstrengenden Lebens. Sie bedeutet, dass wir, wenn wir etwas nehmen wollen, auch etwas dafür geben müssen, und umgekehrt, dass wir, wenn wir etwas leisten, etwas nehmen dürfen. Das Ganze auf ehrliche Art. Wir brauchen keinen neuen Kommunismus, der das Haben verbietet. Und es wäre problematisch, wenn der Satz stimmt: »Der tiefste Traum Europas ist die Arbeitslosigkeit, die aus dem Wohlstand entspringt«, wie es der bereits zitierte Philosoph Sloterdijk einmal formulierte.[102] Was wir wirklich brauchen, ist eine neue Balance zwischen Haben und Sein. Das Gute braucht immer den Einklang.

Du sollst nicht lügen, oder: Sei wahrlich gut

Wenn wir lügen, verändert sich unser Gehirn. Wir verlieren den Kontakt zur Realität und zu uns selbst. Dennoch ist das Lügen gerade dabei, sich als ganz normale Kulturtechnik zu etablieren.

Die jüdische deutsch-amerikanische politische Theoretikerin und Publizistin Hanna Arendt versicherte, dass menschliches Zusammenleben zerbricht, wenn es den Wahrheitsbezug verliert. Das Leben mag anstrengend sein, wenn wir wahrhaftig zu sein versuchen, aber noch anstrengender ist es, wenn wir permanent in der Lüge leben.[103]

Shakespeares Lüge

Die Wahrheit lag unter dem Asphalt und klang gänzlich unglaubwürdig. Der Drehbuchautorin Philippa Langley, die im Jahr 2012 den Parkplatz vor dem Amt für Soziale Dienste im englischen Leicester überquerte, wurde auf einmal heiß und kalt. Gleichzeitig wurde ihr klar: Hier unten liegt Richard III. Sie arbeitete damals gerade an einer Biografie über den englischen Herrscher, der am 22. August 1485 in der Schlacht von Bosworth fiel. Sie ging zu den Behörden, berichtete von ihrer Eingebung und bekam, warum auch immer, die Grabungserlaubnis.

Arbeiter rissen den Parkplatz auf und am Ende standen Langley und einige Historiker tatsächlich vor Richard III., beziehungsweise vor dem, was noch von ihm übrig war. Immerhin hatte er rund ein halbes Jahrtausend unter der Erde gelegen. Man hatte das Grab des namensgebenden Vorbilds für William Shakespeares *Drama Die Tragödie von König Richard III.* entdeckt.

Der echte Richard III. hat es Shakespeare zu verdanken, dass er nach der bloß zweijährigen Amtszeit als eine der miesesten Figuren am englischen Königsthron in die Geschichte einging und das, obwohl dort eine ganze Reihe mieser Typen saßen. Shakespeare hat den Mann sozusagen in Grund und Boden geschrieben.

Shakespeare hat gelogen.

Er prägte das Bild von Richard III. als skrupellosen Machtmenschen, als einen lahmen, buckeligen Krüppel, den jeder Hund anbellte, wenn er vorbeihinkte, und der aus lauter Verbitterung darüber beschloss, ein Bösewicht zu werden. Shakespeare ließ nicht ein einziges gutes Haar an ihm. Unklare Überlieferung, das wäre die höfliche Bezeichnung dafür.

Hinter dieser dichterischen Abkanzelung eines Königs stand die Treue des Autors zu dessen Nachfolgern im Amt. Nach Richard III. kamen die Tudors an die Macht, die Shakespeare zu ihrem Hofberichterstatter machten.

Mit seiner Hilfe wollten sie den letzten Herrscher aus dem Haus Plantagenet diskreditieren, obwohl der zu diesem Zeitpunkt schon mehr als hundert Jahre lang tot war. Es war Elisabeth I. Ihr legte der Dichter sein diffamierendes Werk zu Füßen.

Die Archäologen stürzten sich auf den Fund unter dem Parkplatz. Sie bemerkten eine Reihe von Kopfverletzungen am Skelett des Hochwohlgeborenen, von denen zwei tödlich gewesen waren.

Sein Widersacher in der Schlacht von Bosworth war ein gewisser Henry Tudor gewesen, der anschließend als Heinrich VII. den englischen Thron erklomm und die Tudor-Dynastie begründete. Man vermutet, dass Richards Pferd im Morast feststeckte, er abstieg, um es zu befreien, dazu den Helm abnahm und umgehend ein paar über die Rübe bekam.

Bei den Untersuchungen kam auch der Grund an den Tag, der an seinem Hinken schuld war. Es war eine Skoliose gewesen, eine schlichte Fehlstellung der Wirbelsäule, die ihn seit dem zehnten Lebensjahr beeinträchtigte. Allerdings nicht in dem Ausmaß, in dem Shakespeare ihn über die Bühnen humpeln ließ. Und Buckel hatte er auch keinen.

Als sich nach dem sensationellen Fund die Historiker mit neuen Informationen über Richard III. hermachten, stellte sich heraus, dass er vielleicht schmächtig, aber trotzdem drahtig und kampferprobt und ein wunderbarer König war, dem die Verbrechen, die man ihm dank Shakespeare in die Eisenschuhe geschoben hatte, nicht begangen haben konnte.

So etwa konnte ihm der Tod seines Neffen und Amtsvorgängers Eduard V. nicht weiter angelastet werden. Hintergrund von dessen Entmachtung war ein Parlamentsakt gewesen. Richard III. hatte Eduard V. mitsamt seinem Bruder nicht, wie von Shakespeare dargestellt, in den Kerker geworfen. Er hatte die beiden vielmehr in den Tower von London gebracht, der damals gleichermaßen Palast wie Verlies war. Danach waren die als »Prinzen im Tower« bekannt gewordenen Brüder irgendwann einfach verschwunden. Man nahm an, dass sie ermordet wurden. Aber ob dafür wirklich Richard III. verantwortlich war, lässt sich nach seiner Rehabilitierung nicht mehr so einfach behaupten.

Erstaunlich, wie leicht man aus einem guten Staatsmann einen schlechten machen kann, aus einem guten König einen Verbrecher. Umgekehrt dauerte es dann gute 500 Jahre, bis der Ruf von Richard III. wiederhergestellt war. Und nicht einmal mit dem Aufsehen um den Fund unter dem Parkplatz setzte sich die Wahrheit über ihn richtig durch. Für die meisten Menschen ist Richard III. nach wie vor ein missgebildeter Widerling und so wird er auch weiterhin über die Theaterbühnen geistern.

Was ist Wahrheit?

Hier war es ein Drama, das sich als Geschichtsfälschung herausstellte. Heute ist es Tatsachenfälschung in Form von alternativen Fakten und Fake News. Von da ist es nicht mehr weit zum Meinungsdiktat und zur Missachtung der Rede- und Pressefreiheit.

Ein paar derzeit aktuelle Beispiele: Ein Hamburger Literaturfestival lud die Kabarettistin Lisa Eckhart wegen Antisemitismus-Vorwürfen aus. Eckhart teilt in jede Richtung aus, das ist ihre Kunstform. Sie ist aber weder antisemitisch noch frauenfeindlich noch rassistisch. Man nennt so etwas Satire. Allerdings verstieß sie gegen eine Wahrheit, die Dogmencharakter hat.

Ihr Kollege Dieter Nuhr plädierte für die Pluralität von Hypothesen und Methoden auch in der Klimaforschung und löste damit Entrüstungsstürme aus.[104] Nuhrs Forderung war eigentlich eine Selbstverständlichkeit, aber in Sachen Klimarettung gilt offenbar nur noch eine Wahrheit.

Das schwankende Grundrecht auf freie Rede

Die Wahrheit ist neuerdings das, was vor allem selbst ernannte Tugendwächter, aber auch Verschwörungstheoretiker und alle möglichen anderen Gruppen bestimmen. Was genehm ist, stimmt. Was nicht genehm ist, ist Lüge. Das Grundrecht der freien Rede wankt. Viele überlegen schon, was und ob sie überhaupt noch etwas sagen sollen.

Der *Norddeutsche Rundfunk* prangerte einen Oberstleutnant der Bundeswehr als rechtsextrem an, weil er in sozialen Netzwerken drei Beiträge eines dubiosen Accounts gelikt hatte.

Drei Likes, die nicht genehm waren. Drei Likes, und ein Mensch wird denunziert. Die *Neue Zürcher Zeitung* erinnerte das an das *Three-Strikes Law*, wonach im amerikanischen Strafrecht ein Straftäter, der bereits zweimal wegen eines Verbrechens verurteilt worden war, bei einer weiteren Verurteilung automatisch und zwingend eine lebenslange Haftstrafe erhält. Eine vorzeitige Entlassung bei guter Führung ist meistens erst nach 25 Jahren möglich.

Die rechtsstaatlichen Republiken sind letztlich Wahrheitsgenossenschaften und folgen juridischen Konzeptionen. Das lateinische Wort »jus« kommt von jurare und heißt nichts anderes, als die Wahrheit sagen, schwören. Wenn die Wahrheit verschwimmt, funktioniert der Staat nicht mehr. Ohne Wahrheit gibt es keine Vernunft, schreibt der Komplexitätsforscher Stefan Thurner in seinem Buch *Die Zerbrechlichkeit der Welt*, und wenn nicht mehr Vernunft die Basis unserer Entscheidungen ist, dann können wir anstehende Probleme nicht mehr lösen.

Deswegen etablierte sich im Mittelalter die Hölle als Teil des Rechtssystems. Jemand, der log, musste damit rechnen, dass ihn der Teufel holt. Es war eine Hilfe für die damalige Rechtsstaatlichkeit. Heute bildet man einen U-Ausschuss. Dabei gebe es auch gute biologische beziehungsweise medizinische Gründe, die Wahrheit zu sagen.

Die Wahrheit ist gut und gesund

Warum sollen wir die Wahrheit sagen? Ganz einfach: Sie hält uns gesund. Mit einer Lüge schaden wir uns mehr oder weniger selbst. Wir schlafen besser, wenn wir ehrlich sind. Und das Lügen macht süchtig. Das alles sind keine Volksweisheiten, sondern Fakten.

Wer chronisch lügt, der fängt mit der Zeit an, sich selbst zu glauben. Im Kleinen kennen das die meisten Menschen selbst. Wir legen uns eine nicht ganz der Wahrheit entsprechende Version eines Ereignisses zurecht, vielleicht nur, weil er anders zu kompliziert zu erklären wäre oder weil so die Pointe besser sitzt. Nach einer Weile wissen wir nicht mehr ganz genau, wie sich das Ereignis wirklich abgespielt hat und noch eine Weile später glauben wir selbst die Version, die wir uns zurechtgelegt haben.

2016 publizierte Neil Garrett vom *University College London* dies in einer Studie. Das Gehirn gewöhnt sich an Schwindeleien.[105] Kleine Notlügen fügen sich zu großen Lügenpanzern zusammen. Die Moral bleibt auf der Strecke. Wer also einmal lügt und dann noch einmal, wer es sich zur Gewohnheit macht, gerät gewissermaßen auf eine schiefe Ebene. Das Gehirn verändert sich. Je öfter man lügt, desto geschickter wird man dabei und desto mehr verstrickt man sich in den eigenen Lügen, weil man den Bezug zur Wahrheit insgesamt verliert.

An der *University of Notre Dame* im amerikanischen Bundesstaat Indiana baten Wissenschaftler Probanden, zehn Wochen konsequent auf Alltagslügen zu verzichten. Nicht nur hatten diejenigen, die weniger logen, weniger depressive Verstimmungen, waren entspannter und angstfreier. Sie hatten auch seltener Kopfschmerzen. Außerdem verbesserten sich ihre zwischenmenschlichen Beziehungen.[106]

Männer sind übrigens anfälliger fürs Lügen. Eine Metastudie des *Max-Planck-Instituts für Bildungsforschung* in Berlin und des *Technion-Instituts für Technologie* in Israel umfasste 44.000 Testpersonen. Das Ergebnis wurde 2019 in der Fachzeitschrift *Psychological Bulletin* publiziert: Männer, die im Schnitt risikobereiter sind, lügen häufiger als Frauen, die sozialer sind und Lügengebilde aus Prinzip eher scheuen. Junge Menschen lügen etwas häufiger als ältere.[107]

Eine neue Normalität

In einer repräsentativen Studie in Deutschland zeigte sich, dass mehr als die Hälfte der Deutschen täglich lügt, und zwar im Schnitt vier Mal pro Tag. Das Bundesland Thüringen war Spitzenreiter mit bis zu 15 Lügen pro Tag.

Künftig werden die jetzt jüngeren Menschen vielleicht noch mehr lügen, denn sie wachsen in einer Welt auf, in der das Lügen Teil der Normalität ist, mit Fake News auf vielen Ebenen.

Der Neurowissenschaftler Susumu Tonegawa vom *Massachusetts Institute of Technology* wies nach, dass sich sogar falsche Erinnerungen erzeugen lassen.[108] Er und seine Kollegen stimulierten mit Lichtimpulsen gewisse Neuronen im Gehirn von Mäusen und ließen sie glauben, sie hätten Elektroschocks bekommen, obwohl das gar nicht der Fall war. Weitergedacht, könnte man auch beim Menschen Erinnerungen verändern, wie im Film *Die Bourne Identität* mit Matt Damon. Gedanken einpflanzen. Es wäre eine tiefgreifende neue Form des Lügens, die unsere Welt auf den Kopf stellen würde, und ein mächtiges Instrument der Manipulation.

Falsche Bilder anzufertigen, ist schon jetzt ein Hype. Gezielte Lügenkampagnen im Internet, manipuliert mit moderner Bildbearbeitungssoftware und unterlegt mit der echten Stimme des Betroffenen. Sogenannte Deep-Fakes zeigen realistische Medieninhalte, autonom verändert durch künstliche Intelligenz. Mit normalem Auge merken wir nicht, ob der Wladimir Putin, den wir sehen, echt ist oder nicht.

Wenn die falsche Botschaft zur falschen Zeit die falsche Community erreicht, und wenn alle, bestens vernetzt, die Lügen glauben, dann können die Auswirkungen verheerend und irreversibel sein. Menschen erkundigen sich schon jetzt kaum noch nach der Quelle einer Information.

Sie sehen und reagieren und klicken und posten und teilen und forwarden, bis einer Lüge lodernder Hass wie ein Flächenbrand entwachsen ist.

Ein Problem, das übrigens schon seit der Antike bekannt ist und sich in einer Szene widerspiegelt, die sich vor rund 2000 Jahren in Jerusalem bei der heutigen Burg Antonia, wo jetzt eine Polizeistation steht, zutrug. Als dort Jesus dem Präfekten Pontius Pilatus vorgeführt wurde, der die bekannte Frage stellte: »Was ist Wahrheit?« Selbst Friedrich Nietzsche hat darüber reflektiert.[109] Interessanterweise wollte Pilatus auf diese Frage offenbar keine Antwort hören, jedenfalls wartete er sie erst gar nicht ab. Vielleicht ahnte er, dass sie fast unmöglich zu geben war.

Fake you!

Der Mensch am Beginn der digitalen Revolution lehnt sich zurück und verachtet das achte Gebot. Um Wahrheit sollen sich andere kümmern. *Fake you.* Doch wie unsere Umgebung mit der Wahrheit umgeht, hat Einfluss darauf, wie wir selbst es tun.

Darauf weist die oben genannte Studie ebenfalls hin: Unsere Umgebung kann uns eher zum Lügen verführen oder davon abhalten. Es geht also immer auch um den Kontext, um unseren Gemütszustand, um die ganze

Situation, oder darum, wie uns welche Versprechungen gemacht wurden.

Wissenschaftler nennen diese Veränderung des Verhaltens die adaptive Rationalität. Das klingt ein wenig nach Donald Trumps »alternativen Fakten«. Lügen wird cool. Lügen entspricht irgendwann dem Zeitgeist. Wer am besten lügt, gewinnt. Scheinbar.

Das Kainsmal der Lügner

Möglicherweise schaden wir damit aber irgendwann nicht nur unserem Geist und unserem Körper, sondern auf eine ganz unmittelbare digitale Art auch unserem sozialen Status. Denn die digitale Revolution könnte eines Tages auch eine Software hervorbringen, die binnen Sekunden aus unserem Gesicht, unserer Stimme oder unserem Gang ablesen kann, ob wir Lügner oder grundsätzlich eher ehrliche Menschen sind. Dabei stellt sich die Frage: *Wie weit darf die Wahrheitssuche gehen?*

Wie sehr zum Beispiel unser Gesicht ein Spiegel unserer selbst ist, zeigt bereits ein Algorithmus namens *DeepGestalt*, der auf klassischen Gesichtserkennungsprogrammen basiert. Durch die Auswertung von mehr als hundert Arealen in Gesichtern von 17.100 Patienten erkennt die Software typische anatomische und morphometrische Muster für 216 unterschiedliche Gendefekte. Sie scheint damit in der Lage zu sein, genetische Dispositionen für Krankheiten in Bruchteilen einer Sekunde zu erkennen. Ein Bild sagt mehr als tausend ärztliche Untersuchungen.

Es gibt auch schon eine Software, die angeblich Kriminelle identifiziert.[110] Ihre Trefferquote lag bei Tests lediglich bei 11 Prozent, dennoch setzen Israel und diverse Sicherheitsfirmen sie bereits ein. Ebenso behaupteten Programmierer, eine von ihnen entwickelte Software würde die sexuellen Neigungen eines Menschen identifizieren können. Was äußerst umstritten ist, denn Fachleute hielten dem entgegen, die Software würde bloß mit vordergründigen Klischees arbeiten.

Doch die Entwicklung der digitalen Möglichkeiten verläuft mit exponentieller Geschwindigkeit und wenn ein Weg einmal begonnen ist, gibt es darauf oft verblüffend schnell verblüffende Fortschritte. Möglich scheint es jedenfalls zu sein, dass Lügner eine Art Kainsmal tragen, das hoch entwickelte Maschinen eines vielleicht gar nicht so fernen Tages auslesen können werden. Ein Bild sagt dann mehr als tausend Lügendetektoren.

Immerhin entwickeln wir selbst ein Gefühl dafür, ob jemand eher ehrlich ist oder häufig lügt. Wer sich beruflich mit dieser Frage beschäftigt, etwa Kriminalisten oder investigative Journalisten, kann dieses Gefühl trainieren und mit der Zeit auf persönlich befriedigende Trefferquoten kommen. Vielleicht heißt es nicht zufällig im Volksmund, dass jeder mit der Zeit das Gesicht bekommt, das er verdient.

Optische Hinweise, die wir Menschen bei solchen Einschätzungen nur unbewusst wahrnehmen und verarbeiten, könnte eine Software objektivieren und damit früher oder später jeden Menschen nach einem Punktesystem als Lügner oder als ehrlich einstufen. Unvorstellbar, welche Möglichkeiten sich daraus ergeben würden und wie Regierungen wie die chinesische mit diesen Möglichkeiten umgehen würden. Die tiefe Wahrheit, die in Friedrich Schillers Satz »*Es ist der Geist, der sich den Körper baut*« steckt, bekäme damit eine verstörende digitale Dimension.

Allerdings: Wenn wir unseren Geist trainieren - ändert sich dabei auch unser Körper? Einerseits ist es bedrohlich, wenn uns Gesichts-, Stimm- und Ganganalyse einen Spiegel unserer Seele vorhalten, der sich auch missbrauchen lässt, andererseits könnte dies auch Motivation dafür sein, den inneren Menschen zu verbessern und damit auch den äußeren zu optimieren. Wären uns Aggressionsbereitschaft, Kaltblütigkeit und Lügen wirklich anzusehen, wäre das nicht Grund genug, uns innerlich ins Zeug zu legen?

Versuche, nicht nur über das Gesicht in unsere Seele zu blicken, gibt es genug. Um herauszufinden, wie der Mensch tickt, muss man ihn gar nicht anschauen. Sogar die Stimme sagt möglicherweise mehr als das Gesicht. Sie lügt nicht.

Wollen wir erkennen, ob jemand glücklich, traurig oder zornig ist, müssen wir nur hinhören. Gesichtsausdrücke können trügerisch sein, die Stimme ist verlässlicher. Ist sie ruhig und gelassen? Brüchig oder kurzatmig? Hoch oder heiser? Gereizt und schnell? Michael Kraus von der *Yale University* zeigt das in seiner Studie »Voice-Only Communication Enhances Empathic Accuracy«, 2017 erschienen im Fachblatt *American Psychologist*.[111] Alle nichtsprachlichen Elemente wie Lautstärke, Tonhöhe und Tempo zeigen demnach, wie es dem Gegenüber geht.

Selbst der Gang entlarvt.

Einer der jüngsten Forschungszweige in der Biometrie ist die sogenannte Gangerkennung. Jeder Mensch hat eine spezifische Art zu gehen. Beinlänge und Beinform lassen sich nahezu eindeutig zuordnen.

Die Gangerkennung als biometrisches Erkennungsverfahren bietet großes Potenzial. Man könnte Menschen vollautomatisiert und kontaktlos identifizieren. Das chinesische Start-up *Watrix* setzt Gangerkennung bereits ein, um Menschen zu charakterisieren und zu identifizieren.[112] Firmenchef Huang Yongzhen ist begeistert, wie sein Maschinenwerk Big Data im großen Stil auswertet. Das geht zwar noch nicht in Echtzeit, hat aber den Vorteil, dass keine scharfen Fotos der Person erforderlich sind. Nicht einmal ein Gesicht. Die Erkennung funktioniert auch von hinten, von der Seite und über weite Strecken hinweg. Für die Polizei, dezent eingebaut in einer Brille, wäre das fast ein 007-Tool, um gesuchte Personen in einer Menschenmenge zu erkennen.

Die Hersteller hoffen, dass das System nicht nur zur Überwachung eingesetzt wird, sondern auch, wenn ein alter Mensch gestürzt ist und Hilfe braucht oder zur Analyse von Verhaltensweisen. Selbstmordversuche könnten so rechtzeitig gemeldet werden.

Ob die Motive immer so hehr sind, wird die Zukunft weisen. Das elektronische Auge lässt sich jedenfalls nicht mehr schließen. Jeder Schritt, den wir setzen, jedes Wort, das wir sagen, jede Geste, die wir machen, alles hinterlässt Spuren. Und das Genom speichert nicht nur über Hunderte Millionen von Jahren unsere Begegnungen mit Viren, sondern auch das, was wir bisher als Charakter bezeichnet haben und offenbart es uns täglich im Gesicht, in der Stimme und im Gang. Wir sind bis ins tiefste Innerste durchschaubar geworden oder werden es zumindest gerade, und tun wohl schon deshalb gut daran, unseren Charakter zu trainieren.

Teil 3

Die Anatomie der Ethik

Der Tonfall der inneren Stimme

Wir alle können sie hören und wenn wir sie benützen, wird sie lauter. Doch woher kommt sie eigentlich, die innere Stimme, die unser Gewissen prägt? Wer oder was spricht da wie und warum mit uns?

Vielleicht gibt es sie, die Schutzengel. Vielleicht sind sie mit dem ersten Schrei eines Kindes im Kreißsaal da und weichen ihm sein Leben lang nicht mehr von der Seite. Das haben jedenfalls kluge Menschen schon früh vermutet. Im dritten Jahrhundert verfasste der römische Grammatiker und Schriftsteller Censorinus für seinen Gönner Quintus Caerellius die Schrift *De die natali* (Über den Geburtstag). Es war, wie der Titel schon vermuten lässt, eine Art Geburtstagsansprache.

Bei der Geburt, schrieb Censorinus darin, tritt an die Seite jedes Menschen ein Genius, der über seine gesamte Lebenszeit bei ihm bleibt und sich nie zu weit von ihm entfernt. Censorinus sah diesen Genius wie einen wohlwollenden, übersinnlichen Stalker, der uns in Ernstfällen, ohne den Umweg über unsere Ohren, Warnungen zuraunt oder uns in die richtige Richtung schubst, ohne dass wir wissen, wie uns geschieht.

Schon rund 800 Jahre zuvor hatte der antike Philosoph Sokrates vom *zweiten Ich* gesprochen, das uns Botschaften einflüstert. Er nannte es das »Daimonion« und beschrieb es als innere Stimme göttlichen Ursprungs.[113] Man könnte es auch Gewissen nennen und man könnte sagen, dass das Lauschen dieser inneren Stimme, diesem Gewissen, eine Kontaktaufnahme mit – wie christliche Autoren das uminterpretierten – unserem Schutzengel ist, ohne den Umweg über unsere Stimmbänder.[114]

Ein gigantischer biologischer Datenspeicher

Die moderne Medizin und die moderne Biologie haben noch keine wirkliche Erklärung für diese innere Stimme gefunden. Dies trotz vielfacher Untersuchungen dazu.

Sehr wohl aber haben die Verhaltensbiologie und Neuroendokrinologie erkannt, dass sich unsere innere Stimme prägen, gestalten und manipulieren lässt. Das hängt damit zusammen, dass wir vieles, das wir denken und tun, wie wir sind und was wir glauben, auch in unserem Genom, das wir in uns tragen und an unsere Nachkommen weitergeben, abspeichern.

Wir tun das über die Epigenetik und über die microRNA. Die Epigenetik ist, kurz gesagt, die durch unser Handeln und Denken sowie durch die Einflüsse unserer Umwelt veränderbare elektrische Ladung der Gene in unserer DNA. Der Hauptzweck der microRNA wiederum besteht darin, unseren Körper und unseren Geist weitaus rascher als es über evolutionäre Mutationsschritte möglich wäre, an neue äußere und innere Umstände und Gegebenheiten anzupassen.[115]

Miteinander ermöglichen die Epigenetik und die microRNA jene Echtzeit-Datensammlung über unser gesamtes Sein in unserem Genom.

Es entsteht so im menschlichen Gen-Pool ein stets aktuelles, sich ständig veränderndes und weiter entwickelndes Menschheitsarchiv, über das wir alle miteinander verbunden sind. Dieses Archiv liegt nicht nur in unserem Gedächtnis. Es liegt vielmehr auch in jenen 95 Prozent unseres Genoms, die bisher als eine Art dunkle Materie galt. Denn nur rund fünf Prozent unseres Genoms brauchen wir, um Nasen, Arme oder Beine herauszubilden, den Rest hielt die Wissenschaft jahrzehntelang für nutzlos.

Ist er aber nicht, wie ich bereits in meinem Buch *Die Anatomie des Schicksals – Was uns lenkt* beschrieben habe. Mit der epigenetischen und miRNA-Feder schreiben wir in unser Gesamtgenom – auch dort, wo keine Baupläne für Zellbausteine gespeichert sind Tag für Tag, Stunde für Stunde und Sekunde für Sekunde mehr über uns hinein, als wir je in ein Tagebuch schreiben könnten. Dabei sind wir auch noch ehrlicher, als wir selbst gegenüber einem Tagebuch sein könnten. Denn die Einträge erfolgen nicht über den Filter unseres Geistes und unseres Willens, sondern direkt und unmittelbar. Und das Faszinierende: Diese Einträge können auch umgeschrieben werden – es unterliegt also einer Evolution.

Dieses Archiv hat somit die Qualität eines technisch unfassbar ausgeklügelten Bio-Datenspeichers, der uns unaufhörlich ausliest und die Daten gleichzeitig intelligent weiterverarbeitet, um sie für nachfolgende Generationen verfügbar zu machen.

In uns schlummert die Vergangenheit

Wie das funktioniert und wozu es führt, könnten wir, ohne dass wir die entsprechende Genveränderung schon genau kennen würden, am Beispiel eines Erdbebens zu verstehen versuchen, das im Jahr 1755 weite Teile Lissabons zerstörte und dessen Auswirkungen in der Folge nicht nur die Portugiesen, sondern ganz Europa erschütterte. Es fand ausgerechnet am Allerheiligentag statt, einem gerade in dieser Region und zu dieser Zeit besonders bedeutendem kirchlichen Fest. Und es zerstörte ausgerechnet jene Teile der Stadt, in der die Kirchen standen, während in den Teilen mit den Bordellen kaum ein Dachziegel auf die Straßen fiel.

Das Ereignis war ein schwerer Schlag für den Glauben der Europäer an Gott und es veränderte und relativierte vieles. Der Aufklärer Voltaire, einer der meist gelesenen und einflussreichsten Autoren jener Zeit, schrieb sogar ein Buch darüber.

Wenn man heute davon erzählt, wissen die wenigsten Menschen davon, weil es zu viele andere Dinge gibt, die ihr Gedächtnis zu bewältigen hat und die von Generation zu Generation über Bildung, Bücher und Kunst weitergegeben werden. Doch Ereignisse wie dieses Erdbeben können sich – und das ist die Hypothese – mit den von ihnen ausgelösten Gedanken, Empfindungen, Handlungen und Meinungen als kulturelles Gedächtnis im Genom eintragen. Im konkreten Fall als etwas, das den Gottglauben für lange Zeit relativierte. Nachfolgenden Generationen sagt ihre innere Stimme deshalb dann: Mit der alten Kirchengarnitur stimmt etwas nicht.

Denke man dieses erstaunliche Phänomen auch noch am Beispiel der Pest durch, die wie wenig anderes die Menschen ihrer Zeit, ihr Denken, ihr Handeln und ihren Glauben prägte. Die Pest[116] geistert zwar noch durch die Geschichtsbücher, aber eine Präsenz in unserem Bewusstsein wie etwa der Beginn des Ersten Weltkrieges oder die Entdeckung Amerikas durch Christoph Kolumbus hat sie bei Weitem nicht.

Dass sie aber einen starken Eintrag in unserem Genom hinterlassen hat, darauf könnte unser Verhalten während der Corona-Pandemie hinweisen. Denn unsere Reaktionen auf sie waren selbst in weitgehend verschont gebliebenen Ländern mit der dramatischen Einschränkung persönlicher Freiheit, der Relativierung von Verfassungsgesetzen und der Bereitschaft zur Zerstörung der Wirtschaft und damit der Fundamente des Wohlstandes und der Demokratie teilweise ungewöhnlich panisch und emotional. Als hätte die Corona-Pandemie in uns etwas getriggert, das wir noch nicht ganz verarbeitet haben, und das könnten die in unserem Genom gespeicherten furchtbaren Erfahrungen mit dem Schwarzen Tod und dem von ihm verursachten schrecklichen Massensterben sein.

Am 22. August gab der Gesundheitswissenschaftler und Public-Health-Experte Martin Sprenger in *Ö1* ein Interview und thematisierte indirekt diese imprägnierte Angst: »Es wurden vollkommen unnötig Ängste eskaliert, und diese sind jetzt in den Köpfen vieler Menschen.« Und vielleicht sogar in unserem Genom?

Angesprochen hat diesen möglichen Zusammenhang, womöglich unwissentlich, auch der österreichische Schriftsteller Leopold Federmair im Hinblick auf globale Reaktionsunterschiede in Sachen Corona. »Techno-Totalitarismus oder freiwillige Selbstkontrolle? Die Pandemie stellt die Weichen für die zukünftigen Gesellschaftsmodelle. Das Coronavirus stellt weltweit jede Gesellschaft auf die Probe, und in den Reaktionen wird so etwas wie ihre DNA sichtbar.«[117]

Der deutsche Schriftsteller, Historiker, Journalist und Übersetzer Philipp Blom beschrieb es unlängst, ebenfalls mit Bezug auf das Erdbeben von Lissabon, so: »Das von der Naturwissenschaft skizzierte Menschenbild gewinnt immer mehr an Details und Komplexität. Es beschreibt einen Organismus, dessen Körper der Außenwelt gegenüber porös ist, (…) und der über epigenetische Einflüsse die Erfahrungen von Generationen in sich trägt (…).«[118]

Hierzu ein faszinierendes Beispiel aus dem Tierreich, das die Sache vielleicht noch plastischer macht. Es geht dabei um Tauben, die in Afrika Angst vor bestimmten dort lebenden Schlangenarten haben. Wenn sie so eine Schlange von Weitem sehen, fliegen sie weg. Sie haben mit diesen Schlangen, ihren natürlichen Feinden, zu viele schlechte Erfahrungen gemacht.

Die gleichen Tauben wurden in Australien gezüchtet, wo es die betreffenden Schlangenarten gar nicht gibt. Dennoch behielten die Tauben genau das gleiche Muster bei. Offensichtlich sind Angst und bestimmte Verhaltensmuster auch im Tierreich über die Erfahrungen vorangegangener Generationen im Genom gespeichert.

Botschaften, die wir empfangen und die uns prägen

Bei uns sind die Dinge, die uns prägen und sich unter Umständen in unsere dunkle Genmaterie eintragen können meist weitaus komplexerer Natur als die Angst vor einem bestimmten Tier oder einer Seuche. Denn wir schaffen selbst eine soziale Dynamik, die dann auf uns zurückwirkt. Der deutsch-britische Soziologe Norbert Elias beschrieb diese Dynamik in seinem Buch *Prozess der Zivi-*

lisation so: »… wie sich über die Jahrhunderte Schamgefühl ausbreitete und Schamgrenzen entstanden, wie sich bewusste Affektbewältigung durchsetzte, Peinlichkeitsempfinden nach und nach weitere Kreise zog und die Menschen ihr Verhalten änderten – was auch heißt, dass als erwünscht angesehenes Verhalten sich automatisierte. Fremdzwänge wurden zu inneren Selbstzwängen, und all das wuchs natürlich nicht in atomisierten Individuen alleine, sondern es waren gesellschaftliche Normen, die entstanden waren und auf die Individuen wirkten.« Normen, die wir, egal ob wir sie als gut oder schlecht empfinden, nicht nur über unsere Sozialisierung verinnerlichen, sondern auch über unsere normalerweise schlafende DNA an unsere Nachkommen weitergeben, die über ihre innere Stimme gleichsam von ihnen erfahren.

Wir können letztlich gar nicht so genau wissen, welche unserer Verhaltensmuster, welche unserer tiefen Emotionen und welche unserer Glaubenssätze, für die wir uns selbstbestimmt entschieden zu haben glauben, aus den Tiefen unserer scheinbar dunklen DNA und kleinen RNA-Stücken kommen. Wir sind programmierter, als wir denken. Wir sind gewissermaßen Gefangene unserer Geschichte und ein wesentlicher Teil unserer Freiheit liegt darin, dass wir uns über diese Programmierungen mit Willenskraft und Wachstumstrieb hinwegsetzen und uns im Sinne von Teil 1 quasi selbst neu programmieren können.

Der von dem deutschen Soziologen und Politikwissenschaftler Hartmut Rosa immer wieder starkgemachte Begriff der Resonanz ist in diesem Zusammenhang hilfreich. Gesellschaften beruhen auf geteilten Erfahrungen und Geschichte, meint er, auf so etwas wie einem gemeinsamen Resonanzraum, der unterschiedlichen Individuen und Gruppen einen Interpretationsrahmen gibt, einen Standard für Haltung und Verhalten, eine Rechtfertigung von Macht und politischem Handeln.[119] Es ist dies letztendlich die Resonanz unseres Genoms auf Umwelt, Erfahrungen und Emotionen.

Ob wir gut oder böse sind, diese Entscheidung schlägt also auch Wellen in der Zukunft, und diese Wellen sind umso höher, je mehr Menschen die gleiche Entscheidung treffen. Wenn sehr viele Menschen sich entscheiden, egoistisch statt altruistisch zu sein, zum Beispiel, weil das gerade dem Zeitgeist entspricht, dann könnte diese Haltung über das Wirken sehr vieler Nachfahren auch in Zukunft noch die Gesellschaft prägen. Sehr viele Menschen würden auch in Zukunft egoistisch sein, ohne sich dafür entschieden zu haben, ohne zu wissen, warum.

Das ist die schlechte Nachricht. Wir können die innere Stimme vor allem jener Menschen, die kein eigenes Gewissen entwickeln, auch dämonisieren. Wenn wir zum Beispiel Gier als gut und Geiz als geil betrachten, wenn wir den Neokapitalismus zur Religion erheben, dann könnten unserer Nachkommen von ihrer inneren Stimme zu hören bekommen: Gier ist gut und Geiz ist geil. Die Götter sitzen in der Wallstreet und neidische Reaktionen möglicherweise auch im Genom.

Das »Daimonion« ist demnach offen[120] und man könnte, in Abwandlung von Sir Karl Poppers Buchtitel *Die offene Gesellschaft und ihre Feinde* auch vom offenen Daimonion und seinen Feinden sprechen.[121] Doch etwas macht dabei Hoffnung, dass das Gute die Oberhand behält. Denn das Wissen um diese Zusammenhänge stärkt jene, die sich im Gutsein üben. Es stärkt wie nichts anderes ihr Bewusstsein, dass es bei der Rettung der Welt wirklich auf jeden Einzelnen und jede Einzelne von uns ankommt. Wir können, wenn wir uns im Gutsein üben, eines Tages bei unserem Abschied von diesem Planeten stolz darauf sein, dass wir auch zum Gutsein nachkommender Generationen beigetragen haben – vielleicht auch über biologische Brücken.

Wir vermögen uns damit, auf viel wunderbarere Weise zu verewigen als mit einem Haus, das wir gebaut haben, einem Baum, den wir gepflanzt haben, einem Buch, das wir geschrieben haben oder einem Ölbild von uns, das so lange in irgendeinem Gang hängt, bis niemand mehr weiß, wen es zeigt.

Wir brauchen eine Kulturtheorie, die das neue Wissen mit einschließt

Die Zusammenhänge, die hier anhand der inneren Stimme geschildert wurden, sind keine spirituellen Konzepte. Sie sind vielmehr von der modernen Medizin und der modernen Biologie gut unterlegte wissenschaftliche Thesen.

Wenn wir sie bis zum Ende durchdenken, kommen wir zu einem ebenso überraschenden wie eindeutigen Schluss: Vieles von dem, wie wir die Welt, unsere Gesellschaft, unsere Kultur und uns selbst als Individuen bisher gesehen haben, kann neu gedeutet werden. Möglich wäre dies mit einer Kulturtheorie, und zwar eine neurogenomischen, die Eindrücke nicht nur im Gedächtnis abspeichert, sondern – in sehr komplexer Weise – auch im Genom hinterlegt. Eine, die die Welt, die unsere Gesellschaft, unsere Kultur und uns selbst als Individuen komplexer, holistischer und vor allem vernetzter mit der Vergangenheit betrachtet, in der sich Ethik und Erbgut verbinden.

Denn anders, als man bis vor wenigen Jahren noch meinte, kann auch das erwachsene Gehirn noch neue Neuronen bilden. Auf neuronaler und synaptischer Ebene kann die Erfahrung daher Spuren im Gehirn hinterlassen, die ihrerseits Objekt vielfacher Rekombinationen sind und auf diesem Wege teils bis ins Unbewusste hineinreichen. Womit wir bei der Psychoanalyse wären.

Freud erklärte einst, dass im psychischen Leben nichts verloren geht. Die Neurowissenschaft kann dieser Vermutung heute ein physiologisches Prinzip, genannt »mechanische Plastizität« und materielle Entsprechungen, unter Fachleuten als synaptische Spuren und Neurogenese bekannt, zur Seite zu stellen.«[122] Unser psychisches Leben hinterlässt nicht nur im Gehirn Spuren, sondern auch in unserem Genom und kann auf Generationen weitergegeben werden.

Diese neurogenomische Kulturtheorie, die später noch Thema sein wird, soll keine geisteswissenschaftliche Spitzfindigkeit sein. Sie könnte uns vielmehr helfen, um bei unserer Selbstsicht als Menschheit nüchternen, naturwissenschaftlichen Beobachtungen, Erkenntnissen und Schlussfolgerungen gerecht zu werden.

Lassen Sie uns, da dieses Buch im Pandemie-Jahr 2020 erscheint, noch einmal die Viren heranziehen, um die Sache weiterzudenken. Oder lassen wir das, besser gesagt, den Evolutionsbiologen Richard Dawkins tun. Er behauptete schon 1976, Meme, also Ideen, Überzeugungen und Verhaltensmuster, seien Viren des Geistes, parasitäre Entitäten, welche die Macht des Menschen kolonisierten und sie als Mittel zur eigenen Vermehrung nutzten. Wir treffen hier auf eine Anthropologie, die uns einen neuen Blick auf den Menschen erlaubt: Das menschliche Subjekt ist demnach ein passives leeres Medium, das ständig von kulturellen Elementen infiziert wird, die sich in

Windeseile zwischen Individuen ausbreiten. Der Mensch ist demnach tatsächlich immer schon ein Virenträger, anders wäre die moderne Massengesellschaft überhaupt nicht denkbar.[123]

Von geisteswissenschaftlicher Seite wurde interessanterweise die Frage gestellt, ob die auf der Welt so unterschiedlichen Reaktionsmuster auf COVID-19 etwas mit der DNA zu tun hätten. »Das Coronavirus stellt weltweit jede Gesellschaft auf die Probe«, hieß es dazu in einem Kommentar der *Neuen Zürcher Zeitung*, »und in den Reaktionen wird so etwas wie ihre DNA sichtbar. In Ostasien versteht man den ohnehin hohen Grad sozialer Kontrolle nutzbar zu machen; der Westen wirkt indes konfus.«[124]

Möglicherweise bleibt auch die politische Tradition nicht nur in unserem Gedächtnis, sondern auch in der miRNA gespeichert.

Wobei es eine komplexe Aufgabe werden könnte, diese Kulturtheorie politisch zu interpretieren. Denn Kulturtheorien sind immer relativ. So etwa wies der französische Schriftsteller libanesischer Herkunft, Amin Maalouf, in einem 1999 publizierten Essay mit dem Titel *Mörderische Identitäten* darauf hin, dass westliche Regierungen die Menschenrechtsprinzipien in afrikanischen und arabischen Kulturen nicht mit derselben Verbindlichkeit einfordern wie gegenüber den sogenannten aufgeklärten Staaten. Sie grenzen damit große

Gruppen von Menschen ab, die noch nicht reif genug scheinen, um unsere von uns eigentlich als allgemeingültig gedachte Ethik zu verstehen. Womit sie das Band zerschneiden, das in dem Satz »Alle Menschen werden Brüder und Schwestern« steckt.

Es scheint, als ob die multikulturelle Einstellung Geschichte wäre. Sie plädierte dafür, alle Menschen in all ihrer Unterschiedlichkeit ernst zu nehmen und zu lernen, ihre Sichtweise der Welt und des Lebens produktiv zu nützen, soweit sich darin nicht jene Unmenschlichkeiten ausdrücken, an denen der Westen jahrhundertelang ebenfalls keinen Mangel litt.[125] Was gut und was böse ist, bleibt damit auch in unseren anscheinend so hehren gesellschaftlichen Übereinkünften immer relativ – und von der jeweiligen Vergangenheit mitbestimmt.

Der Sitz der Ethik im Gehirn

Die Ethik entwickelt sich weiter, wie uns die Geschichte lehrt, und sie verwendet bei ihrer Entwicklung auch unser Gehirn.

Tobias Schmidt dachte den Massenmord gut durch. Anfang April 1792 trat an den Klavierbauer der französische Arzt und Politiker Joseph-Ignace Guillotin heran und beauftragte ihn, einen Prototyp des von ihm als Hinrichtungsvorrichtung vorgeschlagenen Fallbeils zu bauen. Die Wahl eines Instrumentenbauers als Konstrukteur und ausführenden Handwerker war logischer, als es den Anschein hat, denn ein reibungslos funktionierendes Fallbeil erforderte präzise Arbeit an hölzernen und metallenen Elementen sowie eine zuverlässige Mechanik. Als Klavierbauer, der seinen guten Ruf besonders seinen Fertigkeiten bei der Verarbeitung von Holz verdankte, verfügte Schmidt über alle notwendigen Kenntnisse und Fähigkeiten.

Köpfen war eine Art des Tötens, bei der die Henker sicher sein konnten, dass ihnen die Verurteilten nicht mehr entkamen. Aus einer Schlinge konnte der eine oder andere seinen Kopf mit fremder Hilfe oder findigen Tricks vielleicht noch ziehen, was ja auch eine allgemein bekannte Redensart hervorgebracht hat. Doch ohne Haupt tat sich auch ein Schurke schwer, selbst wenn er noch so gefinkelt war.

So kam die Guillotine zum Einsatz, und das Volk applaudierte. Auch deshalb, weil bis dahin das Enthaupten in Ungnade gefallenen Adeligen vorbehalten gewesen war. Einfache Leute hatten am Galgen gehangen. Die Guillotine vereinheitlichte Hinrichtungen also nach dem Gleichheitsprinzip. Nicht nur Adelige wie der Bourbone Ludwig XVI., der angeblich einen dicken Nacken hatte, sondern alle zum Tode Verurteilten bekamen nun den Kopf abgehackt. Das gesellschaftliche Genom hatte so entschieden und fand das für richtig,

Die Tötungsmaschine lief im Dauereinsatz. Die Zahl der Enthauptungs-Opfer der Französischen Revolution ab dem Jahr 1789 schockierte ganz Europa. Immanuel Kant[126], deutscher Philosoph der Aufklärung, bot hingegen eine andere Lösung an: Es ist nicht die Guillotine, die die Welt besser macht, sondern der menschliche Verstand.[127] Damit standen sich zwei kollektive »Meinungsgenome« gegenüber.

Zwei mächtige Strömungen

Während die französischen Revolutionäre dafür standen, zu töten, um damit die Welt zu verbessern, wollte Kant eine bessere Welt schaffen, indem möglichst alle Menschen die Sittengesetze verstanden und anwendeten. Womit er auch die Grundlage des humanen Strafvollzuges schuf, wie wir ihn derzeit praktizieren. Gesetzesbrecher sollen dabei lernen, die Bedeutung der Gesetze zu erkennen und sie einzuhalten.

Auch der gesamte deutsche Idealismus, zu dem unter anderem der Philosoph Friedrich Hegel zählt, war dieser Meinung. Ebenso wie der in diesem Zusammenhang bereits genannte freimaurerisch geprägte Wolfgang Amadeus Mozart[128], in dessen Opern wie *Die Entführung aus dem Serail* oder *Die Hochzeit des Figaro* trotz aller zwischenzeitlicher Kalamitäten am jeweils versöhnlichen Ende immer alle geläutert und in Frieden auseinandergehen.

Doch es gab sie immer in Europa: zwei mächtige Strömungen, zwei große Denkschulen. Karl Marx schloss bei der Durchsetzung seiner kommunistischen Ideen eher an die Französische Revolution an. Ihm ging es nicht um die Läuterung der herrschenden Klasse, die ihm im Weg stand, sondern auch eher um deren Eliminierung.[129]

Das führte dazu, dass der Kommunismus vielleicht gut anfing, aber schlecht weiterging. Denn diese Denkart bildete die philosophische Grundlage für die Millionen Toten, die kommunistische Massenmörder wie Josef Stalin verursachten. Letztendlich bildete sie auch die philosophische Basis für das grausamste Verbrechen der Menschheitsgeschichte, den Nationalsozialismus und seine Gräueltaten.

Doch warum wird so etwas in einem Buch erzählt, in dem es darum geht, warum wir besser gute Menschen sind? Die Antwort ist einfach: Weil sich in diesen beiden Strömungen das Gute und das Böse abbilden.

Die beiden so widersprüchlichen und aneinander heranbrandenden Strömungen der europäischen Geistesgeschichte sind auch biologisch diskussionswürdig. Denn in ihnen manifestiert sich nicht nur das Gute und das Böse, sondern auch die Bauart des menschlichen Gehirns. Man könnte auch sagen: Der Konflikt zwischen dem Guten, dem Versöhnlichen und Idealistischen und dem Bösen, dem Grausamen und Blutrünstigen wurzelt in unserer Neurobiologie.

Wettbewerb der Gehirnzentren, die die Evolution aufgebaut hat

Ethik ist entwicklungsfähig, hat allerdings zentrale Hauptquartiere.

Die Schüler Immanuel Kants[130] und seine Philosophenkollegen wie Friedrich Hegel auf seiner Seite und Karl Marx mit seinen Epigonen auf der anderen befetzten einander lärmend mit Ideologien, doch unterdessen war da noch ein ganz anderes Duell im Gange, unsichtbar und lautlos. Ein Kampf im menschlichen Gehirn selbst, bedingt durch die Konstellation von zwei seiner wesentlichen Bauteile, dem Cortex und der Amygdala.

Diese beiden Hirnregionen stehen für unterschiedliche Werte. Im Cortex ruhen die Reflexionen zur Milde, zur Ethik und zur Sitte. In der Amygdala liegen, vereinfacht formuliert, die alten Hirnstrukturen. Sie sind unser Erbe aus dem Tierreich, wo Blut fließen muss, wenn es um das Durchsetzen von Rechten geht. Der Cortex steht für Klasse, die Amygdala für Keule.

In der Medizingeschichte gab es dazu ein ungewolltes, aber bemerkenswertes Experiment. Am 13. September 1848 stopfte der als liebenswürdig und einfühlsam bekannte Phineas Gage, Vorarbeiter eines Teams von Eisenbahnbauern in Vermont, mit einer Eisenstange Sprengpulver in einen Stein.[131] Er vergaß dabei den isolierenden Sand, weshalb die Ladung unplanmäßig hochging. Die Explosion trieb dem Mann die knapp einen Meter lange und drei Zentimeter dicke Eisenstange durch den Schädel. Dennoch blieb Gage bei vollem Bewusstsein und überlebte den Unfall. Allerdings war er danach ein anderer Mensch. Er war jetzt aufbrausend, aggressiv und egoistisch.

Mehr als hundert Jahre später ließen Ärzte sein Skelett exhumieren. Sie simulierten den Unfall, um jene Gehirnregionen zu erkennen, die das Metall zerstört hatte. Es waren genau jene Regionen, in denen der Mensch seine triebhaften Reflexe zu domestizieren versucht, der Cortex, das Großhirn also, der Sitz der Ethik. Im Fall des Phineas Gage war er durchbohrt und deaktiviert, was nach dem Unfall sein bösartiges Verhalten entfesselte.

Die Medizin dokumentierte diese Entdeckung gebührend. Viele Untersuchungen und Studien, die auf die Analyse von Phineas Gages Schädel folgten, bestätigten, dass der Cortex quasi das Kontrollzentrum unseres Verhaltens darstellt.

So etwa zeigte sich, dass die Großhirnrinde bei Mördern und Insassen von Todestrakten weniger aktiv ist. Was darauf hindeutet, dass es zu Gewaltverbrechen auch aus neurologischen Gründen kommt. Der Cortex macht den Menschen erst zum Menschen. Tiere, zum Beispiel Katzen, haben auch einen, aber bei ihnen ist er eine ganz dünne Schicht im Gehirn, während er beim Menschen viel ausgeprägter ist. Das Großhirn macht ungefähr 85 Prozent der Gehirnmasse aus.

Ein wunderbares Geschenk der Evolution

Mit dem Cortex hat die Evolution dem Homo sapiens also etwas übergeben, das ihm hilft, die Triebsteuerung, die bis dahin alle Säugetiere beherrscht hatte, zu verfeinern und aggressive Impulse zu kontrollieren.[132] Dieses wunderbare Instrument der Deeskalation ermöglicht es uns auch, uns zu ändern. Wir können mit seiner Hilfe sowie mit der Kraft unseres Willens von groben zu gesitteten und von egoistischen zu altruistischen, also von schlechten zu guten Menschen werden.

Das bedeutet nicht, dass die alten Strukturen in der Amygdala sinnlos und nur problematisch sind. Dort wurzeln zwar unerfreuliche Dinge wie Abwehrreaktionen,

Angstgefühle und bebender Hass, doch in der Amygdala liegt auch eine gewisse Erkenntnisfunktion, die uns hilft, Gefahren zu erkennen und sofort zurückzuschlagen.

Bei niederen Tieren sind es interessanterweise oft Gerüche, die solche Reaktionen auslösen. An Gerüchen können sie sofort erkennen, ob Gefahren drohen und ob ein anderes Tier sich aggressiv verhält. Höhere Tiere wie Hunde verfügen über die Gabe, am Gesicht anderer Lebewesen zu erkennen, ob die Situation brisant ist oder entspannt, weshalb ihre in der Amygdala angesiedelten Überlebensreflexe auch durch optische Reize auslösbar sind.[133]

Uns Menschen hilft die Gabe der Selbstbeobachtung, um herauszufinden, was genau unsere Amygdala aktiviert. Was bringt uns in Rage? Was versetzt uns in Panik? Diese Gabe zu nutzen, ist eine entscheidende Voraussetzung bei unserem Versuch, gut zu sein. Selbsterkenntnis ist der erste Schritt zu Besserung, sagt ja auch eine Redensart, und unser Gehirn hält die nötigen Werkzeuge dafür bereit. Die alteuropäische Gewissenserforschung ist also gar nicht so anachronistisch.

Die Geburtsstunde der Kooperation

Mit dem Wachstum und der besseren Verknüpfung des für unser Gutsein so entscheidenden Cortex entstand neben der Ethik auch etwas, das wir gar nicht hoch genug schätzen können. Unsere Fähigkeit zur Kooperation. Sie erst hat das Überleben unserer Spezies gesichert. Unsere Vorfahren, die vor zwei Millionen Jahren in Afrika eine Minderheit bildeten, konnten sich nur durchsetzen, weil der Cortex die Grundlagen für Erkenntnis schuf und sie für Kooperation verbesserte.

Nun konnte man sich fragen: Wenn wir schon keine Krallen, keine Reißzähne, kein dickes Fell und keine überlegene Muskulatur haben, und wenn wir auch nicht besonders schnell sind, wie können wir uns gegen unsere natürlichen Feinde durchsetzen, gegen alle, die uns jagen und fressen wollen? Wahrscheinliche Antwort: Sie konnten sich zusammentun, auf eine viel intelligentere Weise als zuvor bei gewöhnlicher Rudelbildung. Sie konnten Regeln für ihre Kooperation aufstellen.

Im Grunde war das nicht nur die Geburtsstunde der Kooperation, sondern auch die eigentliche Geburtsstunde der Ethik. Denn Regeln für die Kooperation sind immer auch Antworten auf ethische Fragen. Wie gehen wir miteinander um? Wie schützen wir einander? Wie kommen wir gemeinsam vorwärts?

Keine andere Spezies schaffte diesen Schritt. Nicht die Macht über das Feuer war die eigentliche Ursache für den weltgeschichtlich einzigartigen Siegeszug der Spezies Mensch, sondern eine Ethik, die den Trieb ablöste – in einem neuen Bauteil unseres Gehirns.

»Moralische Instinkte«, meint dazu Roy Baumeister, Sozialpsychologe an der Florida State University, »sind in uns nicht eingebaut. Uns ist lediglich die Fähigkeit gegeben, Moralsysteme zu erwerben. Altruistisch zu sein, verleiht uns, die wir von Natur aus selbstsüchtig sind, Vorteile. Dabei ist Moral mit einem Muskel zu vergleichen, der ermüden, aber durch regelmäßiges Training auch gestärkt werden kann. Was leichter klingt, als getan ist, wenn nicht fest steht, was da genau zu trainieren ist. Ein moralisches Zentrum, das wir gezielt bearbeiten könnten, weist unser Gehirn nicht auf.«[134]

Biologisch betrachtet ist auch das Großhirn nicht der Sitz der Moral, es gestattet uns allerdings etwas, was bis in die Diskussion um den freien Willen hineinreicht: nämlich unser Handeln zu reflektieren und zu bewerten und es auch zu ändern. Die erwähnte synaptische Plastizität sowie die Neurotransmittoren sind damit sehr wohl mit den »Muskeln des Charakters« vergleichbar.

Die Moleküle der Ethik, die in Jahrmillionen enstanden

Zur Hardware der Ethik gehören neben dem Cortex und der Amygdala auch die Kommunikationsmoleküle, die diese beiden Hauptzentren des Gehirns miteinander verbinden. Jene Moleküle also, über die zum Beispiel der Cortex der Amygdala ausrichten kann, dass sie sich jetzt mal wieder einkriegen soll.

Form, Größe und Dominanz des Cortex und der Amygdala sind genetisch bestimmt und uns damit quasi in die Wiege gelegt. Dass wir uns als Menschen trotzdem wandeln können, von egoistischen zu altruistischen, von groben zu empathischeren oder von bösen zu guten Menschen, liegt auch an diesen Molekülen, den sogenannten Neurotransmittern. Die sind zwar ebenfalls genetisch bestimmt, doch im Gegensatz zu den Gehirnstrukturen selbst haben sie den Vorteil, dass wir sie über die Epigenetik und die microRNA beeinflussen und verändern können.

Beides, die Epigenetik und die microRNA, könnte auch an der Tatsache beteiligt sein, dass sich in unseren Genen mit der Zeit ganz kleine Unterschiede durchsetzen, die den wissenschaftlichen Namen *single nucleotide polymorphism* tragen. Sie lassen sich vergleichsweise einfach messen. In einer vom amerikanischen *National Institute of Health* unterstützten Projekt untersuchten Wissenschaftler eine Million dieser Polymorphismen. 73 Prozent von ihnen waren jünger als 5000 Jahre. Das ist ein beeindruckender Hinweis darauf, mit welcher Konsequenz sich die Evolution immer wieder neuen Gegebenheiten anpassen möchte.[135]

Mit der auch dadurch bedingten Unterschiedlichkeit der Neurotransmitter von Mensch zu Mensch ist es wie bei einem Gesicht. Es gibt immer nur einen Mund, eine Nase und ein Paar Ohren, aber insgesamt sieht jedes Gesicht doch ganz anders aus. Doch wenn wir die Neurotransmitter, die Mitspieler bei unserem Charakter sind, verändern wollen, brauchen wir keine Schönheitsoperation. Wir können sie in ihrer polymorphen, also vielgesichtigen Individualität quasi Kraft unseres Willens – wahrscheinlich auch über epigenetische Mechanismen und miRNA – domestizieren und damit unsere biochemische Identität korrigieren und uns selbst modellieren.

Anders ausgedrückt: Wenn ein Mensch einen kleinen Cortex hat, mag er tendenziell aggressiver sein, weil er die vom Tierreich geprägten Impulse der Amygdala von Natur aus schlecht unter Kontrolle hat, doch das muss noch nicht das Ende der Geschichte sein. So ein Mensch kann seine Neurotransmitter im Sinne des in Teil eins Beschriebenen manipulieren und damit tun, was wir als »an uns arbeiten« bezeichnen.

Medizinisch ausgedrückt klingt das so: Es ist das sogenannte Prinzip der Plastizität, durch das die Reizaufnahme aus der äußeren Wirklichkeit eine Spur im Nervensystem hinterlässt und dic Informationsübertragung auf der synaptischen Ebene ständig verändert, dynamisch, nach der Theorie der Epigenese. Die Mechanismen der Plastizität setzen an den Synapsen an, den Kontakten zwischen den Neuronen, an denen der Informationsaustausch stattfindet. Sie übertragen die Informationen von einer Zelle zur anderen in modulierter Form, wobei unterschiedliche Mengen von Neurotransmittern, die bei der Reizübertragung freigesetzt werden, Regulationsmöglichkeiten zulassen. Die Änderungen der synaptischen Struktur prägen sich teils als dauerhafte Modifikationen ins Gehirn ein und sind Elemente des zerebralen Strukturwandels.[136] Ja, das ist ziemlich viel Fachlatein, aber der Ordnung halber sei es dennoch gesagt.

Wir können uns selbst Grenzen setzen und Regeln auferlegen. Irgendwann passen sich unsere Neurotransmitter der von uns gewünschten friedlicheren Version von uns an und ermöglichen sie, ohne dass wir jeden Tag aufs Neue gegen unsere tierischen Instinkte antreten müssen wie gegen eine Sucht. Irgendwann haben wir diese Instinkte dank veränderter Neurotransmitter weitgehend unter Kontrolle.

Der beste und überragend erfolgversprechende Ratgeber bei dieser Selbstkorrektur beziehungsweise Selbstmodellierung ist unsere innere Stimme. Man könnte fast sagen: Die von unserem Gewissen entworfene Vision eines besseren Ich, die Neurotransmitter, mit denen wir auf unsere Amygdala einwirken, die Epigenetik und die microRNA bilden das Gesamtpaket, mit dem wir unseren Wandel am ehesten schaffen.

Wenn Sokrates mit seinen Überzeugungen und viele Denker mit ihren Vermutungen richtig lagen beziehungsweise liegen und unsere innere Stimme im Kern vergleichbar eines göttlichen Ursprungs wäre, dann würde uns dieses Gesamtpaket zu einer Art göttlichem Plastilin machen. Denn in diesem Fall wäre es ein Weltenbaumeister selbst, der uns, wenn wir mitspielen, über unser Gewissen so formt, wie er uns gerne hätte. Und es ist wiederum freimaurerische Logik, aber auch die Logik vieler anderer spiritueller Konzepte, dass wir, wenn wir denn mitspielen, dafür irdischen und vielleicht auch überirdischen Lohn erhalten.

Das »ethische Plastilin« ist allerdings weltimmanent, es hat auch biologische Wurzeln, die an einigen Beispielen erklärt werden sollen.

Die Chemie der Treue

Nicht nur ethische Elemente wie unsere Fähigkeit zur Kooperation oder zur Impulskontrolle, sondern etwa auch unsere Treue ist biologisch bestimmt. Dafür zuständig ist wiederum ein Neurotransmitter, der den nicht besonders poetischen Namen Vasopressin trägt.

Es handelt sich um ein uraltes Molekül, ein Hormon, aus dem Hinterlappen der Hypophyse. Es regelt unter anderem den Wassergehalt unseres Körpers, unseren Durst und unseren Blutdruck. Bei höheren Säugetieren, zu denen wir Menschen gehören, regelt es gemeinsam mit dem bekannten und ähnlich wirkenden »Kuschel«-Hormon Oxytocin auch die partnerschaftliche Treue, und zwar in mancher Hinsicht anders, als die Wissenschaft bisher dachte.

Die Sache ist auf den ersten Blick komplex: Jedes Hormon braucht einen Rezeptor. So ein Rezeptor ist vergleichbar mit einem Schloss, über das wir mit einem Schlüssel (dem Hormon) eine Tür öffnen können. Das Rezeptorgen für das Vasopressin liegt in unterschiedlichen Konfigurationen vor. Bei manchen Konfigurationen fällt uns die partnerschaftliche Treue leichter, mit ihnen sind wir beziehungsfester.[137] Die Größe und Länge der dem Molekül zugrunde liegenden Gene und ihren Polymorphismen spielen dabei eine Rolle.

Sollten Sie unsicher sein, wie es um die Treue Ihres Partners oder Ihrer Partnerin bestellt ist, nehmen Sie ihn oder sie – und das wird gar nicht mehr so lange Utopie bleiben – beim nächsten Bluttest doch einmal beiseite und sagen Sie: Liebling, zeig mir bitte dein Vasopressin. Lassen Sie dafür aber bitte die Genstruktur gleich mit untersuchen, sonst funktioniert es nicht.

Der Forscher Hasse Walum vom *Karolinska-Institut* in Stockholm untersuchte das Phänomen bei 500 Probanden. Lag in deren DNA das Vasopressin-Rezeptor-Gen in einer kurzen Variante vor, hatten die Ehepaare merkbar mehr Probleme mit der Treue. Die kurze Form fand sich vor allem bei Singles.[138]

Selbst das heißt aber nicht, dass wir automatisch und unumstößlich auf Treue oder Untreue programmiert sind.

Solche Genvarianten sind eine Vorgabe, die uns beeinflusst, doch wir haben wie gesagt immer die Möglichkeit, dem entgegenzuwirken.

Es ist ähnlich wie bei der Osteoporose. Wenn wir die Anlagen für poröse Knochen haben, können wir viel dagegen tun. Wir können etwa durch Krafttraining oder Vitamin-D-Zufuhr dafür sorgen, dass die Osteoporose erst gar nicht ausbricht.

Wenn wir feststellen, dass wir für Untreue anfällig sind und uns das stört, können wir im Sinne des in Teil 1 beschriebenen Trainingsprogrammes daran arbeiten.

Theoretisch wäre es sogar einmal möglich, mithilfe der Gentechnik einen Menschen zu schaffen, der von Natur aus treu ist, weil sein Vasopressin-Rezeptor genau richtig konfiguriert wird. Ob wir uns dann noch im göttlichen Sinne selbst formen, in dem Sinne also, bei dem es immer auch um die Stärkung unserer Willenskraft, um die Fähigkeit, Maß an uns zu legen und um das bewusste Über-uns-Hinauswachsen geht, ist freilich fraglich. Zudem wäre, etwa über Ethikkommissionen, zu klären, ob das noch unserem Menschenbild entsprechen würde – ein Homo deus aus den Genscheren?

Die natürliche Belastbarkeit

Erstaunliches entdeckten Forscher vor einigen Jahren auch bei einem anderen Molekül, das im Gehirn eine bedeutende Rolle spielt, beim Serotonin. Das Transportprotein beziehungsweise das Gen für dieses Hormon kann ebenfalls in verschiedenen Konfigurationen und Größen vorliegen. Was, wie sich nun zeigte, ebenfalls Rückwirkungen auf unseren Charakter hat. Menschen mit einem kurzen Allel haben größere Schwierigkeiten, Stresssituationen zu bewältigen. Sie reagieren doppelt so häufig darauf mit Depressionen als Trägerinnen/Träger mit zwei langen Allelen. Dieses Transport-Protein für Serotonin, das ebenfalls zu den Neurotransmittern gehört, beeinflusst also durch die Bereitstellung von Serotonin unsere innere Balance. Mit viel Serotonin geht es uns immer wie in den ersten Tagen nach einem Urlaub. Nichts bringt uns aus der Ruhe. Mit wenig sind wir auch durch die geringste Irritation gleich extrem genervt.[139]

Unsere innere Balance hat wiederum Rückwirkungen darauf, wie gut oder wie böse wir sind, um bei dieser vereinfachten Darstellung zu bleiben. Denn eine intakte starke Balance versetzt uns eher in die Lage, die gute Version unserer selbst zu bleiben oder zu werden.

Marc Hauser, Psychologe und Evolutionsbiologe in *Harvard*, gesteht deshalb beim Ergründen der Moral der Wissenschaft und den Wissenschaftlern tragende Rollen zu. »Wenn das moralische Urteil durch die Serotoninmenge zu beeinflussen ist, sollten wir sie dann so regeln, dass sie bei jedem ausbalanciert ist? Zu welchem Zweck und in wessen Augen?«, fragte er zum Beispiel.[140]

Programmierte Aggression

2006 sorgte eine am *Congress of Human Genetics* publizierte wissenschaftliche Arbeit für Entrüstung. Sie brachte Gewalttätigkeit und aggressives Verhalten eines neuseeländischen Stammes, der Maori, mit ihrer genetischen Variante des Entsorgungsenzyms Monoaminoxidase A in Zusammenhang.[141]

Arbeitet dieses Enzym langsamer, wie es bei den Maori der Fall ist, kann, grob zusammengefasst, das Gleichgewicht unter den Neurotransmittern gestört sein, was zu aggressivem Verhalten führt.

Die Entrüstung über diese Erkenntnis war verständlich, denn wir hören so etwas nicht gerne. Solche Informationen scheinen immer biologische Verstöße gegen den Gleichheitsgrundsatz zu sein. Manche geben dann den Wissenschaftlern, die zu so einer Erkenntnis gelangen, die Schuld.

In diesem Fall war die Entrüstung zum Teil auch sachlich gerechtfertigt. Denn für eine Tendenz zu aggressivem Verhalten ist niemals dieses Entsorgungsenzym allein verantwortlich. Es müssen immer noch andere Faktoren dazukommen. Eine verletzte Kindheit zum Beispiel und Umwelteinflüsse in Form von Umweltverschmutzung oder auch Elektrosmog, die uns aktuellen Forschungen zufolge über unser Immunsystem aggressiver machen. Kommt zu diesen Faktoren aber auch noch eine ungünstige Konfiguration der Neurotransmitter, hat es ein Mensch tatsächlich schwer, gut zu sein, und braucht dafür besonders intensives Charakter-Training.

Rickard Sjöberg, Wissenschaftler an der schwedischen *Uppsala-Universität*, entdeckte noch einen anderen Risikofaktor für aggressives Verhalten, den hohen Testosteronspiegel.[142] Tritt er gleichzeitig mit der langsam arbeitenden Variante des genannten Entsorgungsenzyms Monoaminoxidase A auf, sind Männer tendenziell aggressiver.

Wäre das einfach genug, würde ich Frauen raten, sich gemäß Friedrich Schillers Postulat »drum prüfe, wer sich ewig bindet« das genetische Profil im Hinblick auf die Neurotransmitter Vasopressin, Oxytocin und Monoaminoxidase A sowie den Testosteronspiegel ihres Traumprinzen anzusehen. Diese Werte würden mehr über ihn verraten als sein Verhalten beim ersten Date und womöglich sogar mehr als ein ausführliches psychologisches Gutachten über ihn. Zeig mir deine Werte, dann weiß ich, wer du bist.

Tatsächlich hat die Berücksichtigung des genetischen Profils auch in der Rechtsprechung an Bedeutung gewonnen. 2009 erhielt ein verurteilter Mörder eine reduzierte Haftstrafe, weil eine weniger aktive Monoaminoxidase-A-Variante bei ihm nachgewiesen werden konnte. Und dennoch kann auch eine solche Variante für denkende, reflektierte Menschen niemals eine Ausrede für aggressives, also böses Verhalten sein.[143]

Denn über allem steht auch hier ein Geschenk, das uns die Evolution gemacht hat, und das zu nutzen ein wesentlicher Teil des Sinns unseres Lebens ist: Die Fähigkeit, uns im besprochenen Sinne zumindest innerhalb eines bestimmten Rahmens charakterlich und in der Folge auch biologisch zu wandeln. Neueste Daten zeigen, dass auch eine Gesprächstherapie das vorgegebene Monoamidoxydase-A-Muster beeinflussen kann.

Die Chemie des Vertrauens

Auch das Dopamin ist ein wichtiger Neurotransmitter, der stark in unsere Gefühlswelt eingreift. Je nachdem, wie gut unsere Dopamin-Rezeptoren arbeiten, tun wir uns in einer Ehe und in anderen Partnerschaften schwerer oder leichter. Im schlechteren Fall haben wir ein Vertrauensproblem und engagieren uns weniger gerne für andere. Im besseren Fall ist es genau umgekehrt, dann haben wir sogar einen Hang, uns in karitativen Organisationen oder in der Sozialpolitik einzubringen. Gut arbeitende Dopamin-

Rezeptoren, die uns mit viel von dem im Volksmund auch als Glückshormon bekannten Dopamin versorgen, gehören also zu den Faktoren, die uns zu besseren Menschen machen.

Für das Dopamin gibt es auch ein interessantes Entsorgungsenzym, dessen Namen ich der Vollständigkeit halber ebenfalls nennen möchte, Catechol-O-Methyltransferase[144], kurz COMT, und es sei gestattet, ihn nach der Lektüre dieser Absätze samt der Abkürzung gleich wieder zu vergessen. Arbeitet dieses Enzym besonders gut, ist das für uns schlecht. Denn dann entsorgt es besonders gründlich unser Dopamin aus unseren Synapsen. Bleibt dort aber wenig Dopamin hängen, verlieren wir interessanterweise einen Teil unserer Fähigkeit, zwischen Gut und Böse zu unterscheiden. Wir spüren dann weniger gut, wie wohl es uns selbst tut, wenn wir anderen Gutes tun beziehungsweise mit unserem Umfeld und der Umwelt in Einklang stehen.

Umgekehrt zeigte Daniel Weinberger, Professor für Psychiatrie, Neurologie und Neurowissenschaften an der *Johns-Hopkins-Universität* im amerikanischen Baltimore, dass zu viel in den Synapsen verbleibendes Dopamin zu mehr Nervenverbindungen führt. Wir erleben die Welt dann wie mit einem Schallverstärker, was Angst machen kann. Zu viele Eindrücke, zu viel Lärm, zu viel Chaos im Kopf. Neurotische Reaktionen können die Folge sein, und wir ziehen uns dann eher in uns zurück, sind eher introvertiert. Wir sind dann eventuell zu sehr von der Welt überfordert und zu sehr mit uns selbst beschäftigt, um gut zu sein.[145, 146]

Es geht hier nicht um Biologismus, also um die einseitige und ausschließliche Anwendung biologischer Gesichtspunkte auf andere Wissensgebiete. Ich bin von »ismen«, also von Biologismen genauso wenig überzeugt wie von Mathematismen oder etwa von Chemismen. Aggressionsbereitschaft, Belastbarkeit und solidarische Zweisamkeit hängen auch von vielen anderen Faktoren ab, allerdings: Ihre biologischen Grundlagen sind nicht wegzuleugnen.

Die Medizin könnte mit ihrem Wissen aus der Endokrinologie, also aus der Lehre von den Hormondrüsen, eingreifen und tut dies auch bei pathologischen Situationen. Anders als in der Gentechnik wären diese Eingriffe auch ethisch einwandfrei. Sie könnte – und das ist noch, aber wahrscheinlich nicht mehr lange futuristisch – etwa durch eine richtige Einstellung der – jetzt muss ich den Namen doch noch einmal sagen – Catechol-O-Methyltransferase dafür sorgen, dass wir weder zu »hart« noch zu »weich« sind, um gute Menschen sein zu können.

Wir könnten mit so einem Eingriff Einfluss auf unsere Fähigkeit zur Treue, Kooperation und Selbstkontrolle nehmen und uns mittelbar zu besseren Menschen machen. Wir könnten längst so etwas wie eine präventive Psychologie etablieren, die uns checkt und charakterlich ins Gleichgewicht bringt. Viele Live-Style-Medikamente entfalten bereits entsprechende Wirkungen.

Doch zu groß und zu verbreitet ist dafür noch eine diffuse Angst vor der Macht der Hormone. Lieber lassen wir uns von einem vermeintlich naturgegebenen hormonellen Ungleichgewicht negativ beeinflussen, als es durch eine medizinische Intervention in Ordnung zu bringen. Wir haben Angst davor, nicht mehr die Menschen zu sein, als die wir uns selbst kennen.

Mit unserer Aufgabe auf diesem Planeten, uns selbst weiterzuentwickeln, wären derartige hormonelle Korrekturen auch vereinbar. Wir würden damit auf diesem Weg kleine Abkürzungen nehmen, die uns rasch voranbringen, und der Weg wäre danach noch immer lang genug für eigenes Engagement.

Das hormonelle Henne-Ei-Problem

Kehren wir damit noch einmal zurück zu den Aggressionen und damit zum Testosteron und lassen Sie mich anhand dieses Hormons eine Frage in den Raum stellen, die noch nicht restlos geklärt ist, die aber sehr viel mit der Biologie beziehungsweise der Endokrinologie unseres Gutseins zu tun hat.

James M. Dabbs Jr., einst Sozialpsychologe und Professor für Psychologie an der amerikanischen *Georgia State*

University, maß mit einigen Kollegen den Testosteronspiegel von 240 Männern, die Mitglieder von zwölf Bruderschaften an zwei Universitäten waren. Sie fanden erwartungsgemäß heraus, dass die Mitglieder der Bruderschaft mit dem höchsten Testosteronspiegel wilder, widerspenstiger und auf dem gesamten Campus für ihre Grobheiten bekannt waren. Die Mitglieder der Bruderschaft mit dem niedrigsten Testosteronspiegel dagegen waren braver, freundlicher, akademisch erfolgreicher und sozial verantwortlicher. Das Gleiche konnte er im Sport nachweisen: Das Bedürfnis zu gewinnen, steigert das Testosteron.[147]

Auch das belegte, dass Testosteron nicht nur unsere Kraft, unsere Muskelmasse und unsere Körpergröße beeinflusst, sondern auch unsere Psyche. Doch damals tauchte die Frage auf: Sind wir weniger aggressiv, wenn wir unser Testosteron im Blut senken, oder sinkt unser Testosteron im Blut, wenn wir weniger aggressiv sind? Eine Frage, die sich auf unser gesamtes Hormonsystem beziehen lässt. Vertrauen wir eher, wenn wir mehr Dopamin im Blut haben, oder haben wir mehr Dopamin im Blut, wenn wir vertrauen? Sind also zuerst unsere Charaktermerkmale da oder zuerst die Hormone?

Ich unterhielt mich einmal mit einem Vertreter der geistlichen Elite über Schwierigkeiten junger Priester-Seminaristen mit dem Zölibat. Manche hätten besonders schwer zu kämpfen, meinte er. Ich erwähnte eine Tablette, das Cyproteronacetat, mit der sich der Testosteronspiegel senken lässt. Der ordinierte Würdenträger schüttelte den Kopf. »Die angehenden Priester müssen das aus freiem Willen schaffen«, sagte er. »Wenn sich die jungen Herren kontrollieren lernen, wird ihnen das Testosteron schon gehorchen.«

Er sprach mit unwissenschaftlichen Worten etwas an, das wissenschaftlich evident ist. Die Abhängigkeit zwischen Hormonen und Gehirnaktivitäten ist wechselseitig. So ist es zum einen erwiesen, dass die Gabe von künstlichem Testosteron aggressiver macht, doch es ist ebenso erwiesen, dass der Testosteron-Spiegel von Menschen, die ständig im Wettbewerb stehen, kämpfen und sich durchsetzen müssen, höher ist. Was übrigens auch für Frauen gilt. Auch Managerinnen, die im Wettbewerb stehen, kämpfen und sich durchsetzen müssen, haben einen höheren Testosteronspiegel.

Doch auch hier stellt sich die Frage: Prädestiniert ein bestimmtes individuelles Hormonprofil zum Beispiel in besonderer Weise für eine steile Karriere oder entwickeln sie ein bestimmtes Hormonsystem, indem jemand eine steile Karriere macht? Wie sehr und wie nachhaltig gestalten wir tatsächlich durch unser Verhalten, etwa auch durch die Überwindung niedriger Instinkte, unseren Hormonhaushalt um? Wir haben hier ein klassisches Henne-Ei-Problem, das wie gesagt noch nicht restlos geklärt ist.

Der für die Begründung des Existenzialismus bekannt gewordene französische Romancier, Dramatiker, Philosoph und Publizist Jean-Paul Sartre legte eine Antwort auf diese Frage vor, wohl ohne noch viel über die Lehre von den Hormondrüsen und den von ihnen direkt in die Blutbahn abgegebenen Substanzen zu kennen. Wichtiger als die Essenz sei die Existenz, meinte Sartre. Durch unsere Existenz, durch unser Leben, können wir die Assets, die wir mitgebracht haben, verändern. Das macht den Existenzialismus aus.[148]

Fest steht, dass eine solche Wechselwirkung zwischen Essenz und Existenz über die Instrumentarien der Epigenetik und der microRNA besteht. Hier haben wir, wie beschrieben, Spielräume, die wir nutzen können, zum Beispiel, um an uns selbst zu arbeiten und zu wachsen. Es ist wie bei einem erhöhten Blutdruck. Die Essenz ist da, die Anlage ist also vorhanden, allerdings können wir diese Essenz durch unsere Existenz, also durch unsere Lebensführung steuern.

Was bedeutet das nun für unseren Versuch, bessere Menschen zu werden, für unsere Charakterbildung? Es ist wohl so, dass wir dabei theoretisch die über die Endokrinologie führenden Abkürzungen nehmen können, deshalb aber nie auf eigene Bemühungen verzichten dürfen. Denken wir an den Muskelaufbau, den uns zusätzliches Testosteron ermöglichen würde. Würde sich zum Beispiel ein übermotivierter Bodybuilder zusätzliches Testosteron spritzen und gleichzeitig sein Training einstellen, würde ihn sein Spiegelbild bald ziemlich deprimieren.

Es scheint zusammenfassend so zu sein, dass wir uns nicht nur über epigenetische Mechanismen und die microRNA biologisch der Grammatik der Moral unterordnen können, sondern auch biochemisch über unseren Hormonhaushalt. Wenn wir darum kämpfen, gut zu sein, unterstützt uns irgendwann auch unser Hormonsystem des Gehirns dabei. Das sind medizinische Überlegungen und dennoch bedarf es einer poetischen Grundhaltung, darauf zu vertrauen. Es geht darum, die Segel in die richtige Richtung zu setzen. Der Wind kommt dann von selber auf.

Die Evolution der Ethik und des Gutseins

Unsere Ethik ist in Jahrtausenden entstanden und sie entwickelt sich immer weiter. Wir haben kein Recht, unsere Vorfahren für das zu verurteilen, was sie für gut oder böse hielten, und wir wissen nicht, was wir selbst in Zukunft für gut oder böse halten werden. Und vielleicht müssen wir die Ethik, die wir zur Lösung der großen Probleme unserer Zeit brauchen, erst entwickeln.

»Mutter Natur« lässt sich so betrachten, dass ihr einziges Programm der Ausbreitungserfolg ihrer Arten ist. Dafür hat sie in der Evolution verschiedene Mechanismen geschaffen. Es geht um Instinkte, um Triebe, um Überleben. Es geht darum, sich durchzusetzen und stärker zu werden.

Die Überlebens-Strategien speichert die Evolution im Neuroarchiv aller Lebewesen ab. Erweisen sich altruistische Verhaltensweisen als nützlich, legt sie auch sie dort ab. Biologisch sinnvolle Triebhandlungen sind die Folge. Das bedeutet, dass es auch in der Tierwelt so etwas wie Vorläufer unserer menschlichen Ethik gibt, oder besser gesagt: Auch Tiere können einen Sinn für Altruismus haben.

Gezeigt hat das Gerald Wilkinson, Biologe und Professor am *Department of Biology* an der *Universität von Maryland* (USA), anhand von Vampirfledermäusen. Wenn diese, dem Namen nach ja eher grausamen Tiere, heimkommen und einen schwächeren Artgenossen vorfinden, der selbst kein Opfer mehr aussaugen kann, zeigen sie sich mildtätig. Sie nehmen dann etwas von ihrem erbeuteten Blut und geben es dem schwächeren Tier. Vampirfledermäuse scheinen verstanden zu haben, dass sie gemeinsam stärker sind und länger leben.[149]

Der niederländische Primatologe und Verhaltensforscher Frans de Waal befasste sich ebenfalls mit dem Thema. Obwohl sich unsere Vorfahren brutal bekämpfen können, zeigen auch sie ein Sozialleben mit ethischen Komponenten wie der Versöhnung.[150] So möchte sich der Sieger in einem Kampf in seiner Gruppe keinen dauerhaften Feind schaffen. Lieber krault er dem Unterlegenen das Fell.

Interessant ist in dieser Hinsicht auch das Verhalten der Eisvögel. Sie haben einen, wohl ebenfalls auf so etwas wie Ethik basierenden, Überlebenskodex. Wenn erwachsene Eisvögel von einem Ausflug zurückkommen und sehen, dass ein Küken kein Futter hat, geben sie ihm dasselbe, dass ihre eigenen Küken bekommen.[151]

Erst die Entwicklung des Cortex versetzte uns in die Lage, die Schutzhaut der Zivilisation über die biochemische Anarchie zu spannen. Doch altruistische Instinkte waren offenbar schon immer in unserem Erbgut eingeschrieben und der Cortex musste sie bloß verstärken.

Der angeborene Kompass für Gut und Böse

Die Wachstumsexplosion des Gehirns, die Formatierung des Cortex, war dann der entscheidende Schritt in der Evolution der Ethik. Er stattete uns über das beschriebene neurogenomische, sich ständig verändernde Archiv mit einem angeborenen Sinn für Gut und Böse aus, der sich kulturevolutionär entwickelte und nach wie vor weiterentwickelt. Das Gleiche gilt auch für die Evolution religiöser Inhalte, der sich das Christentum manchmal mehr, manchmal weniger öffnete.

Eine noch ganz neue und kontrovers diskutierte Theorie besagt, dass sich die Evolution der Ethik in der Entwicklung des Kindes noch einmal abbildet.

Es gibt eine embryonale Evolution, eine Art Nachleben der Evolution vom Fisch bis zum Primaten. Im Mutterleib macht der Mensch diese Entwicklung noch einmal durch. Er hat erst winzige Flossen zwischen den Fingern, die sich aber wieder zurückbilden. Der Mensch durchlebt im Mutterleib die körperliche Geschichte der Evolution. Psychologen glauben nun, dass sich die Evolution der Ethik im Rahmen der Weltgeschichte noch einmal in der Entwicklung der Kinder abbildet.

Wenn Kleinkinder sich wehren, versuchen sie noch, Gleiches mit Gleichem zu vergelten, ganz wie bei dem vor 4.000 Jahren herrschenden Prinzip »Auge um Auge«. Im Alter von vier Jahren beginnen sie zu unterscheiden, ob jemand ihnen willentlich oder irrtümlich übel mitgespielt hat, um dann vor der Pubertät das Vergeltungsprinzip je nach Persönlichkeit entweder bewusst anzuwenden oder bewusst abzulehnen.[153]

Das Gute an den Spiegelneuronen

Manche Wissenschaftler glauben, dass die Evolution der Ethik zu einem wesentlichen Teil über die sogenannten Spiegelneuronen verlief. Brüderlichkeit, ein Herzstück aller Religionen und jeder Ethik, konnte ihrer Meinung nach erst durch diese Neuronen entstehen.

Was bewirken sie? Im Kopf eines Menschen, der leidet, und im Kopf eines Menschen, der ihn dabei beobachtet, laufen dank ihnen ähnliche neuronale Prozesse ab. Als Folge dieser Spiegelung lernte der Mensch, die Empfindungen seines Gegenübers nachzuvollziehen. Erst dadurch, so die These, konnte er eine Ethik entwickeln.[154]

Use it or lose it

Immer wieder finden sich im deutschen Fernsehen Diskussionen über Werte. Fortschrittliche Menschen schaffen sich ihre ethischen Werte immer neu, konservative hingegen übernehmen die ihren von früher, lautete die These. Dem kann widersprochen werden. Da sich die Ethik an der Natur orientiert, die die Erhaltung des Lebens garantiert, sind manche Werte nicht verhandelbar. Die Botschaft der Bergpredigt etwa, die der Brüderlichkeit, wird die Menschheit auch in Zukunft verinnerlichen müssen, um irgendwie friedfertig miteinander auszukommen.

Doch wie wir die innere Stimme nachfolgender Generationen durch unser Verhalten auch dämonisieren können, können wir auch unseren Sinn für Gut und Böse wieder verlieren. Use it or lose it, das ist eines der Prinzipien der Evolution. Was wir nicht verwenden, entsorgt sie langsam, aber sicher. Wenn wir nicht auf unsere innere Stimme hören und wenn wir den uns mitgegeben Kompass für Gut und Böse nicht benützen, ist beides irgendwann weg. Damit wird aber auch das Überleben gefährdet.

Wir müssen uns also bewusst sein, dass weder das Gute noch das Böse und seine jeweiligen Grundlagen und Ausformungen ewig und unabänderlich ist. Alles ist ständig im Fluss. Tassilo Wallentin, ein Autor der österreichischen *Kronen Zeitung*, formulierte das jüngst so: »Alles hat ein Datum. Alles erhält Rhythmus und Richtung. Alles strebt auf etwas zu. Das kommende Zeitalter stößt bereits vor. Diese Welt richtet sich auf eine neue planetarische Ordnung aus. Die Bereitstellungen sind gewaltig: Es kommt zur Angleichung der Geschlechter, der Einebnung von Ethnien, Ständen und Klassen. Wertvorstellungen verschwinden. Jahreszeiten lösen sich auf, Grenzen fallen, Weltmeere sterben, die Weltbevölkerung steigt sprunghaft an und gigantische Wanderbewegungen setzen ein. Selbst der Stil wird global.«[155] Alles hat eine Vorgeschichte im ewigen Werdegang und alles steuert auf eine Zukunft zu, die weniger schicksalshaft ist, als wir immer dachten. Wie unsere Ethik der Zukunft aussieht, haben wir dabei weitgehend selbst in der Hand.

Das Problem des »ethischen Fernrohrs«

Jede Zeit hatte ihre eigenen Vorstellungen davon, was gut und was böse ist, wie die Evolution der Ethik zeigt. »Auge um Auge, Zahn um Zahn« zum Beispiel war einst ein Fortschritt in der Evolution der Vergeltung. Dieser Grundsatz schrieb den Menschen vor, dass sie von da an jemanden, der ihnen einen Zahn ausgeschlagen hatte, nicht mehr umbringen durften, sie durften ihm nur noch ebenfalls einen Zahn ausschlagen.

Sollen wir die Menschen, die vor 4.000 Jahren so dachten, heute für ihre Grausamkeit schmähen und geringschätzen? Das ist eine Frage, die erstaunlicherweise in den vergangenen Jahren politisch höchst aktuell geworden ist. Haben wir das Recht, die Menschen anderer Zeiten für ihre Einschätzungen zu verurteilen? Dürfen wir heute darüber richten, was Menschen vor uns für gut und böse hielten? Dürfen wir die Evolution der Erkenntnis und der Ethik ignorieren?

Die Wachstumsexplosion des Gehirns, die Formatierung des präfrontalen Cortex, erlaubte dem Homo sapiens nicht nur technische Fortschritte, er konnte damit auch die Regeln für sein Zusammenleben verfeinern und diese Erfahrung im neurogenomischen Archiv ablegen. Dort ruhen sie nicht nur, sondern sie sind einer permanenten Entwicklung, einer weiteren Evolution unterworfen. Deshalb ist es biologisch fragwürdig, die Ereignisse früherer Jahrhunderte mit dem Opernglas der Gegenwart zu beurteilen.

Aufgekommen ist die Frage, weil genau das unversehens zum Mainstream geworden ist. Wir ignorieren die Evolution der Erkenntnis und der Ethik zum Beispiel, indem wir unsere Vorfahren dafür verurteilen, dass sie unseren MeToo-Ansprüchen nicht gerecht wurden.

Die deutsche Schriftstellerin und Journalistin Angelika Overath[156] schrieb dazu: »Wir beteten früher das *Gegrüßet seist du Maria* mit *Gebenedeit unter den Weibern*. Als ich in die Pubertät kam, unterlag auch das Mariengebot einer Aufklärung. Wir beteten nun, du bist *gebenedeit unter den Frauen*. Man meinte im Wort Weib einen pejorativen (*abwertenden*, Anm.) Missklang zu hören. Damit war aber, was die politisch korrekten Didakten nicht bedacht hatten, ein Sprachzauber gebrochen. Das im Zusammenhang der ei-Assonanz stumpf klingende *Frauen* stellte die Zeile auf einmal infrage. Warum sollte die Frau Maria denn gebenedeit sein, so wie es das Weib war?«

Das Wort *Weib* hatte früher eine völlig andere Bedeutung als heute. Unsere Vorfahren verwendeten es jedenfalls nicht aus frauenfeindlichen Motiven. Dennoch verurteilen wir sie heute dafür. Und wir alle wissen, dass das längst nicht alles ist, was wir uns mit dem Ignorieren der Evolution der Erkenntnis und der Ethik eingehandelt haben.

Heute werden deshalb Straßennamen abmontiert, Marken umbenannt und Produkte aus dem Sortiment genommen.[157] Selten aus einem ethischen Bedürfnis heraus, sondern aus Angst vor dem elektronischen Pranger, dem Shitstorm. Ernest Hemingway wird mit gerümpfter Nase weggelegt, weil er das Wort »Neger« verwendete, obwohl auch dieses Wort zu seiner Zeit einen ganz anderen Sinn hatte als heute. Pipi Langstrumpf entspricht nicht mehr dem modernen Frauenbild, weg mit ihr. Wir haben eine neue Zensur, die in die Vergangenheit wirkt.

Jüngst sollte die Kleine Mohrengasse in Wien einen neuen Namen bekommen. Mehr als achtzig Prozent der Bevölkerung waren dagegen, was belegt, dass es sich auch hier weniger um gesellschaftlich empfundene ethische Ansprüche als vielmehr um eine Doktrin handelt, die sich verselbständigt hat.[158]

Wenn wir die Vergangenheit nicht in ihrem gesellschaftlichen Kontext von damals verstehen, indem wir sie nach unserem heutigen Bewusstseinsstand neu ausrichten, hat das allerdings einige unangenehme Nebeneffekte. Denn mit der Ausrottung der Vergangenheit – was schon im alten Ägypten als *damnatio memoriae* praktiziert wurde – verlieren wir das Verständnis für sie, und wer die Vergangenheit nicht versteht, findet sich in der Gegenwart nicht zurecht und kann keine Zukunft gestalten – mit den Lehren der Vergangenheit.

Wir dürfen andere Epochen deshalb nicht durch das Opernglas der Gegenwart betrachten und den Kopf schütteln, wie einfältig die Menschen doch früher waren. In hundert Jahren wird man vielleicht genauso über uns urteilen. Wie einfach gestrickt sie doch waren, die Menschen in den Zwanzigzwanzigerjahren!

Unsere Nachkommen werden uns dann womöglich wegen Dingen für böse halten, die wir ganz selbstverständlich als gut oder neutral betrachten. Denn was böse und was gut ist, unterliegt in mancher Hinsicht immer auch dem Zeitgeist, und den Geist der eigenen Zeit anderen Zeiten überzustülpen, ist nichts als Arroganz.

Es wäre auch gar nicht bis in die letzte Konsequenz möglich. »Die Griechen und Römer des Altertums ließen mühsame Arbeit durch Sklaven ausführen«, schrieb die *Neue Zürcher Zeitung* am 9. Juli 2020. »Niemand würde deshalb antike Vasen zerstören. Unterlegene Stämme zu versklaven, war den Gottesfürchtigen der Bibel selbstverständlich. Niemand würde deshalb Kirchen vandalisieren.

Sich an allem Üblen der Weltgeschichte mitschuldig fühlen zu wollen, wie das gegenwärtig selbst unter Historikern wieder ›in‹ wird, hilft niemandem. Heutige Menschen sind nicht für die Taten früherer Generationen verantwortlich. Dagegen dürften uns unsere Kinder daran messen, wie gut wir die Gegenwartsprobleme, die Klimaerwärmung, globale Ungleichheit oder nachhaltige Ressourcennutzung gelöst haben.«[159]

Der deutsche Autor und Dozent Thorsten Paprotny schrieb dazu in einer Reaktion auf Richard David Prechts Werk *Die künstliche Intelligenz und der Sinn des Lebens*, in der er Precht mahnte, Zeitumstände zu wenig zu berücksichtigen: »Die Wiege des abendländischen Denkens, in Athen und anderswo, stand in einer Sklavenhaltergesellschaft, gegen die nicht ein einziger von jenen bis heute verehrten Philosophen opponierte, in einer Zeit, in der ausschweifende Lustbarkeiten unter Männern und Knaben stattfanden und in der Frauen zu Objekten des Hausstandes gehörten. Der Kontext schmälert vielleicht nicht die Ingeniösität des Denkens, aber berücksichtigt, zumindest erwähnt werden könnten die gesellschaftlichen wie kulturellen Zeitumstände, unter denen philosophische Werke entstanden sind, durchaus.«

Während der Abfassung dieses Manuskriptes erschüttert ein Beispiel aus der Literaturwelt die intellektuelle Elite Frankreichs. Es geht um den 1936 geborenen Schriftsteller Gabriel Matzneff, worüber Pascale Hugues berichtet. Metzneffs Hang zur Pädophilie war kein Geheimnis, vielmehr präsentierte er sich ganz offen damit. »Wenn Sie einen 13-jährigen Jungen, ein 15-jähriges Mädchen in den Armen gehalten, geküsst, gestreichelt, besessen haben, wirkt alles andere fad, schwerfällig, reizlos«, schrieb er 1974 in dem Essay *Les moins de 16 ans (Die unter 16-Jährigen).*

Das alles stand da, schwarz auf weiß, und doch reagierte niemand. Seine Verleger nicht, die Journalisten nicht, ja, nicht einmal die bekannte französische Kinderpsychoanalytikerin Françoise Dolto. Und auch Polizei und Justiz griffen nicht ein. Die wenigen Stimmen, die seine Taten anprangerten, wollte keiner hören.

Matzneffs Pädophilie, mit der er vermutlich vielen Kinder schweren seelischen Schaden zufügte, galt damals als Inspiration, als Kunst. Sein Verleger Philippe Sollers nannte ihn einen »metaphysischen Libertin, der die Grenzüberschreitung erfindet«. Präsident François Mitterrand bezeichnete Matzneff als einen »reuelosen Verführer, der sich selbst als eine Mischung aus Dorian Gray und Dracula versteht«.

1977 erschien in den Blättern *Le Monde* und *Libération* sogar ein von Matzneff initiierter Appell, der auf die Entkriminalisierung der Pädophilie abzielte. Rund sechzig intellektuelle Halbgötter unterzeichneten: unter ihnen der Dichter und Schriftsteller Louis Aragon, der bereits genannte Jean-Paul Sartre sowie dessen künstlerische

Vertraute und Lebensgefährtin Simone de Beauvoir oder etwa der zukünftige Kulturminister Jack Lang.[160]

Heute verstrickt sich Paris in Rechtfertigungen. Man könne die damalige Epoche nicht nach heutigen Maßstäben beurteilen, heißt es dabei. Damit thematisiert man, als Entschuldigung formuliert, den Evolutionsgedanken des kollektiven Bewusstseins, in dem sich die Grenzen zwischen Gut und Böse aus aktuellen ethischen Überzeugungen oder wegen neuer Erkenntnisse verschieben und weiterentwickeln können.[161]

In den 1970er-Jahren gab es einfach noch kein ausreichend gemeinsames Bewusstsein dafür, dass Pädophilie Kinder zu Opfern macht.[162] Diese Erkenntnis fehlte weitgehend im Weltbild der damaligen Menschen. Sie ist eine noch relativ junge Errungenschaft, auf die sie noch nicht den heutigen Zugriff hatten. Nur unseren Vorfahren den Missbrauch vorzuwerfen, ist deshalb die falsche Art, gesellschaftliche Energie zu investieren. Die richtige bestünde darin, mit unserem jetzigen Wissen Kinder noch besser vor solchen Übergriffen zu schützen und Schaden wieder gutzumachen.

Ebenso wie es die falsche Art ist, in Afrika, Asien oder Lateinamerika Statuen umzuwerfen, um mit dem Leid, das der Kolonialismus dort verursachte, umzugehen. Gut und Böse – auch im Fall des Kolonialismus verlief die Grenze, die unsere Ahnen zwischen beidem zogen, noch anders.

Die Eroberer zogen in dem Bewusstsein los, für ihre eigene Nation und für ihre eigene Kultur Gutes zu tun, ihr Wohlstand, Macht und Wissen zu verschaffen. Alle Menschen als Brüder und Schwestern zu denken, dafür waren ihre Gehirne einfach noch nicht konfiguriert.

Es könnte sein, dass unsere eigenen Gehirne noch nicht für die Ethik konfiguriert sind, die wir jetzt brauchen würden, um unsere Probleme, die globaler Natur sind, zu lösen. Denn der uralte Mechanismus des inneren, angeborenen ethischen Richtungszeigers arbeitet jedenfalls vor allem im direkten Umfeld, das uns auch epigenetisch prägt. Auf Distanz und bezogen auf Menschen, die wir gar nicht kennen, verliert er möglicherweise seine Wirkung. Der Philosoph Grien hat das so formuliert: Unsere sozialen Instinkte wurden nicht für die moderne Welt entworfen.

Wir sollten jedenfalls dankbar dafür sein, dass wir heute ein neues Bewusstsein haben, das uns hilft, Schmerz und Leid zu verhindern. Betrachten wir also Menschen, die wir heute inkriminieren und achten wir immer sehr genau darauf, dass die heikle Grenze zwischen Gut und Böse in unserer eigenen Zeit immer genau dort verläuft, wo wir sie haben wollen.

Achten müssen wir dabei insbesondere darauf, welche Ethik die digitale Welt mit ihren neuen Prägemechanismen schafft. Der Verlust der herkömmlichen Gemeinschaftsformen, der Verlust der Familie, die Zunahme der Lebenserwartung, die permanente Kommunikation unter Menschen in unterschiedlichen Erdteilen und das simultane Zeuge-Sein von Ereignissen, die sich irgendwo auf der Welt abspielen – das alles modifiziert zweifellos unseren angeborenen Sinn für das Gute und das Böse. Imprägniert uns die digitale Welt mit einer tsunamiähnlichen Profit- und Konsumsucht, kombiniert mit einem hedonistischen Denken auf Kosten des Altruismus?

Oder entsteht eine neue Ethik, die hilft, die gegenwärtig so dramatischen Probleme dieses Planeten zu lösen? Zum Beispiel, indem sie digitale Gemeinschaften begründet, in der die Menschen die Brüderlichkeit, um die es gleich noch ausführlicher gehen wird, und damit den Kern der Bergpredigt in einer globalen Version neu erfindet? Gemeinschaften, in denen das Gutsein gegenüber dem Bösesein vielleicht sogar insgesamt einen Status erhält, den es so noch nie hatte? Schlicht, weil der Planet anders gar nicht mehr zu retten ist?

In welche Richtung es geht, bestimmt nicht das Schicksal und auch nicht allein die Evolution. Wir bestimmen selbst darüber mit, indem wir uns dafür oder dagegen entscheiden, diesen Planeten als Trainingsplaneten zu betrachten und uns selbst als Plastilin, an dem zu arbeiten sich nicht nur für uns, sondern für die ganze Welt lohnt.

Der lange Weg zu den »Brüdern und Schwestern«

»Was ihr für einen meiner geringsten Brüder gemacht habt, habt ihr mir getan.« Dieser bereits zitierte Satz steht im Matthäus-Evangelium. Er fasst einen Grundgedanken in Worte, der zweifellos einer der ersten großen Meilensteine in der Entwicklungsgeschichte der Ethik war. Zarathustra, der um 600 vor Christus lebende Religionsstifter Großpersiens, formulierte schon ähnlich: »Was alles dir zuwider ist, das tue auch nicht anderen an.« Fast wortgleich heißt es in einer 200 v. Chr. verfassten Schrift des Alten Testaments: »Was dir selbst verhasst ist, das mute auch einem anderen nicht zu.«

Der chinesische Vordenker Konfuzius machte *shu*, das Prinzip der Gegenseitigkeit, zum Herzstück seiner Morallehre. Auf die Frage, ob es ein Wort gebe, nach dem man sein Leben lang handeln könnte, antwortete er, doch, eben das *shu*. Es bedeutet: Was man selbst nicht wünscht, das füge man auch keinem anderen zu. Später präzisierte Konfuzius: Was man an den Oberen verabscheut, in der Weise nehme man nicht die Untertanen in Dienst. Was man an den Untertanen verabscheut, in der Weise diene man nicht den Oberen.[163]

Die Philosophie der griechischen Antike gründete ihre Sittlichkeitsidee ebenfalls auf dem Gedanken der Gegenseitigkeit. Thales von Milet, gefragt, was denn die gerechteste Lebensweise sei, antwortete: Wenn wir selbst nichts tun, was wir anderen übelnehmen. Ähnlich formulierte es um 525 vor Christus der damals begründete Buddhismus: Verletze nicht andere auf Wegen, die dir selbst als verletzend erscheinen.

Im Matthäus-Evangelium heißt es außerdem: Alles, was ihr für euch von den Menschen erwartet, das tut ihnen auch. Der Klassiker steht ebendort: Liebe deinen Nächsten wie dich selbst. Das ist die positive Variante des gleichen Grundgedankens, auf die eigentlich auch der Islam setzt: Niemand von euch ist ein Gläubiger, bevor er nicht für seinen Bruder wünscht, was er selbst begehrt, heißt es dort.

Diese goldene ethische Regel bezeichnete 1899 selbst der Darwinist Ernst Haeckel in seinem Buch *Welträtsel* als »das edelste Prinzip der allgemeinen Menschenliebe«.

Es stellt sich die Frage, warum wir diese simple Regel so häufig brechen, wo doch jeder, der Hirn und Herz hat, sie dringend befolgen sollte, um den sozialen Frieden und auch den eigenen Nutzen zu mehren.

Der österreichische Philosoph Paul Liessmann schrieb dazu: »Der Egoismus unserer Tage ist nicht Ausdruck einer radikalisierten Individualität, sondern Konsequenz der sich selbst kontrollierenden Wettbewerbsgesellschaft, in der alle ihren Vorteil suchen, indem sie das machen, was die anderen auch machen. Gerade wenn in einer Gesellschaft jeder nur an sich denkt, denken alle das Gleiche.«[164]

Die Moral-Skeptiker sagen, der Mensch sei nun einmal von Natur aus ein opportunistischer Nutzenmaximierer.

Er sei jederzeit bereit, die moralische Bremse zu lockern, wenn sich eine Gelegenheit ergäbe, den unmittelbaren eigenen Vorteil zu vergrößern.

Der Wiener Schriftsteller und Journalist Robert Misik schrieb dazu vor einiger Zeit: »Gewiss gehört die Freundlichkeit[165] zu den gesellschaftlich anerkannten Werten. Aber wir haben auch gleichzeitig kulturelle Skripts im Kopf, die die Unfreundlichkeit feiern: den Egomanen, der alles niederreißt, sein Ding macht, nicht nach links und nicht nach rechts schaut. Der Autorität ausstrahlt, nicht Weichheit. Das Erfolgsmodell des Egomanen ist gewissermaßen, nichts als seine eigene Selbstverwirklichung zu verfolgen und sich so zu einem besonderen, einzigartigen Subjekt zu machen. Er ist ja heute so etwas wie eine gesellschaftliche Leitfigur, die die Welt vorwärtsbringt und deswegen angeblich jene Kraft, die stets das Böse will und stets das Gute schafft. Eine Kraft, die den persönlichen Vorteil sucht und den allgemeinen Nutzen produziert.«

Die Evolution der Brüderlichkeit

William D. Hamilton[166] war ein britischer Biologe, der auf den Gebieten Theoretische Biologie, Ethologie, Evolutionsbiologie, Zoologie und Genetik forschte und als Vorläufer der Soziobiologie, eines evolutionsbiologisch-orientierten

Zweiges der Verhaltensbiologie gilt. Von diesem klugen Mann stammt ein ebenso einfacher wie schöner Satz: Der Mensch erkennt im Menschen den Bruder und ist deshalb gut zu ihm.

Hamilton sah das Gutsein als Spielart eines Egoismus. »Da Verwandte zum Teil dieselben Gene besitzen wie das Individuum, fördert dieses durch Helferverhalten die Weitergabe des eigenen Erbguts. Dieser Altruismus ist nur dann erfolgreich und breitet sich aus, wenn der Nutzen für denjenigen, der das altruistische Verhalten zeigt, größer ist als die Kosten, die er dafür investieren muss.« Hamilton war Atheist und unterstellte jedem Altruismus immer eine egozentrische Grundlage.

Die Brüderlichkeit ist ein wunderbares Beispiel dafür, wie die Ethik einer Evolution unterliegt. Zunächst war da die Brüderlichkeit innerhalb einer Gruppe, die sich nach außen in genau das Gegenteil verwandeln konnte, in Feindseligkeit, Ablehnung und Abgrenzung. Wir sind wir und ihr seid die Bösen.

»Dass Menschen oft dazu neigen, den anderen als Gefahrenquelle zu betrachten, ist keine Folge der gegenwärtigen Corona-Pandemie, es ist auch keine Erfindung, die mit dem pseudobiologischen Rassismus des 19. Jahrhunderts aufkam«, schrieb Peter Sloterdijk in einem Kommentar mit dem Titel *Corona zum Zynismus – und zur Demokratie.* »Claude Lévi-Strauss hat vor langem darauf hingewiesen, dass eine Dosis Xenophobie zum alten Erbe der Gattung Homo sapiens gehört. Tatsächlich waren wir über Hunderttausende von Jahren Kleingruppenlebewesen; das Zusammenleben mit fremden Menschen in größeren Ensembles, in Völkern, in Nationen, in Imperien musste spät und mühsam gelernt werden – und es ist nirgendwo ganz geglückt, wie man an Phänomenen wie Kriminalität, Asozialität, Suizidalität, Familienerosion erkennt.«[167]

Es folgte der zweite Schritt, bei dem Menschen erkannten, dass eine Gruppe groß sein konnte, dass sie global sein konnte. Ein Prozess, der sich zum Beispiel kurz nach der Entdeckung Amerikas manifestierte. Man war auf die indigene Bevölkerung gestoßen, deren Hautfarbe man als rot wahrnahm, auf die »Indianer«, und man musste zunächst einmal darüber nachdenken, als was sie einzustufen seien. Als Menschen? Oder doch als Wesen auf einer anderen Entwicklungsstufe, zum Beispiel irgendwo zwischen Tier und Mensch?

Die Kirche entschloss sich, sie als Menschen zu betrachten, weshalb sie auch meinte, dass Indianer getauft gehören. Ein Entschluss, der damals keineswegs so selbstverständlich war, wie er heute wirkt. Wirklich klar formulierte die Überzeugung, dass alle Menschen, die auf der Welt leben, Brüder und Schwestern seien, erst die Aufklärung.

Die dritte Stufe dieser Evolution der Brüderlichkeit ist in Wirklichkeit schon uralt. In dieser Stufe werden alle Menschen zu Brüdern und Schwestern in der Seele, als Kinder eines gemeinsamen Schöpfers. Das Christentum formulierte diesen Gedanken bereits vor 2.000 Jahren, es dauerte aber, bis es ihn durchgesetzt hatte. Es ist ein wunderschöner Gedanke, eine Botschaft des Friedens, die von der Verbundenheit der Menschheit untereinander und mit etwas Höherem erzählt.

Ein Gedanke auch, der Hoffnung macht. Die Hoffnung besteht darin, dass Sir Karl Popper, mit dem ich mich gegen Ende seines Lebens austauschen durfte[168], recht gehabt haben könnte und wir uns in einer positiven Evolution befinden. In einer, die mit der Zeit so wie unsere Ethik auch alles andere besser macht.

Versuchen wir, uns an dieser Vision zu erfreuen, und belassen wir es für dieses Mal eher im Kleingedruckten, dass die Identitätspolitik den Gleichheitsgedanken heute wieder infrage stellt. Lesen wir dazu nur kurz bei Justus Bender nach, der als politischer Redakteur in der *FAZ* unter anderem für die *AfD* und den Themenbereich Rechtsextremismus zuständig ist.

Am 2. August 2020 schrieb er: »... Für die neuen Linken stand Identität nun für Ungleichheit. Ein Schwarzer ist kein Weißer, ein Mann keine Frau, ein Schwuler kein Hetero. Es ging darum, den Opfern von Diskriminierung nicht ihre Erfahrung abzusprechen. Sie sollten berichten, ihnen sollte geglaubt werden und sie sollten ihr Recht bekommen. Kein Weißer sollte sie einschüchtern, kein Mann und erst recht kein weißer Mann. Aus dem Wunsch, Opfer in den Vordergrund zu stellen, entstand eine Hierarchie.

Wer als schwarze lesbische Frau sprach, stand ganz oben, der weiße Mann hingegen ganz unten. Wer als Weißer für Farbenblindheit argumentierte oder anmerkte, alle Menschen seien gleich, wurde unter Verdacht gestellt. Erkannte er die Opferperspektive nicht an?«[169]

Die pragmatischen Vorteile der Transzendenz

Der Philosoph Peter Sloterdijk schlug einmal vor, die Religionen unter dem Aspekt ihres Pragmatismus zu studieren: »... Was ich als den Hauptgegenstand der Philosophie und der Psychologie bezeichne, ist der Träger einer Reihe von Übungen, die die Persönlichkeit bilden«, schrieb er einmal. »Und einige dieser Übungsreihen, die das Persönliche formen, können als religiöse beschrieben werden. Aber was bedeutet das? Man macht geistige Bewegungen, um mit einem unsichtbaren Partner zu kommunizieren. (...) Ich glaube, dass die Europäer eigentlich vergessen haben, was religio bedeutet. Cicero hat es in seiner Etymologie angegeben: lesen, legere, religere, das heißt, aufmerksam das Protokoll zu studieren, um die Kommunikation mit dem höheren Wesen zu regeln. Es handelt sich also um eine bestimmte Art von Sorgfalt, oder in meiner Terminologie, um einen Trainingscode. Aus diesem Grund glaube ich, dass die Rückkehr des Religiösen nur dann wirksam wäre, wenn sie zu Praktiken intensivierter Übungen führen würde.«[170]

Sloterdijks Interpretation von Religionen als gut strukturierte Methode, mit einem unsichtbaren Partner zu kommunizieren, ist interessant gedacht. Die Praktiken und Übungen, die er hierbei für erforderlich hält, haben dabei einen großen Vorteil, der in Sloterdijks Sicht der Dinge so etwas wie ein willkommenes Abfallprodukt wäre: Zum Glauben zu finden, zahlt sich nicht nur aus, weil das den Kontakt mit einem höheren Wesen ermöglicht, sondern auch, weil es sehr irdische positive körperliche Auswirkungen hat.

Religiöse Menschen sind entspannter und gesünder[171], haben weniger Herzinfarkte und der Spiegel des Stresshormons Cortisol in ihrem Blut ist niedriger. Studien haben gezeigt, dass Menschen, die an einen Gott glauben, weniger anfällig für Depression[172], Alkohol- und Drogenmissbrauch sowie Selbstmord sind als Atheisten. Religiöse beziehungsweise spirituelle Menschen können zudem schockierende Ereignisse besser verarbeiten, sich schneller an neue Situationen anpassen und in schwierigen Situationen eher einen tieferen Sinn erkennen.

Die *FAZ* schrieb 2012 dazu unter dem Titel *Die Glaubensdividende*: »Brauchen Werte Gott? Mündet eine transzendenzlose Gesellschaft in Zweckrationalismus und Ersatzglauben? Dient eine säkulare Ethik einem kleinmütigen Menschenbild?

Die These vom moralstabilisierenden Charakter der Religion taucht regelmäßig auf, wenn es um den Machterhalt und die finanzielle Ausstattung kirchlicher Institutionen geht, und sich der Glaube durch den evolutionären Denkstil des neuen Atheismus oder die individualistische Marktdoktrin herausgefordert sieht. Dostojewski hat sie auf die Formel gebracht: Ohne Gott ist alles erlaubt. Selbst religiöse Skeptiker wie Gregor Gysi schließen an sie an, wenn sie ihre Furcht vor einer gottlosen Gesellschaft bekunden.«[173]

Beeindruckend war es schon, als ein renommiertes wissenschaftliches Journal zum ersten Mal berichtete, dass religiös orientierte Menschen weniger anfällig für neuerliche Erkrankungen sind, wenn sie bereits eine erlitten haben, und dies anhand kardiovaskulären Problemen nachwies.[174] *Die Welt* fragte nach dem Erscheinen der Studie: Können Gebete heilen?

Wir diskutierten diese Mantra-Studie auch in der klinischen Morgenbesprechung des Wiener Allgemeinen Krankenhauses, bei der unser damaliger erster Oberarzt, Professor Tempfer, derzeit Ordinarius in Deutschland, eine entscheidende Frage stellte: Können Gebete heilen, weil für einen gebetet wird oder weil man betet?

Die Mehrzahl der anwesenden Kolleginnen und Kollegin entschied sich für Zweiteres. Zur Sicherheit sandte ich diese Arbeit und auch die Frage, die sich daraus ergab, an den Wiener Kardinal Christoph Schönborn, der mir am 28. Juni 2005 von Rom eine Karte schickte mit der Antwort, dass für ihn beides möglich wäre.

Immerhin: Die renommierte *American Heart Association* empfahl als Reaktion auf die Studie eine Meditation mit transzendenten Inhalten als additive Therapie beim Bluthochdruck.[175]

Sicher ist, obwohl es zur Frage der Gesundheit und Religion auch kontroverse Studien gibt[176], dass wir nicht von ungefähr gerade in Krisenzeiten ein hohes Bedürfnis nach Gott haben. Selbst wenn ihn unser Flehen nicht dazu bewegt, das Schicksal mit milder Hand zu unseren Gunsten zu fügen, hilft uns schon das Flehen selbst.

Die Transzendenz-Skeptiker meinen, das Gebet in der Not sei nichts anderes als ein Medikament, das man einnimmt, um die flattrigen Nerven zu beruhigen. Die wenigsten von ihnen denken dabei wohl daran, wie recht sie damit unfreiwillig haben. Denn das Gebet löst tatsächlich, fast wie ein gutes Medikament, durch viele Studien belegt biochemische Prozesse aus, die uns über Krisen hinweghelfen.[177]

Interessanterweise wirkt das auch bei Kindern. Einen überraschenden Aspekt steuert der deutsche Erziehungswissenschaftler und Publizist Micha Brumlik mit seinen Thesen zur religiösen Erziehung bei. Wie in der Sexualerziehung müssen Eltern auch hier bewusste Entscheidungen treffen. Denn nicht in jeder Partnerschaft ist es selbstverständlich, welche Rituale in der Familie gefeiert und welche Glaubensinhalte an die Kinder weitergegeben werden sollen. Brumlik, sonst des Lobs traditioneller Erziehungsmodelle unverdächtig, beschreibt anhand von Studien, dass religiös erzogene Kinder und Jugendliche seelisch und körperlich gesünder, stressresistenter, weniger aggressiv, disziplinierter und leistungsorientierter seien als nichtreligiöse.[178]

Alle darüber hinausgehenden Vorteile der Transzendenz bleiben trotzdem eine Frage der persönlichen Einschätzung. Sie logisch zu argumentieren, ist so gut wie unmöglich. Auch hier ist eine poetische Grundhaltung gefordert, und zwar eine, die wiederum das Sein über das Haben stellt und die Frage gelten lässt, ob man tatsächlich diese Welt zum alternativlos einzigen Inbegriff des Daseins machen darf.

Wie immer man die Wende im Alterswerk des berühmtesten lebenden deutschen Philosophen Jürgen Habermas bezeichnen will, religionsfreundlich oder kulturalistisch, wertkonservativ, im Abschlussvortrag des Münchner Kongresses erfuhr sie eine geradezu spektakuläre neue Ausprägung. Das Gute manifestiert sich für Habermas nicht mehr nur im Diskurs selber, es braucht jetzt auch ein heiliges Zentrum, das niemand hinterfragt. Verblüffend, wie schnell und unmerklich Habermas von »Religion« zu »Normativität«, »Institution« und »Tradition« gelangt, als wäre alles dasselbe.[179]

Warum siegt nicht immer das Gute?

Katastrophen treffen Religionen und die Pflichtverteidiger des Guten jedes Mal an einer empfindlichen Stelle und scheinen die transzendente Dimension des Gutseins zu relativieren. Angesichts immer wiederkehrenden Leids müssen Kirchenvertreter erklären, wie das möglich ist.[180] Wie kann Gott zuschauen, wenn Kinder sterben, wenn Kriege toben, wenn Hunderte, Tausende, Millionen Menschen unter Qualen schreien und ihr Leben lassen? Wo bleibt Gottes Sinn für Nächstenliebe? Wo bleiben seine Güte und seine Allmacht? Befriedigende Antworten auf diese Fragen sind schwer zu bekommen.

Augustinus von Hippo, der neben Hieronymus, Ambrosius von Mailand und Papst Gregor dem Großen einer der vier wichtigsten Kirchenväter ist, vertrat die Ansicht, dass es das Böse im Grunde gar nicht gibt. Durch die Erbsünde sei das Gute verschwunden – beim Bösen handle es sich nur um einen Mangel an Gutem.[181] Das einzige Versäumnis des Weltenbaumeisters würde damit in der ungleichmäßigen Verteilung des Guten liegen. Ein Problem, das lösbar erscheint, auch wenn es dem Weltenbaumeister planerische oder organisatorische Schwächen unterstellt. Durchgesetzt hat sich diese Erklärung für das Böse auf der Welt allerdings nicht. Viel später machte sich der deutsche Philosoph Gottfried Wilhelm Leibniz zum Anwalt Gottes und argumentierte, dass ein allgütiger, allmächtiger und allwissender Gott keine ideale Welt habe erschaffen können, sondern nur die beste aller möglichen, und dass das darin vorkommende Übel notwendig oder jedenfalls erklärbar sei.[182] Kurz gesagt: Noch besser konnte Gott die Welt beim besten Willen nicht hinkriegen.

Dem widersprach Immanuel Kant. In seinem 1791 veröffentlichten Aufsatz *Über das Misslingen aller philosophischen Versuche in der Theodizee* (Das Wort »Theodizee« meint die Rechtfertigung Gottes) teilte er kräftig gegen Leibniz aus. Er bezeichnete ihn, unter anderem für diese Einschätzung, als einen anmaßenden Denker, der die Grenzen der Vernunft missachte.

In der Frage, warum Gott Böses duldet, statt alles Leid und alle Ungerechtigkeit auf dieser Welt einfach wegzuschnippen, haben sich die Geister also schon immer geschieden. Man kann fünf mögliche Antworten darauf anbieten, als Erklärungsversuch, warum es Böses überhaupt gibt und nicht automatisch durch Gutes vom Schöpfer ersetzt wird.

Antwort eins. *Die Entstehung des Bösen ist für uns einfach nicht erklärbar.* Professor Heinrich Bedford-Strohm, Vorsitzender der Evangelischen Kirche in Deutschland, zitierte einmal einen Spruch, der angeblich auf Sokrates zurückgeht: *Quae supra nos, nihil ad nos.* (Was über uns hinausgeht, geht uns nichts an.) Was unsere Vorstellungskraft übersteige, meinte Bedford-Strohm, können wir nicht begreifen, und es gäbe nun einmal nach wie vor einiges, das unbegreiflich sei, obwohl wir es zu erforschen und zu verstehen versuchen.[183]

Die evangelische Theologie hat sich schon immer an diesen intellektuellen Fatalismus gehalten und deshalb Spekulationen über die Herkunft des Bösen unterlassen. Bedford-Strohm bezieht sich so auch auf Luther. Und es ist nicht irgendein Luthertext, sondern die Grundlagenschrift *De servo arbitrio (Vom unfreien Willen)*, in dem Luther diesen Gedanken teilt.

In dieser Tradition stehen auch die Anhänger des reformierten Theologen Karl Barth, die Gott allein auf seine Selbstoffenbarung in Jesus Christus festlegen. Wir können demnach nur das über Gott sagen, was uns in seiner Menschwerdung offenbart wurde, aber was dahinterliegt, können wir mit unserem Gehirn nicht erkennen.

Martin Luther sprach in diesem Zusammenhang vom »Verborgenen in Gott«, weil die Menschwerdung Gottes durch Jesus letzten Endes nichts weiter als die Gewissheit brachte, dass es einen Schöpfer gibt, der uns liebt und wieder zurücknimmt. Was Gott tut, wie er ist, was er kann, was er will und warum er Böses in der Welt zulässt, darüber brachte die Menschwerdung keine Informationen.

Es blieb das Prinzip *Deus absconditus* – die christliche Vorstellung von der Unfassbarkeit Gottes, die eben auch den Vorhang des Schweigens vor die Frage nach der göttlichen Verantwortung für das Böse zieht.

Der Vorteil dieses Erklärungsversuches liegt darin, dass so niemand Gott Vorwürfe machen kann. Der Nachteil liegt darin, dass die Kirche angesichts von Katastrophen nicht viel mehr tun kann, als zu beteuern, sie hätten mit Gott nichts zu tun. Der Preis für diese Variante ist also eine gewisse Sprachlosigkeit.

Antwort zwei. *Ein gütiger Schöpfer wollte keine willenlosen Geschöpfe, weshalb er ihnen die Freiheit gab, bei ihm zu bleiben oder das Paradies zu verlassen. Love it or leave it.* Jene, die sich für Variante zwei entscheiden und dem Paradies den Rücken kehren, wenden sich dem Licht ab und dem Dunklen zu. Sie werden dadurch gleichsam in ihrer freien Entscheidung zum personifizierten Bösen in der Welt und repräsentieren die inneren Kräfte, gegen die wir anzutreten haben, wenn wir uns im Gutsein üben und verbessern wollen.

Das Denken hat sich in allen Zeiten und in vielen Kulturen mit dieser ja im Grunde relativ simplen Vorstellung befasst. Schon bei Hesiod, einem griechischen Dichter, der 700 Jahre v. Chr. als Ackerbauer und Viehzüchter lebte, taucht sie auf. Etwa wenn das Gute, personifiziert durch die Götter, gegen das Böse, personifiziert durch die Titanen, kämpft.

Wir können die Titanen als gefallene Engel betrachten. Ein Bild, das sich auch in der jüdisch-christlichen Tradition findet. Etwa in der Offenbarung des Johannes, in der es um den Kampf Satans gegen das Volk Gottes geht. »Da entbrannte im Himmel ein Kampf«, heißt es darin. »Michael und seine Engel erhoben sich, um mit dem Drachen zu kämpfen. Der Drache und seine Engel kämpften, aber sie konnten sich nicht halten und sie verloren ihren Platz im Himmel. Er wurde gestürzt, der große Drache, die alte Schlange, die Teufel oder Satan heißt und die ganze Welt verführt. Der Drache wurde auf die Erde gestürzt und mit ihm wurden seine Engel hinabgeworfen.«

In der Bibel entscheidet sich sogar Gottes wichtigster Engel, Lucifer, der Lichtbringer, für die Variante »leave it«, wendet sich dem Dunklen zu und macht Karriere als das Böse schlechthin, als Satan.

Antwort drei. *Katastrophen und Böses sind Mittel des Satans, um uns Menschen unserem Schöpfer gleichsam abzuwerben und uns irrezumachen.* Umfangreich literarisch abgehandelt hat diesen Gedanken Johann Wolfgang von Goethe, als in seiner Tragödie *Faust*, dem bedeutendsten und meistzitierten Werk der deutschsprachigen Literatur, der Satan Goethes Protagonisten Doktor Faust vom rechten Weg abzubringen versucht. Gott, »der Herr«, und der Satan, »Mephistopheles«, unterhalten sich sogar über dieses Vorhaben, und zwar folgendermaßen:

DER HERR

Kennst du den Faust?

MEPHISTOPHELES

Den Doktor?

DER HERR

Meinen Knecht.

MEPHISTOPHELES

Was wettet Ihr? Den sollt Ihr noch verlieren,
Wenn Ihr mir die Erlaubnis gebt,
Ihn meine Straße sacht zu führen!

DER HERR

Solang' er auf der Erde lebt,
Solange sei dir's nicht verboten.
Es irrt der Mensch, solang' er strebt.
Nun gut, es sei dir überlassen!
Zieh diesen Geist von seinem Urquell ab,
Und führ' ihn, kannst du ihn erfassen,
Auf deinem Wege mit herab,
Und steh beschämt, wenn du bekennen musst:
Ein guter Mensch in seinem dunklen Drange
Ist sich des rechten Weges wohl bewusst.

MEPHISTOPHELES

Schon gut! nur dauert es nicht lange.
Mir ist für meine Wette gar nicht bange.
Wenn ich zu meinem Zweck gelange,
Erlaubt Ihr mir Triumph aus voller Brust.
Staub soll er fressen, und mit Lust,
Wie meine Muhme
(alte deutsche Verwandtschaftsbezeichnung für Tante oder Base, Anm.), die berühmte Schlange.

Dramaturgisch ganz ähnlich begründet der biblische Mythos um das Schicksal Hiobs die Existenz des Bösen. Der Gerechte muss leiden. Das Leid ist eine Prüfung. Bleibt er Gott treu, hat er bestanden. Wendet er sich wütend, verzweifelt und enttäuscht von Gott ab, ist er durchgefallen. Auch im Falle Hiobs machen Gott und der Teufel einen Deal und erleben in der Folge quasi erste Reihe fußfrei mit, wie Hiob sein Schicksal heldenhaft meistert, was ihm Gottes Lohn sichert.

Antwort vier. *Nicht nur wir sind Gottes Abbilder, sondern Gott ist auch unser Abbild, womit wir selbst das Böse in allen seinen Dimensionen verursachen und nur wir es auch abstellen können.*[184] Erstmals äußerte einen in diese Richtung gehenden Gedanken Hans Jonas, ein deutsch-amerikanischer Philosoph, der von 1955 bis 1976 als Professor an der *New School for Social Research* in New York lehrte, und zwar in einem Vortrag mit dem Titel »Der Gottesbegriff nach Auschwitz«. Jonas meinte, dass der überlieferte Gottesbegriff nach den Schrecken des Holocaust nicht mehr haltbar wäre. Man könne Gott nun nicht mehr als Herrn der Geschichte denken. Während das Buch Hiob die Machtfülle des Schöpfergottes propagiere, gehe es wohl eher um dessen Machtentsagung. »Auch das, so scheint mir, ist eine Antwort an Hiob: dass in ihm Gott selbst leidet«, sagte Jonas.

Auch die evangelische Theologin Dorothee Sölle machte diesen Gedanken zu einem zentralen Motiv ihrer Sicht des

Schöpfers. »Gott hat nur unsere Hände«, sagte sie. Was aus dieser Welt wird, hängt damit nicht zuletzt von uns Menschen ab. Wenn das Böse auf der Erde wirkt, dann haben wir selbst es zugelassen.

Zu einem ähnlichen Schluss kommt der amerikanische Rabbi Harold Kushner, dessen Sohn Aaron im Alter von vierzehn Jahren an einer seltenen Erkrankung starb. Kushner schrieb ein Buch mit dem Titel *Wenn guten Menschen Böses widerfährt*. Auf seiner Sinnsuche kam er zu dem Schluss, dass Gott nicht allmächtig ist. Er ist nicht verantwortlich für Mord, Terroranschläge, Tsunamis, Krebs oder tödliche Unfälle. Es gibt keinen strafenden Gott am Mischpult der Weltgeschichte. Was es für Kushner aber gibt, ist ein mitleidender Gott. Für ihn liegt gerade in diesem Mitleiden Gottes die Kraft, die uns helfen kann, weiterzuleben.

Antwort fünf. *Das Leiden führt zur Auferstehung.* Gott leidet mit seinen Geschöpfen und verzichtet darauf, sie und sich selbst von diesem Leiden zu befreien. Gott ist damit, so die kirchliche Sprachregelung, im Leiden gegenwärtig. Auch wenn die Leidenden selbst das nicht in jeden Augenblick so sehen. »Mein Gott, mein Gott, warum hast du mich verlassen?«, rief sogar Jesus, gepeinigt am Kreuz.

Was bedeutet das? Die Antwort auf diese Frage liegt in der Auferstehung, die sich wie alles in der Bibel nicht nur faktisch, sondern auch symbolisch verstehen lässt. Der

Mensch erhebt sich auf eine neue Ebene und unterwegs dorthin begegnet er Gott, der ihm dies ermöglicht. Danach ist das Leiden vorbei.

Anders als bei Hiob bleibt die Passion Jesu nicht ohne Antwort. Es ist eine doppelte Antwort. Im Blick auf die Gegenwart sagt die Passionsgeschichte: Gott leidet mit uns. Er ist in den Leidenden gegenwärtig. Aber nicht nur das. Er überwindet das Leiden. Dafür steht die Auferstehung. Sie ist die entscheidende Antwort des Christentums auf die Frage nach dem unschuldigen Leiden.

Wie kann man das alles glauben?

So um das Jahr 2010 wurde im ländlichen Grün von Washington, Connecticut eine neue Wissenschaft aus der Taufe gehoben: die Moralpsychologie. Der säkulare, also weltliche, und auf darüber hinausgehende, metaphysische und religiöse Fragen verzichtende Ton beherrschte die Konferenz.

Als es an ihrem Ende jedoch zu einem ersten Konsens kommen sollte, gingen die Schlussfolgerungen auseinander. Einig waren sich die Teilnehmer immerhin darin, dass auf Gott zu verzichten sei. Ihm, so das einhellige Resultat ihrer gewiss noch nicht abgeschlossenen oder womöglich nicht abschließbaren Untersuchungen, hat der Mensch die Moral nicht zu verdanken.

Die Wissenschaft hat in den vergangenen rund 300 Jahren, beginnend mit dem großen englischen Naturforscher und Philosoph der Aufklärung, Isaac Newton, ein mechanistisches Weltbild entworfen. Der Bogen reicht von ihm zu dem französischen Mathematiker, Physiker und Astronomen Pierre-Simon Laplace und weiter über die Philosophen Ludwig Feuerbach und Friedrich Nietzsche bis zu Christopher Hitchens, Autor des Werkes *Der Herr ist kein Hirte – Wie Religion die Welt vergiftet,* und den Biologen und Autor Richard Dawkins, der sich selbst als »ziemlich militanten Atheisten« bezeichnete.

Genau genommen reichen die Wurzeln dieses mechanistischen Weltbildes aber 400 Jahre zurück, bis zu jenem Zeitpunkt, als holländische Monokelhersteller zum ersten Mal sahen, dass es auf dem Mond auch Berge gibt. Damals formulierte der theologisch gebildete Astronom Johannes Kepler physikalische Gesetze, die nicht nur das Fallen eines Steines oder die Wirkung eines Hebels beschrieben, sondern auch die Gestirne mit einbanden und damit den Himmel entzauberten.

Daraus ging nahtlos die Überzeugung hervor, dass auch unser Körper (und übrigens auch der Staat) nichts weiter als eine Maschine mit vielen kleinen Rädchen ist. Ein funktionierendes Großes und Ganzes teils komplizierter, aber immer mit linearer Logik nachvollziehbarer Komponenten und Zusammenhänge. Wir sind in diesem mechanistischen Weltbild genau die Summe unserer Teile.

1865 schmökerte dann Friedrich Nietzsche in einem Leipziger Antiquariat in Arthur Schopenhauers *Die Welt als Wille und Vorstellung*. Es war ein Schlüsselmoment bei der Entstehung des mechanistischen Weltbildes. Nietzsche war gelernter Theologe, doch als er las, dass die Physik das Weltall als eine Mechanik erklärt und es keinen Schöpfer gibt, war das wohl ein Schock für ihn. Einer, der sein Denken veränderte, und damit die europäische Geistesgeschichte sowie die Geistesgeschichte der gesamten westlichen Welt. Nietzsche befreite für sich gewissermaßen den Kosmos endgültig von der Transzendenz.

Seiner Vertrauten Cosima Wagner, der Tochter es Komponisten Franz Liszt und späteren zweiten Ehefrau Richard Wagners, teilte er mit, was er dann auch niederschrieb: »In irgendeinem abgelegenen Winkel des in zahllosen Sonnensystemen flimmernd ausgegossenen Weltalls gab es einmal ein Gestirn, auf dem kluge Tiere das Erkennen erfanden. Es war die hochmütigste und verlogenste Minute der ›Weltgeschichte‹: aber doch nur eine Minute. Nach wenigen Atemzügen der Natur erstarrte das Gestirn, und die klugen Tiere mussten sterben. So könnte jemand eine Fabel erfinden und würde doch nicht genügend illustriert haben, wie kläglich, wie schattenhaft und flüchtig, wie zwecklos und beliebig sich der menschliche Intellekt innerhalb der Natur ausnimmt; es gab Ewigkeiten, in denen er nicht war; wenn es wieder mit ihm vorbei ist, wird sich nichts begeben haben. Denn es gibt für jenen Intellekt keine weitere Mission, die über das Menschenleben hinausführte. Sondern menschlich ist er, und nur sein Besitzer und Erzeuger nimmt ihn so pathetisch, als ob die Angeln der Welt sich in ihm drehten. Könnten wir uns aber mit der Mücke verständigen, so würden wir vernehmen, dass auch sie mit diesem Pathos durch die Luft schwimmt und in sich als fliegendes Zentrum dieser Welt fühlt.«[185]

Offenbar schauderte Nietzsche selbst ein wenig vor der von ihm mitgeschaffenen Welt, in der ein Leben keinen über das Leben hinausreichenden Sinn mehr haben konnte. Und in der dem Guten wie dem Bösen die transzendente Dimension fehlte, was beides in gewisser Weise relativ machte. Wenn nur noch ein menschliches Regelwerk mit Gesetzen und Strafen die Ethik begründet, verliert sie an Kraft und wirft uns Menschen in jeder Hinsicht immer wieder nur auf uns zurück.

Hundert Jahre nach Newton entwickelte Laplace eine Beschreibung der Planetenbahn, die ausgefeilter als die Newtons war und die die Stabilität der Umlaufbahnen besser erklärte. Als er sie seinem einstigen Schüler Napoleon Bonaparte vorstellte und der Herrscher ihn mit der Frage unterbrach, welche Rolle Gott dabei spiele, antwortete Laplace mit dem berühmten Satz, der ebenfalls seine Zeit und die nach ihm prägte: Diese Hypothese brauchen wir nicht mehr.

Das atheistische Weltbild war damit vollendet. Wozu brauchen wir einen Himmel im spirituellen Sinn? Wozu einen Weltenbaumeister? Wozu eine steuernde Allmacht, in der wir alle vereint sind? Wozu brauchen wir den Weg der Erkenntnis in einem tieferen, transzendenten Sinn? Wozu brauchen wir eine Unterscheidung zwischen Gut und Böse über die gesetzlichen Regelungen des menschlichen Zusammenlebens hinaus?

Das neue holistische Weltbild

Wir Menschen leben zwischen Mikro- und Makrokosmos in einem Mesokosmos des für uns anschaulich Erfassbaren. Die Erkenntnis hat in diesem Kosmos nicht zwangsläufig etwas mit Wahrheit zu tun. Denn wir erkennen nur, was unsere Erkenntnisstrukturen uns zu erkennen erlauben. Oder, wie es Immanuel Kant in einem berühmten Satz formulierte: Wir können die Wirklichkeit nur erkennen, wie sie in unserem Wahrnehmungsapparat erscheint.

Möglicherweise ist, was wir erkennen, nur ein winziger Teil der Wirklichkeit, den wir zwar je nach intellektueller Mode immer anders, aber immer falsch interpretieren. Möglicherweise würden wir, bekämen wir neue Sinnesorgane oder entsprechende technische Möglichkeiten geschenkt, mit einem großen »Aha« vor einem Wunder stehen, das alle unsere Fragen auf einmal beantwortet und unsere Sicht der Dinge als erbärmlich entlarvt.

Selbst wenn uns die Evolution an einen Punkt zu führen trachtet, an dem wir alle zu diesem »Aha« in der Lage sind, könnte der Weg dorthin noch weit sein. Doch immerhin scheinen wir ihn bereits zu beschreiten. Die moderne Wissenschaft entdeckt das Unsichtbare und sie ist dabei, damit das mechanistische Weltbild wieder zu kippen und es durch ein holistisches zu ersetzen.

Viele Menschen empfinden das als befriedigend. Denn einerseits denken wir alle in den Kategorien, denen das möglichst gute Überleben unserer Spezies, die möglichst erfolgreiche Reproduktion und das dahinterliegende Kohlenwasserstoffsystem betreffen, andererseits vernehmen wir, zunächst noch ohne jede religiöse Absicht, Signale von anderen Realitäten, die sich unseren empirischen Denkmustern entziehen.

Zwar gewannen die Neodarwinisten den Streit mit dem deutschen Idealismus, der auch transzendente Komponenten in unser Weltbild einzubauen und Platz für einen Schöpfer zu schaffen trachtete, indem sie meinten: So wie wir es erkennen, ist es auch, die Wissenschaft kann nur die erscheinende Welt beforschen und diese ist auch das alternativlose Sein. Doch damit entsprachen sie nicht einmal dem, was der britische Naturforscher Charles Darwin, der wegen seiner Beiträge zur Evolutionstheorie als bedeutendster seiner Zunft gilt, selbst postuliert hatte.

Denn Darwin hatte sehr wohl an eine (keineswegs unbedingt theistische) Ordnung geglaubt, in der sich das Niedrigere zum Höheren entwickelt, was seine fundamentalistischen Epigonen nicht hinnehmen wollten. Eine Ordnung, welche auch immer, konnte schließlich jederzeit die Frage aufwerfen, wer sie geschaffen hat, womit sich ein philosophisches Fenster zur Existenz eines Schöpfers aufgetan hätte. Die Neodarwinisten verriegelten dieses Fenster vorsichtshalber, indem sie das *Survival of the fittest* postulierten und das Zufallsprinzip, nachdem sich in einer Welt ohne Ordnung die Dinge fügen mussten.

Es war der deutsche Physiker Albert Einstein der das allmähliche Ende des mechanistischen Weltbildes einläutete. Mit spürbarem Respekt vor Isaac Newton, aber doch mit klaren Hinweisen darauf, dass dessen Theorien ausgedient hatten. »Newton verzeih mir«, schrieb Einstein. »Du fandest den einzigen Weg, der zu deiner Zeit für einen Menschen von höchster Denk- und Gestaltungskraft eben noch möglich war. Die Begriffe, die du schufst, sind auch jetzt noch führend in unserem physikalischen Denken, obwohl wir nun wissen, dass sie durch andere, der unmittelbaren Erfahrung ferner stehende ersetzt werden müssen, wenn wir ein tieferes Begreifen der Zusammenhänge anstreben.«

Die vierte Dimension der Ethik

Seit Einstein wissen wir, dass Newtons mechanistisches Weltbild ebenso einseitig war wie das der Neodarwinisten, weil wir als Individuen, als Gemeinschaften und als Gesellschaft komplexe Systeme bilden, die mehr sind als die Summe ihrer Teile, und die miteinander verbunden sind. Das komplexe System Mensch mit dem komplexen System Natur und das komplexe System Erde mit dem Himmel, der sich ebenfalls als komplexes System deuten lässt.

Die Forschung liefert dabei mehr und mehr Hinweise darauf, dass Transzendenz kein Phänomen gegen naturwissenschaftliche Implikationen ist. Unter anderem auch in Form einer an der *Queen's University* von Belfast durchgeführten Studie, die nachwies, dass Kinder mit einem Sinn für Unsterblichkeit zur Welt kommen. Es gibt kaum Kulturen, so urteilen die Autoren, in denen nicht der Glaube zu finden ist, dass Körper und Geist keineswegs gleichzeitig vergehen. Das spricht eigentlich dagegen, dass Religion Einbildung ist, und dafür, dass wir a priori religiös imprägniert sind.

Es lässt sich sehr wohl dem mechanistischen Weltbild, dass Fundamentalisten der reinen Wissenschaft, die jegliches Denken über deren Tellerrand hinaus noch immer verhöhnen, eine interessante Theorie entgegenstellen.

Wie wir gesehen haben, sind unser Denken, unser Glauben und sogar unsere innere Stimme geprägt. Wäre es nicht möglich, dass auch der Schöpfergedanke nicht nur von innen, also durch uns selbst und unsere Vorfahren und Mitmenschen sowie durch unsere Umwelt geprägt ist, sondern zusätzlich auch von außen? Dass uns also zum Beispiel ein Weltenbaumeister den Glauben an ihn in die Wiege legt, weil er will, dass wir ihn erkennen, und dass er sich dabei der gleichen Prägemechanismen bedient, die wir selbst unaufhörlich und meistens unabsichtlich bedienen?

Wir Menschen wären dann die bestmöglichen Abbilder Gottes, die zu schaffen er derzeit in der Lage ist, und die Evolution wäre wahrscheinlich so etwas wie seine fortgesetzte Arbeit an uns. Da könnten wir nur hoffen, dass er uns nicht irgendwann verärgert verwirft, weil er erkennt, dass das so mit uns nichts wird, und in ein paar Zehntausend oder Hunderttausend Jahren, die für ihn vielleicht nur ein Wimpernschlag sind, noch einmal zum Ton greift, ihm Leben einhaucht und neu anfängt.

In vielerlei Hinsicht ist es die moderne Wissenschaft, etwa die Quantenphysik, die immer mehr Hinweise auf Wirklichkeiten liefert, die unsere Denkkategorien übersteigen. Das als Bestätigung Gottes zu sehen, wäre allerdings vermessen und wissenschaftlich natürlich nicht legitim, allerdings öffnet es die Diskussion zwischen Naturwissenschaften und Theologie auf Augenhöhe.

Der österreichische Quantenphysiker Anton Zeilinger etwa legt nahe, dass beim Urknall die Information für alles, was später kam, schon fertig und vorbereitet gewesen sein muss: die Information für die Elemente, das Periodensystem, die Kohlenwasserstoff-Welt und damit auch wir. »Am Anfang war die Information«, lautet also Zeilingers Erkenntnis, die sich auf interessante Weise mit dem ersten Satz des ersten Kapitels im Evangelium nach Johannes deckt: Am Anfang war das Wort.

Wenn diese Information über uns von Anfang an da war, warum soll sie vergehen, nur weil nach Milliarden von Jahren der Existenz dieser Information unser Körper aufgetaucht und nach einigen Jahrzehnten wieder zerfallen ist? Mit dieser Frage, die ausführlich in meinem Buch *Woher wir kommen, wohin wir gehen – Die Erforschung der Ewigkeit* behandelt wurde, wird die Akzeptanz der Transzendenz jedenfalls endgültig zu mehr als einer spirituellen Übung, mit der sich die Angst vor dem Tod lindern lässt.

Die Physik lehrt uns außerdem, dass die Grundlagen des Kosmos Felder sind, die den Raum gleichmäßig ausfüllen, über Distanzen von Milliarden von Lichtjahren hinweg. Nur gelegentlich tritt aus diesen Feldern, wenn ausreichend Energie auftaucht, Materie hervor. Die Astrophysik spricht von gesteigerter Energie, von Wellen und Korpuskeln, und verkündet, dass Materie geformte Energie sei. Diese Materie führt einen mehr oder weniger lang dauernden Tanz auf, den wir Körper und Leben nennen, bevor, wenn die Energie absinkt, alles wieder in das Hintergrundfeld zurücksackt.

Pulvis es et ad pulverem reverteris. Du bist Staub, und zu Staub wirst du zurückkehren. Doch nach der Theologie erkennt im beschriebenen Sinne nun eben auch die Physik, dass dies womöglich nur unseren Körper betrifft. Unterschreitet die Energie den kritischen Wert, kehrt die Materie zwar wieder in das Feld zurück, doch sie könnte etwas von dem Spin, den sie während des großen Lebenstanzes erworben hat, dorthin mitnehmen.

Der Philosoph Martin Heidegger hinterließ dem österreichischen Neurologen, Psychiater und Begründer der Logotherapie und der Existenzanalyse, Viktor Frankl, einst Worte, die ihre Wirkung vor allem im Angesicht des Todes entfalten: »Das Vergangene geht, das Gewesene kommt.«

Das Verständnis dieser Worte setzt wohl wiederum eine poetische Grundhaltung voraus, doch wir erkennen: Die tiefe Wahrheit, die darin liegt, bringt die modernen Erkenntnisse der Astrophysik, der Quantenphysik oder der Epigenetik mit der Idee von einer von einem Weltenbaumeister erschaffenen und alles mit allem verbindenden Schöpfung in Einklang. Und nicht zuletzt ist auch der Widerspruch zwischen beidem nichts weiter als eine Hypothese.

Gut und Böse werden damit zu Größen, die weit über das irdische Maß hinausreichen, und das Gesetz des Ausgleiches erhält endgültig eine transzendente Dimension. Oder anders ausgedrückt: Zu denken, dass wir mit unserem Verhalten nicht nur über unser Glück und unsere Gesundheit hier auf der Erde, sondern auch über unseren Platz in der Ewigkeit mitbestimmen, wird damit in gewisser Weise nicht nur theologisch, sondern beinahe auch intellektuell legitim.

Das Böse ist in einem postmechanistischen holistischen Weltbild jedenfalls wieder mehr als die Bereitschaft, eine Strafe im Sinne der Judikatur eines Landes zu riskieren. Es erhält seine dritte Dimension zurück und inzwischen eine vierte dazu. Die dritte ist die spirituelle Perspektive, die das Böse als Verstoß gegen die Evolution, gegen die Grundgedanken eines Weltenbaumeisters hat.

Die vierte Dimension der Ethik in diesem Weltbild wurde in den vorangegangenen Kapiteln beschrieben. Es ist die neurogenomische Dimension, in der sich Ethik mit Biologie und Gehirn mit Genom verbinden. Was letztendlich auch der Botschaft des Christentums und vieler anderer Religionen entspricht, dass sich das Gute des Schöpfers oder welches höheren Wesens auch immer in jedem und allem befindet und wir demnach transzendent handeln, wenn wir Gutes tun.

Diese vierte Dimension der Ethik begründet ein Weltbild, in dem wir mit unserem Denken, Handeln und Glauben Teil eines großen Ganzen sind, das weit über das Menschliche und unser Vorstellungsvermögen hinausreicht, und das wir doch unaufhörlich mitgestalten.

Im Zweifelsfall lieber gut

Der empirische Ansatz des Philosophen und Gottesverächters Ludwig Feuerbach – *Wir erfinden alles aus großer Fantasie* – wird mit all dem immer fragwürdiger. Die spirituell einfühlsamen Inhalte der langen menschlichen Weisheit erlangen ihre Daseinsberechtigung zurück. Auch die moderne Wissenschaft liefert Hinweise darauf, dass die sichtbare Welt nur ein kleines materielles Segment der ganzen Wahrheit ist. Unsere Sinne vermitteln uns vor allem dieses Segment unseres Daseins. Körper entstehen, wachsen, sterben und verfallen. Ein Kreislauf, der vielleicht Hintergründe hat, die unseren Sinnesorganen nicht mehr zugänglich sind.

Wenn sich nicht nur Materie und Energie, sondern auch Energie in Materie verwandeln lässt, wenn ein Hintergrund existiert, der sich unseren Sinnen nicht offenbart, aber alles durchwebt, ein Hintergrund, aus dem die Materie hervortreten und wohin sie auch wieder zurückkehren kann, wenn Zeit nur ein Kennzeichen der Materie ist und es auch ein Dasein ohne die Grenzen der Zeit gibt, und wenn Photonen, wie die Physik zeigt, so etwas wie ein Gedächtnis haben und in scheinbar spukhafter Weise über unermessliche Distanzen hinweg miteinander verbunden sind, spätestens dann ist klar: Es scheint, als entstehe gerade eine Physik der Ewigkeit und es existiert mehr als die erscheinende Welt.

Um noch einmal zu Goethes Meisterwerk *Faust* zurückzukehren: Der große Dichter schmähte mit den folgenden Worten darin schon vor 200 Jahren jene, die sich an der erscheinenden Welt festklammern und alles andere zwanghaft ausgrenzen.

Was ihr nicht tastet, steht euch meilenfern;
Was ihr nicht fasst, das fehlt euch ganz und gar;
Was ihr nicht rechnet, glaubt ihr, sei nicht wahr;
Was ihr nicht wägt, hat für euch kein Gewicht;
Was ihr nicht münzt, das meint ihr, gelte nicht.

Letztendlich hat unsere Entscheidung, unreflektiert böse zu sein oder uns im Sinne unserer Wandlung um unser Gutsein zu bemühen, vor diesem Hintergrund auch einen pragmatischen Aspekt. Wir wissen noch zu wenig über die vierte Dimension der Ethik und noch gar nichts über eine fünfte, sechste oder siebte, die es vielleicht auch gibt. Wir wissen damit eindeutig zu wenig, um uns auf ein Risiko einlassen zu können. Deshalb sollten wir besser gute Menschen sein. Auch zur Sicherheit.

Epilog
Der Kardinal, der Kanzler und das ewige Leben

Ein Silvesterabend vor vielen Jahren. Die Luft war so kalt, dass sich beim Atmen weißer Nebel bildete. Die Passanten hatten Wollmützen auf, trugen Mäntel und dicke Schals. Die Gehsteige waren vereist, ein leichter Wind wehte ein paar Schneeflocken darüber hinweg. Von irgendwoher drang Musik und ein Frauenlachen heran. Eine Silvesterrakete zog vom Stephansplatz aus einen Tag zu früh ab zum Himmel, wo sie in einem Kaleidoskop aus Farben zerbarst. Rot, Gold, Blau. Der 30. Dezember hat die Angewohnheit, unruhig zu machen. Als müsste man noch schnell etwas nachholen, das man das Jahr über vergessen hatte.

Zum Jahreswechsel besuchte jährlich ein besonderer Gast Kardinal König. Der damalige österreichische Bundeskanzler Bruno Kreisky. Obwohl Gäste von hohem politischem Rang, und darunter auch häufig beherzte Sozialdemokraten wie Franz Olah und Leopold Gratz, dem Kardinal gern und wiederholt die Ehre erwiesen, war es doch immer ein wenig aufregend, wenn ein Bundeskanzler zum Kaffee kam, noch dazu, wenn es sich um diese Lichtgestalt handelte.

Der braune Rover fuhr die Wollzeile entlang und blieb mit einem knirschenden Geräusch auf der Schneefahrbahn vor dem Palais stehen. Drei Herren stiegen aus. Alfred Reiter, Kreiskys Büroleiter, Hans Mahr, sein Pressesprecher und der sogenannte »Sonnenkanzler«, Letzterer mit leicht gerötetem Gesicht. Er nickte mir zu und ich wies den Ankömmlingen eilfertig den Weg, den sie ohnedies kannten. Er führte die Stiegen hinauf in die erzbischöflichen Gemächer.

»Was macht Ihre Rückhand?«, fragte mich Alfred Reiter im Gehen. Er wollte schon des Öfteren mit mir Tennis spielen. Allerdings fehlte mir beim Ballgefühl dieses gewisse Etwas.

»Ich befürchte, beim Beten ist sie nicht besser geworden«, sagte ich. Er schmunzelte. Vielleicht würden wir es ein andermal auf den Sandplatz schaffen.

Damals wusste Reiter noch nicht, dass er später Generaldirektor einer Bank, der *Investkredit*, werden sollte. Mit Zahlen konnte er noch besser umgehen als mit dem Racket.

Hans Mahr redete wie immer viel. Pressesprecher haben die Angewohnheit, so zu tun, als wären sie verbale Bodyguards. Ihn und mich sollte später eine langjährige Freundschaft verbinden. Das wussten wir noch nicht, als wir uns damals im Vorzimmer des Kardinals über Gott und die Welt unterhielten.

Die Tür ging auf, Kardinal König begrüßte seinen hohen Gast. Kreisky senkte kurz die charakteristische Stirn und reichte ihm die Hand. Wir anderen mussten draußen bleiben.

Natürlich würde man bei solchen Gesprächen gerne lauschen. Hin und wieder legte ich, rein zufällig natürlich, ein Ohr an die Tür, vernahm aber nur ein leises Murmeln. Dennoch wollte ich ein wenig, nur ganz kurz, zuhören und dachte mir eine List aus. Kaffee. Es war Zeit, eine Kanne und zwei Tassen hineinzubringen. Mit Milch, Zucker und Neugierde.

Als Assistent fiel ich nicht sonderlich auf. Ich öffnete dezent die Tür und setzte das Silbergeschirr auf den Beistelltisch. Beim Einschenken ließ ich eine Extraminute vergehen. Lauschte. Ich verstand, dass die beiden über den Glauben redeten. »Leider habe ich diesen Vorteil nie gehabt«, sagte Kanzler Kreisky.

»Die Prägung für das Religiöse, nicht wahr?« Die Augen des Kardinals waren klar und sein Blick war gütig. »Der Glaube ist ein Geschenk«, fügte er hinzu.

Kreisky war einen Augenblick still. In diesen zwei, drei Sekunden innerer Einkehr oder Einsicht merkte ich, wie er etwas bedauerte. Er wirkte nachdenklich, als ob ihm etwas fehlte. »In meiner Jugend gab es das nicht«, sagte er. »Sie, Eminenz, würden es vielleicht als Gnade bezeichnen. Ich aber habe diese Gnade nie erfahren. Dieses Geschenk war mir verwehrt.« Kardinal König nickte langsam.

Draußen begann es wieder zu schneien. Eissterne prangten an den Fenstern. Ich schlich mich aus dem Salon. Die beiden Herren merkten es wahrscheinlich gar nicht, als ich die Tür hinter mir leise ins Schloss drückte.

Anmerkung

Ich habe in diesem Buch bewusst öfter als üblich Beiträge des Feuilletons zitiert, die im folgenden Verzeichnis neben wissenschaftlichen Quellen genannt sind. Solche Beiträge sind oft inhaltlich so originell und sprachlich so wohlformuliert, dass sie über den Erscheinungstag der Zeitung oder des Magazins hinaus Bestand haben und als Testimonal für den naturwissenschaftlichen Hintergrund dienen sollen. Gerade in Wien, wo ich lebe, ist es auch Tradition, aus dem Feuilleton zu zitieren. Robert Musil etwa griff in seinem Werk *Mann ohne Eigenschaften* immer wieder auf Zeitungsbeiträge zurück.

Naturwissenschaftliche Zusammenhänge können Redakteure oft besser formulieren als trockene Empiristen. So schrieb auch Sigmund Freud an Arthur Schnitzler: *»Ich habe mich oft verwundert gefragt, woher Sie diese oder jene geheime Kenntnis nehmen konnten, die ich mir durch mühselige Erforschung des Objekts erworben habe und habe den Eindruck gewonnen, dass Sie durch Intuition all das wissen, was ich in langer Arbeit an Menschen aufgedeckt habe. Den Dichter, den ich stets beneidete, beginne ich jetzt zu bewundern.«*

Von der Unwahrscheinlichkeit des Menschen

Notiz zur Anthropologie des übenden Daseins

von Peter Sloterdijk

1 Tier ohne Eigenschaften
2 Der aufrechte Gang: Vertikalspannung
3 Frühgeburtlichkeit: Juveneszenz
4 Balance-Verlust
5 Wiederherstellung und übendes Leben

Tier ohne Eigenschaften

Man hat das Zeitalter der »Renaissance« – mithin die Ära zwischen dem späten 14. und dem frühen 16. Jahrhundert gelegentlich als die Morgenröte der Moderne bezeichnet, und dies weitgehend zu Recht, obgleich die jüngere Forschung, die sich mehr an den Kontinuitäten zum sogenannten Mittelalter orientiert, den Aufbruch ins Neue weniger enthusiastisch feiert, als es im 19. Jahrhundert üblich wurde. Nichtsdestoweniger hat Jacob Burckhardts Formel von der damals inaugurierten »Entdeckung der Welt und des Menschen« ihren anfänglichen Glanz nicht ganz verloren; auch wenn Burckhardt die berühmte, im Dezember 1486 publizierte *Oratio de hominis dignitate* des 24-jährigen Universalgelehrten Pico della Mirandola – die »Rede über die Würde des Menschen« – als eines der nobelsten Dokumente jener Zeit charakterisierte, so wird man ihm aller zeitgemäßen Neigungen zur Herabstimmung ungeachtet nicht widersprechen. In dieser Rede lässt der Autor den schaffenden Gott zu seinem Geschöpf, Adam, auf die ungewöhnlichste Weise sprechen: Weil der Schöpfer alle verfügbaren Qualitäten bereits über die übrigen Wesenheiten verteilt hatte, sodass für den Menschen keine bleibenden Eigenschaften übrig waren, ruft er ihn dazu auf, gleichsam sein eigener Bildhauer und Erfinder (*plastes et fictor*) zu werden, um durch freie Selbstwahl und Selbstausbildung seinen Rang und Ort im Universum der Kreaturen zu bestimmen. Hier findet sich gleichsam die Urszene eines Motivs, das Robert Musil in seinem Roman *Der Mann ohne Eigenschaften*, 1931, mit den Mitteln des 20. Jahrhunderts fortgebildet hatte. Man würde es in aktueller Sprache als ontologische Unterdeterminierung des Menschen beschreiben und ihm neben dem Wesenszug der »Weltoffenheit«, von der einer der Gründer der Philosophischen Anthropologie, Max Scheler, schon zu Beginn der 20er Jahre des 20. Jahrhunderts gesprochen hatte, auch den Zug zur »Selbstoffenheit« zusprechen. Mit dieser zweifachen Labilität »ausgerüstet«, besser: abgerüstet und entwaffnet, steht »der Mensch« aus dieser Sicht mit der Verlegenheit seiner Freiheit, seiner Unfertigkeit, seiner Formungsbedürftigkeit »in der Welt«, ja, er »steht« nicht wirklich in ihr, sondern findet sich in ihr im Modus der »Geworfenheit« vor – um einen Ausdruck aufzunehmen, den Martin Heidegger 1927 im Rahmen seiner damals revolutionären existenzialen Analysen geprägt hatte; aus ihm entwickelt sich das besonders für den französischen Existenzialismus bezeichnende Freiheitspathos, das die Unvermeidlichkeit der Selbstwahl hervorhebt: *L'homme est condamné à la liberté*, der Mensch ist das zur Freiheit verurteilte Wesen.

Das Pico-Motiv der freien Selbstausbildung entwickelt sich während der gesamten Moderne, insbesondere in der Aufklärung und im Deutschen Idealismus, bis zu den bedenklichen Übertreibungen einer *Tabula-*

rasa-Anthropologie weiter, nach welcher der neugeborene Mensch wie ein unbeschriebenes Blatt in die Welt einträte und nur durch Prägungen und Engramme *a posteriori* zu seinen Eigenschaften gebracht würde. Es versteht sich leicht, wie aus dem scheinbar emanzipatorischen Extremismus der Milieu-Theorien ein zugespitzter Soziologismus hervorgehen konnte, für den Sozialisierung, *vulgo* Erziehung, alles und Erbe, *alias* genetische Vorformung, praktisch nichts bedeuten sollten. In jüngerer Zeit war es der kanadisch-amerikanische, in Harvard lehrende Psychologe Steven Pinker, der in einer beherzten, psycho-biologisch weit ausholenden Polemik die Überspitzungen der Ideologie des »leeren Blatts« (*blanc slate*) zurückgewiesen hat, um für das *a priori* Mitgegebene – im Sinne der angeborenen Eigenschaften und der humanen Universalien – den gebührenden Raum wiederherzustellen.[186] Hinzu kommt inzwischen auch die Erforschung der Epigenetik, durch die sich der Akzent auf dem lokal erblich Mitgegebenen noch erheblich verstärkt. Die Pointe dieser Überlegungen zeigt sich in einer Neuformulierung des Freiheitsgedanken, wonach es den Menschen aufgetragen ist, sein reiches, doch auch ambivalentes genetisches und kulturelles Erbe anzunehmen, um ihm, in Kenntnis Überkommenen, eine humane, existenziell und kulturell produktive Wendung zu geben.

In dieser Sicht lässt sich die Geschichte der Hominisation und der Humanisierung als ein groß angelegtes

Experiment der Selbstdomestikation begreifen. In diesem lernt der Mensch, sich selbst als das »nicht festgestellte«, das unheimliche, das autoplastische Tier zu verstehen, das sein Dasein als Schule der Koexistenz mit Anderen und Anderem gestalten soll.

Der aufrechte Gang: Vertikalspannung

In der älteren Anthropologie hat vor allem die Tatsache Aufmerksamkeit gefunden, dass *Homo sapiens* ein aufrechtlaufendes Lebewesen ist – obschon im Repertoire seiner Grundhaltungen das Liegen, das Hocken oder Sitzen (am Boden oder auf Stühlen) und das Stehen nicht fehlen. Bereits Platon hat in seinem naturphilosophischen Dialog *Timaios* aus der Vertikalität der menschlichen Körpergestalt weitreichende Folgerungen gezogen. Er legt Wert auf die Feststellung, dass bei Menschen der Kopf nicht nur vorne, sondern wesenhaft oben platziert sei, denn der schaffende Gott, der Demiurg, hat den Kopf, die »Wurzel des Menschen«, zu ihrem himmlischen Ursprung hin gerichtet sein lassen – weswegen dem ganzen Menschen eine aufrechte Haltung zu geben war (*Timaios* 90a). Demnach sei der Mensch nicht einfachhin mit einem Baum zu vergleichen, sondern einem *umgekehrten Baum*, dessen Wurzeln im Himmel gründen.[187] Der aufrechte Körperbau verbirgt und enthüllt zugleich ein ethisches Programm, insofern aus der Vertikalität die Berufung zur vernunftbestimmten Selbstlenkung folge. Weil aber die animalische Seele stets von trüben, selbstschädigenden Neigungen affiziert wird, ist der Mensch durch seine Ausrichtung »nach oben« immer schon auch als das selbsttherapeutische Tier zu bestimmen. Es lebt mit dem Ruf zur Selbstkorrektur. Der gut orientierte, wahrhaftig lebendige Mensch führt das Leben eines aufrechten Himmelsbetrachters. Er versteht sich selbst richtig, wenn er sich am Guten, am Besseren ausrichtet; er wird sich selbst gerecht, wenn er nicht ungehemmt prahlt mit dem, was er zufällig ist und möchte, sondern sich seine Selbstachtung im Licht anspruchsvoller Prinzipien verdient hat. Er steht in einer konstitutiven Spannung zwischen der Erde und den Sternen. Dabei fällt die Vorstellung ins Gewicht, die Himmelskörper seien keine großen glühenden Steine, wie Atheisten und Skeptiker meinen, sondern selige Götter.

Das Prinzip der Vertikalität macht sich überdies bei den Wiederverkörperungen geltend, an die Platon, vielleicht unter indischem Einfluss, zu glauben vorgibt; nun freilich kommt es bevorzugt in absteigender Linie zur Geltung. Männer, die sich nicht gebührend nach oben ausgerichtet haben, werden als Frauen wiedergeboren, die zuchtlosen Frauen als vierbeinige Tiere, solche Tiere wiederum, sofern sie den Aufblick ganz verlernt haben, als fußlose Reptilien, somit als Lebewesen, denen jede Betrachtung der Himmelserscheinungen verwehrt ist.

Die erste alteuropäische Evolutionstheorie handelt von der De-Vertikalisierung der Lebewesen. Schon Aristoteles kehrt die Betrachtung um, und lässt den Menschen, anders als seine animalischen Verwandten, aufrecht gehen und stehen, weil er als einziges Wesen an der göttlichen Sphäre teilhat. Überdies sorgt die beim Menschen besonders intensive Lebenswärme, die von sich her eine antigrave Dynamik auslöst, für Aufrichtung und Auftrieb. Dieser Tendenz von unten her, die von der Bewegung der Flamme abgelesen wird, kommt der Sog des Guten von oben zu Hilfe. Der unbewegte Beweger aller Dinge setzt die große Kette der Wesen durch die Anziehungskraft des Höchsten und Besten in Gang.

Als der Evolutionsgedanke vom 18. Jahrhundert an mit übermächtiger Suggestivität wiederkehrte, genügte es, ihn ganz für die aufsteigende Richtung *ab profundis* in Anspruch zu nehmen – aller Aufstieg jedoch scheint sich durch Schub und Druck von unten her zu vollziehen. Evolutionsteilnehmer müssen seither einsehen, dass sie in eine Bewegung einbezogen sind, für die der Biologe Richard Dawkins die Formel *climbing Mount Improbable* vorgeschlagen hat: Den Berg der Unwahrscheinlichkeit erklimmen. Hierin gründet letztlich jenes »Gesetz des Ausgleichs«, das für jeden Vorstoß ins Komplexere und Unwahrscheinlichere spezifische Absicherungen fordert. Jede Form von haltbarem und mit Vererbungserfolg prämiiertem Leben ist als eine »stabilisierte Unwahrscheinlichkeit« zu beschreiben. Dies gilt erst recht für die Gebilde, die wir Kulturen oder soziale Systeme nennen, die sich im Meta-Leben der symbolischen Ordnungen einrichten. Wenn auch moderne Denker vor Aussagen über Ziele der Evolution im Ganzen zurückscheuen – beginnend mit Kants Kritik an den teleologischen Urteilen –, können sie sich den Tatsachen der zunehmenden Komplexifizierung lebendiger Organismen nicht verschließen. Es führt kein Weg daran vorbei, die Entstehung des menschlichen Gehirns, insbesondere in der Phase der Neokortikalisierung, als das größte aller Entwicklungswunder anzuerkennen. Für moderne Evolutionisten übernimmt das Phänomen »Komplexität« die Position des Oben, und diese wird unmissverständlich in Stufen und Sprüngen von unten her »aufgebaut«, während für die klassische Philosophie das Obere durch Ausdrücke wie Geist (*nous, mens*) und Betrachtung (*contemplatio*) der kosmischen Ordnung, ja geradezu als Meditation des Göttlichen definiert war. Als das autotherapeutische, selbstdomestizierende, sich selbst korrigierende Tier ist der Mensch von vornherein in eine *Vertikalspannung* eingefügt, in der er kraft der Attraktion des Höchsten und Besten nach oben gezogen wird, solange es ihm gelingt, der Degradierung durch die niederen Affekte wie Gier und Maßlosigkeit zu entgehen.

Freilich war erst die anthropologische Forschung des 20. Jahrhunderts imstande, dem Geheimnis des aufrechten Gangs auf die Spur zu kommen, ohne eine metaphysische Zielvorgabe ins Spiel bringen zu müssen: Der bisher plausibelsten Theorie zufolge hat sich die Aufrichtung von *Homo sapiens* nicht infolge des Abstiegs von vierarmigen Baumaffen in die Savanne vollzogen, sondern durch eine lange prägende Episode des Uferaffenlebens, bei dem sich das Waten in flachem Wasser zu der für die Nahrungsfindung günstigsten Bewegungsform ausgebildet habe – mit der Nebenfolge, dass ein Lebewesen mit ausgeprägter Zweiarmigkeit und Zweibeinigkeit entstehen konnte, um von den organischen Kunstgebilden der Menschenhand mit ihrem opponierbaren Daumen und des Menschenfußes nicht weiter zu reden.[188] Demnach stehen die theoriefähigen, kontemplativen Qualitäten des Menschen, insbesondere seine Neigung zum Aufblick an den Himmel, bei Tag wie bei Nacht, nicht am Anfang der Entwicklung, sondern treten als späte Nebeneffekte einer abenteuerlich unwahrscheinlichen Sonderevolution auf den Plan. Im Übrigen ist anzumerken, dass mit der Niemitz'schen Uferaffentheorie die weibliche Seite der Entwicklung gebührend ins Licht gerückt wird: Sie geht, obschon mit zahlreichen Korrekturen, auf das folgenreiche Werk von der feministischen Schriftstellerin Elaine Morgan (1920–2013) *The Descent of Woman* zurück, das einen Meilenstein in der Geschichte anthropogenetischer, mithin auch gynäkogenetischer Theoriebildung, markiert.[189]

Frühgeburtlichkeit: Juveneszenz

Man kann die zeitgenössische Anthropologie, deren Kulmination in den 20er Jahren des 20. Jahrhunderts mit Autoren wie Bolk, Alsberg, Scheler, Plessner und anderen einsetzte, als einen Prozess zunehmender Enttheologisierung des Menschenkunde beschreiben. Sie erreichte ihren Höhepunkt in den durchbruchsartigen Werken des holländischen Biologen Louis Bolk (1866–1930) und des deutschen Arztes und Bakteriologen Paul Alsberg (1883–1965). Beide haben mit biologischen beziehungsweise verhaltenstheoretischen Überlegungen im Raum der Reden über den Menschen Epoche gemacht, indem sie zwei Begriffe einführten: »Neotenie« und »Körperausschaltung«, Begriffe, die nach wie vor nicht in den populären Wortschatz eingegangen sind, denen jedoch so großes Gewicht zukommt, dass ohne sie keine sinnvollen Aussagen über das Menschenwesen und seine extreme biologische und ontologische Unwahrscheinlichkeit mehr möglich sind.

Bolk hat mit dem Konzept der Neotenie an die Rätsel der menschlichen Schädelmorphologie gerührt, indem er den Nachweis führte, dass in ihr die Hauptmerkmale von Köpfen neugeborener Primaten stabilisiert wurden: Tatsächlich wirken die Schädel der Affenkinder ausgesprochen anthropomorph, bevor sie die Entwicklung ins zunehmend Unähnliche durchlaufen. Aufgrund spezifischer endokrinologischer Mechanismen unterbleibt bei *Homo sapiens* die spätere Ausstülpung des unteren Gesichtsschädels, aufgrund welcher sich bei den Primaten die affentypische Schnauze bildet, indes bei Menschen das *Gesicht* entsteht, – gleichsam durch Unterlassung der Schnauzenbildung (Prognathie) und durch das fortgesetzte Übergewicht des Oberhauptschädels, das für die Ausbildung des Neokortex eine entscheidende Rolle spielt. Auch unterbleibt bei weiblichen Menschen die Verschiebung des anfangs subventral gelagerten (vorderseitigen) Genitals in die subcaudale (rückseitige, unter dem Schwanz liegende) Position, wie sie bei heranreifenden Primatenweibchen zu beobachten ist. Für diese Arretierungen muss es, Bolk zufolge, evolutionäre Motive geben, die endokrinologisch wirksam werden. Von ihr hängt die menschenspezifische Möglichkeit des frontalen und interfazialen Koitus ab.

Aus diesen und zahlreichen anderen Beobachtungen leitete Bolk die menschentypische Juvenilisierung der Körpergestalt ab, für die er den Ausdruck »Neotenie« (Festhaltung von Merkmalen des Jungen [*neon*]) aufgriff, den Julius Kollmann 1885 im Zusammenhang seiner Studien an Kaulquappen und Larven von Lurchen vorgeschlagen hatte.[190] (Frühere Autoren hatten vergleichbare Beobachtungen in dem Begriff »Paidomorphismus« zusammengefasst.) Die Enormität der Bolk'schen Neubeschreibung des Menschen erhellt aus seiner zunächst schockierenden Behauptung, man könne *Homo sapi-*

ens nur gerecht werden, wenn man bereit ist, in ihm einen »geschlechtsreif gewordenen Primatenfötus« zu sehen. Die These verliert einiges von ihrer provozierenden Wirkung, wenn man ihre Erklärungskraft für das Rätsel der beim Menschen extrem verlängerten Kindheitsphase in Betracht zieht. Demnach bildet das Menschenwesen ein *mixtum compositum* aus Momenten der Unreife und der Reife – ein Sachverhalt, ohne den sich die lebenslange Lernfähigkeit und relative Neuprägungsoffenheit vom Menschen, aber auch seine zu Recht gefürchtete ethische Labilität nicht begreiflich machen ließen. Sowohl die menschliche Frühgeburtlichkeit – das heißt sein Zurweltkommen in einem Zustand extremer Unreife und Pflegeabhängigkeit – als auch seine konstitutive Juvenilisierung, sprich die relative Verspätung der entscheidenden pubertären Prägungsjahre (mitsamt der Möglichkeit zweiter, dritter Pubertäten) sind nur als Effekte der neotenischen Mitgiften zu verstehen.[191]

Diese wiederum verschränken sich in unauflöslicher Weise mit den Wirkungen der von Alsberg untersuchten »Körperausschaltung«.[192] Tatsächlich setzt das Erscheinungsbild von *Homo sapiens* voraus, dass er sich dem Selektionsdruck aus der Umwelt nicht mehr durch physische Anpassung einfügte, sondern ihm durch zunehmende Distanzierung aus dem Weg ging. Der Mensch konnte sich nur zu dem eleganten, scheinbar wehrlosen, nackten Generalisten entwickeln, als welcher er heute vor dem Auge des anatomischen Körperinterpreten erscheint, indem er sich, über die Flucht- und Stressmechanismen der mammalischen Familienmitglieder hinaus, zum Distanzerzeuger, zum Benutzer von Schlag- und Wurfwerkzeugen ausbildete. »Körperausschaltung« bedeutet, dass physische Anpassung (etwa durch die Ausbildung von körpereigenen Waffen wie Fangzähnen, Hörnern oder Schutzpanzern) überflüssig wird, sobald distanzschaffende Aktionen durch hoch entwickelte Auge-Hand-Korrelationen für intelligente Freibeweglichkeit sorgen. In diesem Zusammenhang wird der aufrechte Gang zu einer Zweitbedingung humaner Überlebenserfolge, sofern sich der Mensch durch operative und symbolische Distanzmittel die Umwelt buchstäblich vom Leib hält, um den Kopf oben zu tragen. Weil er, immer im engsten empathiegelenkten Zusammenwirken mit Seinesgleichen, Waffen, Werkzeuge und Zeichen zwischen sich und das Außen stellt, wird er, um mit Herder zu reden, zum ersten »Freigelassenen der Schöpfung«; er vollzieht, in Alsbergs Ausdrücken, den »Ausbruch aus dem Gefängnis«, das heißt aus der Umzingelung durch die Umwelt und aus den Anpassungszwängen, die sich direkt auf die Körpergestalt auswirken.[193] Man hat die physiologischen Effekte dieses »Ausbruchs« auch als »Entspezialisierung« beschrieben. Zwischen Mensch und Umwelt legt sich ein Ring aus erworbener Freiheit. Wer als freigesetztes Wesen ins Umgebende schaut, sieht ins Offene als Welt und ins Abgründige als Selbst.

Balance-Verlust

Aus dem Gesagten ergeben sich für die anatomische und psychologische Beschreibung des Menschen, doch mehr noch für seine Selbstbestimmung, weitreichende Folgen. Tatsächlich vereinen sich die Effekte des Drangs zur Selbstdomestikation und zur Aufrichtung der Vertikalspannung, der Frühgeburtlichkeit und der Körperausschaltung zu der geradezu hyper-unwahrscheinlichen Tatsache, dass der Mensch das einzige Tier ist, das nicht nur Laute erzeugt, sondern spricht, und nicht nur über Sachen spricht, sondern auch über sich selbst und über die Geister und Götter, die über es hinausgehen. Dieses mehrfache Über ist für die *condition humaine* zutiefst bezeichnend. Der Mensch erfährt sich als das Tier, das neben sich, außer sich und über sich geraten kann, exzentrisch in mehr als einer Dimension.

Es war Blaise Pascal (1623–1662), der mit seinem Diktum: »Der Mensch übersteigt unendlich den Menschen« die fragile, nach oben und unten offene Disposition des Menschen klassisch formuliert hat; auch hat er der bizarren Vereinigung von Schwäche und Souveränität mit seinem Bild vom »Schilfrohr, das denkt« denkwürdig Ausdruck verliehen.

Je weiter jedoch der Prozess der Zivilisation mit seinen Vereinseitigungen, Verkünstlichungen, Verwöhnungen und Theatralisierungen vorrückt, desto mehr sind die

Individuen, zumal jene der westlichen Zivilisation, dazu disponiert, die Balance zu verlieren. Nicht nur laufen sie Gefahr, durch die Dressuren einer zunehmend abstrakten, zur Abspaltung von Emotionen einladenden »Hoch«-Kultur eben jene Empathie-Qualitäten zu verlieren, deren Stärke sie ihre evolutionären Erfolge verdanken, sie erliegen auch immer häufiger der Versuchung, sich auf der Suche nach irrealen Belohnungen an Wettbewerben mit selbstdestruktiver Eigendynamik zu beteiligen.[194] Wer erwartet, sie vermöchten sich durch eigene Anstrengung aus solchen Strömungen zu befreien, richtet an ihre Fähigkeit zur Selbstkorrektur hohe, vielleicht zu hohe Erwartungen.

Wiederherstellung und übendes Leben

Es gehört zu den großen kultur- und religionskritischen Intuitionen Friedrich Nietzsches (1844–1900), dass er die Erde – gleichsam vom Weltall aus gesehen – als den »asketischen Stern« beschrieb, auf dem freudlose Geschöpfe sich mit selbstquälerischen Exerzitien gegen die menschliche Natur auflehnen und keine andere Lust zu kennen scheinen, als sich selbst wehzutun. Er traf mit dieser Diagnose einen Wesenszug all jener welt- und lebensfeindlichen Glaubens- und Verhaltenssysteme, wie sie im asiatischen und im mittelmeerischen Raum um die Mitte des ersten Jahrtausends vor Christus heranwuchsen. Das frühe Mönchswesen Indiens und die frühchristlichen Mönchskulturen verkörperten asketische Prinzipien mit ausgeprägten Weltentsagungstendenzen; sie strebten danach, die irdische *conditio humana* in Richtung auf die Überwelt, das nächste Leben, das ewige Leben oder zum endgültigen Erlöschen hin zu transzendieren. Nietzsches Impuls zielte hiergegen darauf, die transzendierende Dynamik beizubehalten, um sie in die Bejahung und Steigerung »dieses Lebens« umzulenken. Dabei artikuliert sich ein alternativer Begriff des übenden Lebens, der auf der bedingungslosen Anerkennung der menschlichen Formungs- und Bildungsbedürftigkeit beruht. Man könnte das, was Nietzsche vorschwebte, als eine artistische oder eine athletische Ethik bezeichnen, ja geradezu als eine akrobatische Ethik, insofern er im Menschen einen Seiltänzer sieht, der auf einem schmalen Seil über einem Abgrund zu einer besseren Form seiner selbst vorangeht. Es ist gewiss kein Zufall, dass sich gerade zu seiner Zeit jenes zivilisationsgeschichtliche Ereignis abspielte, das man als die »Wiederkehr des Athleten« bezeichnet hat und das sich in der Wiedereinführung der Olympischen Spiele der Neuzeit 1896 zu Athen manifestierte.

Zu den Nebenwirkungen des neuen Athletizismus und der popularisierten Sportidee darf man die sich ausbreitende Zustimmung zu der These rechnen, wonach das Dasein nach Möglichkeit immer auch In-Form-Sein bedeuten solle. Solches ist ohne ein explizites Übungsbewusstsein nicht auf Dauer zu stellen. Üben bedeutet ja: eine Handlung so ausführen, dass dabei die Fähigkeit zur Ausführung der Handlung regeneriert und gesteigert wird. Der Erfolg des Übens zeigt sich, wenn das Schwere leicht erscheint und das nahezu Unmögliche der Verwirklichung naherückt. In so verschiedenen Bereichen wie den bildenden Künsten, den Handwerken, der Dichtung, der Musik, dem Spitzensport und anderen sind die Kulminationen des übenden beziehungsweise trainierenden *modus vivendi* zu bewundern.

Diese Tendenzwende im Ethischen zeitigte intensive Rückwirkungen nicht zuletzt auf das zeitgenössische Medizinsystem: Neben die klassische kurative und palliative Medizin ist eine umfangreiche präventive Medizin, ja auch eine *enhancement*-Medizin getreten, die sich der Kunst der Vitalitätssteigerung widmet, bis hin zur Aufhaltung des Alterns und der Verlängerung des Lebens.

Das Motto Nietzsches, des ewigen Patienten und des ständig Genesenden: »Ich nahm mich selbst in die Hand«, in seinem Selbstporträt *Ecce homo* (1888) proklamiert, findet seit dem 20. Jahrhundert, mehr noch seit den Anfängen des 21., ein breites Echo. Man versteht mehr und mehr, dass und aus welchen Gründen *Homo sapiens* als erkrankungsgeneigtes, zugleich jedoch genesungsfähiges Wesen zu begreifen ist.[195] Nicht zufällig gerät gegenwärtig das Konzept der Resilienz ins Zentrum der anthropologischen und medizinischen Aufmerksamkeit.

In der Wendung zur Selbstsorge bündeln sich mehrere Entwicklungsreihen der zeitgenössischen Zivilisation – zum einen die sportiven, gymnastischen und diätetischen Impulse der Lebensreformbewegung um 1900, mitsamt ihrem »naturistischen«, sonnenanbeterischen Flügel, zum anderen die schon etwas älteren Tendenzen des Vegetarismus, des Hygienismus, der Makrobiotik beziehungsweise der Langlebigkeitskunst Hufeland'scher Prägung, der Schreber'schen Kallipädie (der Erziehung zum Schönsein) und Orthobiotik, ferner die jüngeren stoischen und epikureischen Weisheitsrenaissancen, die mit Michel Foucault den klugen »Gebrauch der Lüste« empfehlen, um schließlich die Ansätze des post-nietzscheanisch gewendeten, auf Welt- und Lebensbejahung umgepolten christlichen *savoir vivre, savoir aimer* und *savoir guérir* nicht zu vergessen, für welche der Arzt und Theologe Albert Schweitzer (1875–1965) das eindrucksvollste Beispiel geboten hat.

Sich selbst in die Hand zu nehmen, das impliziert die Wende zu einer Haltung, in der die Selbstbefreundung als plausibelste Option erkannt wird. Glücklich, wer bei diesem Unternehmen auf informierte Helfer rechnen darf. Wer das vorliegende Buch zur Hand nimmt, entdeckt eine Stimme, die zum Guten rät. Sie informiert über die weltbildumstürzenden Entdeckungen der zeitgenössischen biologischen Forschung und ordnet sie jenen evolutionär als sinnvoll erwiesenen Tugenden zu, die menschliches Leben und Überleben von alters her getragen haben. Sie plädiert für die Konvergenz von Wissenschaft, Besinnung und Übung. Die stille Weltmacht der gelehrten Freundlichkeit hat in Johannes Huber einen überzeugenden Botschafter gefunden.

Quellen

[1] Evangelium nach Matthäus, Kapitel 25,45

[2] Heil, C. (2020, Mai 25). *Anleitung zum Glücklichsein*. F.A.Z. https://www.faz.net/aktuell/stil/leib-seele/laurie-santos-online-kurs-anleitung-zum-gluecklichsein-16781992.html

[3] Center for Bhutan Studies & GNH. (2020). *Center for Bhutan Studies & GNH*. http://www.grossnationalhappiness.com

[4] Grau, A. (2020, Juli 25). *Kitsch: Er darf überall sein. Ausser im politischen Denken*. Neue Zürcher Zeitung. https://www.nzz.ch/feuilleton/kitsch-er-darf-ueberall-sein-ausser-im-politischen-denken-ld.1567332?reduced=true

[5] Misik, R. (2020, Juli 2). *Mythos »Tugendterror«- der Mensch ist zum Besseren geboren*. Neue Zürcher Zeitung. https://www.nzz.ch/meinung/mythos-tugendterror-der-mensch-ist-zum-besseren-geboren-ld.1540578?reduced=true

[6] Eisenberg, C. (2012, Juli 20). *Wie olympisch sind die Olympischen Spiele?* FAZ.NET. https://www.faz.net/aktuell/feuilleton/debatten/de-coubertins-idee-wie-olympisch-sind-die-olympischen-spiele-11826581.html?printPagedArticle=true#pageIndex_2

[7] *Fitnessstudios: Mitgliederentwicklung bis 2019*. (2020, März). Statista.

https://de.statista.com/statistik/daten/studie/5966/umfrage/mitglieder-der-deutschen-fitnessclubs/

[8] *Österreich - Fitnesscenter in Österreich von 2014 bis 2018 und Prognose bis 2020.* (2020). Statista. https://de.statista.com/statistik/daten/studie/863416/umfrage/anzahl-der-fitnessstudios-in-oesterreich/

[9] Yang, X. (2019, Januar 9). *China: Wir sehen dich!* Die Zeit. https://www.zeit.de/zustimmung?url=https%3A%2F%2Fwww.zeit.de%2F2019%2F03%2Fchina-regime-ueberwachungsstaat-buerger-kontrolle-polizei

[10] Siemons, M. (2020, August 25). *Ein Teller weniger.* F.A.Z. https://www.faz.net/aktuell/feuilleton/chinesische-kampagne-gegen-lebensmittelverschwendung-16919392.html

[11] Böge, F. (2018, Februar 21). *Wie China seine Bürger erzieht.* F.A.Z. https://www.faz.net/aktuell/politik/ausland/wie-china-seine-buerger-mit-einem-nationalen-bonitaetssystem-erzieht-15459455.html

[12] *Gewalt gegen Ärzte.* (2020, August 29). F.A.Z. https://zeitung.faz.net/faz/deutschland-und-die-welt/2020-08-29/22e0af160ea97bd410a6318825e791f6/?GEPC=s5

[13] Sloterdijk, P. (2012). *Du musst dein Leben ändern.* Suhrkamp Verlag.

[14] Sloterdijk, P. (2020, August 29). *Corona zum Zynismus – und zur*

Demokratie. Neue Zürcher Zeitung. https://www.nzz.ch/feuilleton/peter-sloterdijk-corona-zynismus-immunitaet-und-demokratie-ld.1571944?reduced=true

[15] Taoka, T. & Naganawa, S. (2020) *Neurofluid Dynamics and the Glymphatic System: A Neuroimaging Perspective*. Korean Journal of Radiology. https://doi.org/10.3348/kjr.2020.0042

[16] Mestre, H., Mori, Y. & Nedergaard, M. (2020). *The Brain's Glymphatic System: Current Controversies*. Trends in Neurosciences, 43(7), 458–466. https://doi.org/10.1016/j.tins.2020.04.003

[17] Berinato, S. (2016, August 24). *»Sleeping on It« Doesn't Lead to Better Decisions*. Harvard Business Review. https://hbr.org/2016/05/sleeping-on-it-doesnt-lead-to-better-decisions

[18] McAlpine, C. S., Kiss, M., Rattik, S. et al. (2018). *Sleep Modulates Hematopoiesis and Protects Against Atherosclerosis*. Atherosclerosis Supplements, 32, 97. https://doi.org/10.1016/j.atherosclerosissup.2018.04.295

[19] Dawson, D. & Reid, K. (1997). *Fatigue, alcohol and performance impairment*. Nature, 388(6639), 235. https://doi.org/10.1038/40775

[20] Wilhelm, I., Metzkow-Mészàros, M., Knapp, S. & Born, J. (2012). *Sleep-dependent consolidation of procedural motor memories in children and adults: the pre-sleep level of performance matters*. Developmental

Science, 15(4), 506–515. https://doi.org/10.1111/j.1467-7687.2012.01146.x

[21] Dijksterhuis, A. (2004). *Think Different: The Merits of Unconscious Thought in Preference Development and Decision Making.* Journal of Personality and Social Psychology, 87(5), 586–598. https://doi.org/10.1037/0022-3514.87.5.586

[22] Schubert, C. & Amberger, M. (2019). *Was uns krank macht - was uns heilt: Aufbruch in eine neue Medizin. Das Zusammenspiel von Körper, Geist und Seele besser verstehen.* Korrektur Verlag GmbH.

[23] Bryce, T. (2006). *The »Eternal Treaty« from the Hittite perspective. British Museum Studies in Ancient Egypt and Sudan*, 6, 1–11. https://espace.library.uq.edu.au/view/UQ:263207

[24] Kissler, A. B. (2020, August 27). *Demo-Verbot: Die Begründung des Berliner Senats ist skandalös.* Neue Zürcher Zeitung. https://www.nzz.ch/meinung/demo-verbot-die-begruendung-des-berliner-senats-ist-skandaloes-ld.1573331?reduced=true

[25] Davidson, K. W. & Mostofsky, E. (2010). *Anger expression and risk of coronary heart disease: Evidence from the Nova Scotia Health Survey.* American Heart Journal, 159(2), 199–206. https://doi.org/10.1016/j.ahj.2009.11.007

[26] Gauland, A. (2013, Mai 2). *Talleyrand: Ein Haufen Scheiße in Seidenstrümpfen.* Die Welt. https://www.welt.de/kultur/history/artic-

le13558791/Ein-Haufen-Scheisse-in-Seidenstruempfen.html

[27] Bingener, V. H. R. (2020, August 31). *Brennende Kirchen und geköpfte Heiligenstatuen*. F.A.Z. https://zeitung.faz.net/faz/politik/2020-08-31/6ffcdd0b7a1cc079ed25ab62051337de/?GEPC=s5

[28] Ladurner, U. (2020, Mai 27). *Christenverfolgung: Jagd auf das Kreuz*. Zeit Online. https://www.zeit.de/2020/23/christenverfolgung-anschlaege-ostern-religionsfreiheit-menschenrechte

[29] Boccaccio, G. (2013). *Das Dekameron*. Anaconda Verlag.

[30] Arvay, C. G. (2016). *Der Biophilia-Effekt: Heilung aus dem Wald*. edition a.

[31] Hawkins, J. L., Mercer, J., Thirlaway, K. J. et al. (2013). *»Doing« Gardening and »Being« at the Allotment Site: Exploring the Benefits of Allotment Gardening for Stress Reduction and Healthy Aging*. Ecopsychology, 5(2), 110–125. https://doi.org/10.1089/eco.2012.0084

[32] Karin Mölling (2014). *Supermacht des Lebens – Reise in die erstaunliche Welt der Viren*. Beck.

[33] Schenk, M. (2014). *Infektionen und Krebs: Viren als Auslöser von Darmkrebs?* DMW - Deutsche Medizinische Wochenschrift, 139(15), 761–763. https://doi.org/10.1055/s-0033-1353979

[34] Heinrich Böll Stiftung. (2017, November). *Big meat and dairy's supersized climate footprint.* https://www.boell.de/sites/default/files/factsheet-big-meat-and-dairys-supersized-climate-footprint.pdf?dimension1=division_iap

[35] GRAIN & Institute for Agriculture and Trade Policy. (2018, Juli). *Emissions impossible: How big meat and dairy are heating up the planet.* https://www.iatp.org/sites/default/files/2018-08/Emissions%20impossible%20EN%2012.pdf

[36] Bund für Umwelt und Naturschutz Deutschland. (2015). *Analyse von Putenfleischproben auf MRSA und ESBL- produzierende Keime – Fragen und Antworten.* https://www.bund.net/fileadmin/user_upload_bund/publikationen/massentierhaltung/massentierhaltung_antibiotikaresistente_keime_putenfleisch_faq.pdf

[37] Zhong, V. W., Van Horn, L., Greenland, P., et al. (2020). *Associations of Processed Meat, Unprocessed Red Meat, Poultry, or Fish Intake With Incident Cardiovascular Disease and All-Cause Mortality.* JAMA Internal Medicine, 180(4), 503. https://doi.org/10.1001/jamainternmed.2019.6969

[38] Shakespeare, W. (2015). *Othello.* CreateSpace Independent Publishing Platform.

[39] Bzdok, D., & Dunbar, R. I. (2020). *The Neurobiology of Social Distance.* Trends in Cognitive Sciences. Sep;24(9):717-733. doi: 10.1016/j.

tics.2020.05.016. Epub 2020 Jun 3.

[40] Holt-Lunstad, J.et al. (2015). *Loneliness and social isolation asrisk factors for mortality: a meta-analytic review*. Perspect.Psychol. Sci.10, 227–237

[41] Hildegard Kaulen, *Diese Einsamkeit im Kopf* FAZ, 26. August 2020

[42] Cacioppo, J.T. and Cacioppo, S. (2018). *The growing problem of loneliness*.Lancet 391, 426

[43] P. MacCarron, et al. (2016). *Calling Dunbar's numbers*. Soc. Networks, 47, pp. 151-155

V. Burholt, et al. (2020). *Technology-mediated communication in familial relationships: moderated-mediation models of isolation and loneliness*. The Gerontologist. Published online May 5, 2020

R.I.M. Dunbar, et al. (2015). *The structure of online social networks mirrors those in the offline world*. Soc. Networks, 43, pp. 39-47

T.V. Pollet, et al. (2011). *Use of social network sites and instant messaging does not lead to increased offline social network size, or to emotionally closer relationships with offline network members*. Cyberpsychol. Behav. Soc. Netw., 14, pp. 253-258

[44] Garralda, M. D., Maureille, B., Le Cabec, A., et al. (2020). *The*

Neanderthal teeth from Marillac (Charente, Southwestern France): Morphology, comparisons and paleobiology. Journal of Human Evolution, 138. https://doi.org/10.1016/j.jhevol.2019.102683

[45] *Zunehmend übernehmen elektronische Spiele die familiäre Kommunikation - ob damit die evolutionäre Charakterschule geschmälert wird bleibt abzuwarten. Kürzlich wurden die ersten Zwischenergebnisse der DAK Studie, für die im April 824 Kinder und Jugendliche, sowie jeweils ein Elternteil befragt wurden, veröffentlicht. Vor allem unter der Woche stieg die Nutzungsdauer rasant: Die 10- bis 17-Jährigen verbrachten im Schnitt 2 Stunden und 19 Minuten täglich mit Online-Spielen. Das sind 60 Minuten mehr als vor dem Lockdown. In den sozialen Netzwerken waren sie werktags 3 Stunden und 13 Minuten unterwegs – das sind 77 Minuten mehr als vor der Corona-Krise. Die DAK-Studie vergleicht Zahlen vom September 2019 mit Zahlen von Ende April 2020, als der Lockdown bereits in die vierte Woche ging.*

Schneider, A. B. (2020, Juli 29). *Corona als Motor für Mediensucht? Gefährliches Gaming-Verhalten.* Neue Zürcher Zeitung. https://www.nzz.ch/international/corona-als-motor-fuer-mediensucht-gefaehrliches-gaming-verhalten-ld.1568785?reduced=true

[46] Becker, K. B. (2020, Juli 22). *Junge Erwachsene sind das Problem.* FAZ.NET. https://www.faz.net/aktuell/politik/inland/corona-pandemie-junge-erwachsene-sind-das-problem-16867106.html

[47] Zhang, G., Li, J., Purkayastha, S., et al. (2013). *Hypothalamic pro-*

gramming of systemic ageing involving IKK-β, NF-κB and GnRH. Nature, 497(7448), 211–216. https://doi.org/10.1038/nature12143

[48] Gabuzda, D. & Yankner, B. A. (2013). *Inflammation links ageing to the brain.* Nature, 497(7448), 197–198. https://doi.org/10.1038/nature12100

[49] *Neue und großangelegte Untersuchungen zeigten, dass eine Östrogentherapie nicht nur das Risiko für eine Mammakarzinom erniedrigt, sondern auch die Lebenszeit gegenüber Plazebo deutlich verlängert.*

Anderson, G. L., Chlebowski, R. T. & Aragaki, A. K., et al. (2012). *Conjugated equine oestrogen and breast cancer incidence and mortality in postmenopausal women with hysterectomy: extended follow-up of the Women's Health Initiative randomised placebo-controlled trial.* The Lancet Oncology, 13(5), 476–486. https://doi.org/10.1016/s1470-2045(12)70075-x

[50] Min, K.-J., Lee, C.-K. & Park, H.-N. (2012). *The lifespan of Korean eunuchs.* Current Biology, 22(18), 792–793. https://doi.org/10.1016/j.cub.2012.06.036

[51] Kattih, B., Elling, L. S., Weiss, C., Bea, M., Zwadlo, C., Bavendiek, U. & Heineke, J. (2019). *Anti-androgenic therapy with finasteride in patients with chronic heart failure-a retrospective propensity score based analysis.* Scientific reports, 9(1), 1-8.

[52] Hawkes, K., O'Connell, J. F., Jones, N. G. B., Alvarez, H. & Charnov,

E. L. (1998). *Grandmothering, menopause, and the evolution of human life histories.* Proceedings of the National Academy of Sciences, 95(3), 1336–1339. https://doi.org/10.1073/pnas.95.3.1336

[53] Engelhardt, S. C., Bergeron, P., Gagnon, A., Dillon, L. & Pelletier, F. (2019). *Using Geographic Distance as a Potential Proxy for Help in the Assessment of the Grandmother Hypothesis.* Current Biology, 29(4), 651-656.e3. https://doi.org/10.1016/j.cub.2019.01.027

[54] Pashos, A. (2010). *The evolutionary versus socio-economic view on grandparenthood: What are the grandparents' underlying motivations?* Behavioral and Brain Sciences, 33(1), 33–34. https://doi.org/10.1017/s0140525x09991713

[55] Lahdenperä, M., Lummaa, V., Helle, S., Tremblay, M. & Russell, A. F. (2004). *Fitness benefits of prolonged post-reproductive lifespan in women.* Nature, 428(6979), 178–181. https://doi.org/10.1038/nature02367

[56] Lambert, N. M., Stillman, T. F., Hicks, J. A., Kamble, S., Baumeister, R. F. & Fincham, F. D. (2013). *To Belong Is to Matter.* Personality and Social Psychology Bulletin, 39(11), 1418–1427. https://doi.org/10.1177/0146167213499186

[57] Luerweg, F. (2020). *Worin wir Sinn finden.* Spektrum der Wissenschaft. https://www.spektrum.de/news/sinnsuche-worin-wir-sinn-finden/1735070

[58] Francis, D. (1999). *Nongenomic transmission across generations of maternal behavior and stress responses in the rat.* Science, 286, pp. 1155-1158. https://www.zeit.de/2020/35/corona-pandemie-bedeutung-papst-franziskus-margot-kaessmann

Denenberg, V.H. & Whimbey A.E. (1963). *Behavior of adult rats is modified by the experiences their mothers had as infants.* Science, 142, pp. 1192-1193.

Bagot, R.C. et al. (2012). *Variations in postnatal maternal care and the epigenetic regulation of metabotropic glutamate receptor 1 expression and hippocampal function in the rat.* Proc. Natl. Acad. Sci., 109, pp. 17200-17207.

[59] Luby, J.L. et al. (2016). *Preschool is a sensitive period for the influence of maternal support on the trajectory of hippocampal development.* Proc. Natl. Acad. Sci., 113, pp. 5742-5747.

[60] Moorman, S. M. & Stokes, J. E. (2014). *Solidarity in the Grandparent–Adult Grandchild Relationship and Trajectories of Depressive Symptoms.* The Gerontologist, 56(3), 408–420. https://doi.org/10.1093/geront/gnu056

[61] *Gesundheit: Mütter, die arbeiten, haben dickere Kinder.* (2011, Februar 8). DIE WELT. https://www.welt.de/gesundheit/article12479509/Muetter-die-arbeiten-haben-dickere-Kinder.html

[62]Haines, J., Gillman, M. W., Rifas-Shiman, S., et al. (2009). *Family Dinner and Disordered Eating Behaviors in a Large Cohort of Adolescents*. Eating Disorders, 18(1), 10–24. https://doi.org/10.1080/10640260903439516

[63] Daneshvarfard, F., Abrishami Moghaddam, H., Dehaene-Lambertz, G. et al. (2019). *Neurodevelopment and asymmetry of auditory-related responses to repetitive syllabic stimuli in preterm neonates based on frequency-domain analysis*. Scientific Reports, 9(1). https://doi.org/10.1038/s41598-019-47064-0

Mahmoudzadeh, M., Dehaene-Lambertz, G., Fournier, M. et al. (2013). *Syllabic discrimination in premature human infants prior to complete formation of cortical layers*. Proceedings of the National Academy of Sciences, 110(12), 4846–4851. https://doi.org/10.1073/pnas.1212220110

[64] Lau, M. & Wenig, H. (2020, März 25). *Spahn: »Mich irritiert der dezidierte Ruf mancher nach immer härteren Maßnahmen«*. Die Zeit. https://www.zeit.de/2020/14/jens-spahn-coronavirus-einschraenkungen-normalitaet

[65] Hvistendahl, M. (2011). *Young and Restless Can Be a Volatile* Mix. Science, 333(6042), 552–554. https://doi.org/10.1126/science.333.6042.552

[66] Haas, M. (2019, Juli 29). *Birthstrike: Ist es gut fürs Klima, keine Kinder zu kriegen?* SZ Magazin. https://sz-magazin.sueddeutsche.de/die-loe-

sung-fuer-alles/birthstrike-blythe-pepino-gebaerstreik-87007

[67] Mühl, M. (2010, August 19). *Das geheuchelte Familienglück.* FAZ.NET. https://www.faz.net/aktuell/feuilleton/debatten/patchwork-beziehungen-das-geheuchelte-familienglueck-11023187.html

Walper, S. & Schwarz, B. (1999). Was wird aus den Kindern? Juventa Verlag, Weinheim/München

Schmidt-Denter, U. & Beelmann, W. (1995). Familiäre Beziehungen nach Trennung: Veränderungsprozesse bei Müttern, Vätern und Kindern. Forschungsbericht, Band 1+2: Textteil. Köln

Wallerstein, J. & Blakeslee, S. (1989). Gewinner und Verlierer, Frauen, Männer, Kinder nach der Scheidung. Droemer Knaur

Gesterkamp, T. (1999, Oktober 14). *Wie viel Vater braucht das Kind?* Die Zeit. https://www.zeit.de/1999/42/199942.sl-vaeter_.xml

[68] *Über uns.* (2019, Oktober 16). Club of Rome - Austrian Chapter. https://www.clubofrome.at/ueber-uns/#

[69] Scherer, B. (2020, April 20). *Die Logik des Lokalen.* FAZ.

[70] Robert Bosch Stiftung. (2005). *Starke Familie.* Bericht der Kommission »Familie und demographischer Wandel«. https://www.bosch-stiftung.de/sites/default/files/publications/pdf_import/BuG_Familie_Studie_

Kommissionsbericht_Bericht.pdf

[71] Kinder leiden bei Scheidung auch gesundheitlich. (2020, Januar 20). Deutsches Ärzteblatt. https://www.aerzteblatt.de/nachrichten/108747/Kinder-leiden-bei-Scheidung-auch-gesundheitlich

[72] *Scheidungskinder leiden häufiger unter Neurodermitis*.(2007, Dezember 13). Ärzteverband Deutscher Allergologen. https://www.aeda.de/presse/pressearchiv/einzelansicht/?tx_ttnews%5Btt_news%5D=81&cHash=6563b6d17ba198e151e7cbbf9b165d56

[73] Hellinger. (2020). *Grundordnungen des Lebens*. https://www.hellinger.com/home/familienstellen/grundordnungen-des-lebens/13-weitere-grundordnungen/

[74] Gutierrez, G. (2019). *Clinical trial helos bring sight to the blind*. Baylor College of Medicine. https://www.bcm.edu/news/second-sight-study-brings-sight-to-blind

[75] Grigoryan, B., Paulsen, S. J., Corbett, et al. (2019). *Multivascular networks and functional intravascular topologies within biocompatible hydrogels*. Science, 364(6439), 458–464. https://doi.org/10.1126/science.aav9750

Goulart, E., de Caires-Junior, L. C., et al. (2019). *3D bioprinting of liver spheroids derived from human induced pluripotent stem cells sustain liver function and viability in vitro*. Biofabrication, 12(1), 015010. https://doi.org/10.1088/1758-5090/ab4a30

[76] Hannemann, M. (2018, Juni 3). *Kein Tag, an dem sie nicht an ihn denkt.* FAZ.NET. https://www.faz.net/aktuell/feuilleton/debatten/benny-fredrikssons-suizid-nach-metoo-vorwuerfen-15618561.html

[77] Eichstaedt J et al. (2015). *Psychological language on twitter predicts county-level heart disease mortality.* Psychological Science; 26: 159–169

[78] Bund, K. (2015, Juli 3). *Siemens: Tod eines Managers.* Die Zeit. https://www.zeit.de/2015/23/siemens-heinz-joachim-neubuerger-selbstmord

[79] *Gesundheit und Gesundheitsverhalten von österreichischen Schülerinnen und Schülern.* (2018). Österreichisches Sozialministerium. https://broschuerenservice.sozialministerium.at/Home/Download?publicationId=692

[80] Wiedemann, E. (2004, Juli 19) *Der Gedanke des Tötens.* DER SPIEGEL.

[81] Thielmann, W. & Finger, E. (2019, MÄRZ, 28). *Letzte Hilfe?* DIE ZEIT.

[82] Elwert F., Christakis N.A. (2008). The effect of widowhood on mortality by the causes of death of both spouses. Am. J. Public Health. 98:2092–2098

[83] Big is beautiful , DIE PRESSE, 2. September 2018

[84] Mölling, K. (2014) *Supermacht des Lebens – Reise in die erstaunliche Welt der Viren*. Beck.

[85] Gerhards, J., Sawert, T. & Julia Tuppat (2020) *Reversing the Symbolic Order of Discrimination: Results from a Field Experiment on the Discrimination of Migrants and Transgender People in Theatre. Journal of Ethnic and Migration Studies*. DOI:10.1080/1369183X.2020.1754771

[86] Dekker, A. & Matthiesen, S. (2015). *Studentische Sexualität im Wandel: 1966 – 1981 – 1996 – 2012*. Zeitschrift für Sexualforschung, 28(03), 245–271. https://doi.org/10.1055/s-0035-1553700

[87] Hendrick, S. S. & Hendrick, C. (2002). *Linking Romantic Love with Sex: Development of the Perceptions of Love and Sex Scale*. Journal of Social and Personal Relationships, 19(3), 361–378. https://doi.org/10.1177/0265407502193004

[88] Bolmont, M., Cacioppo, J. T. & Cacioppo, S. (2014). *Love Is in the Gaze*. Psychological Science, 25(9), 1748–1756. https://doi.org/10.1177/0956797614539706

[89] *Pornotopia – Zaubertrunk aus dem Netz?* (2017). Return - Fachstelle Mediensucht. https://www.return-mediensucht.de/092017-pornotopia-zaubertrunk-aus-dem-netz/

[90] Melzer, H. (2019). *Auswirkungen der Digitalisierung auf Sexualität und Beziehung*. Nervenheilkunde, 38(10), 759–764. https://doi.

org/10.1055/a-0928-3056

[91] Gerner, J. (2010). *Generation Porno: Jugend, Sex, Internet.* Fackelträger-Verlag.

[92] Siggelkow, B. (2008). *Deutschlands sexuelle Tragödie.* Gerth Medien.

[93] Schumacher, C. (2019, Dezember 26). *Sex wird für junge Menschen unwichtiger.* NZZ am Sonntag. https://nzzas.nzz.ch/gesellschaft/sex-wird-fuer-junge-menschen-unwichtiger-ld.1484240?reduced=true

[94] Taylor, S. E., Burklund, L. J., Eisenberger, N. I., Lehman, B. J., Hilmert, C. J. & Lieberman, M. D. (2008). *Neural bases of moderation of cortisol stress responses by psychosocial resources.* Journal of Personality and Social Psychology, 95(1), 197–211. https://doi.org/10.1037/0022-3514.95.1.197

[95] Modig, K., Talbäck, M., Torssander, J. et al. (2017). *Payback time? Influence of having children on mortality in old age.* Journal of Epidemiology and Community Health, 71(5), 424–430. https://doi.org/10.1136/jech-2016-207857

[96] Scott, K. M., Wells, J. E., Angermeyer, M., et al. (2009). *Gender and the relationship between marital status and first onset of mood, anxiety and substance use disorders.* Psychological Medicine, 40(9), 1495–1505. https://doi.org/10.1017/s0033291709991942

[97] Conroy-Beam, D. & Buss, D. M. (2019). *Why is age so important in human mating? Evolved age preferences and their influences on multiple mating behaviors*. Evolutionary Behavioral Sciences, 13(2), 127–157. https://doi.org/10.1037/ebs0000127

Oertel, F. (2020, Juni 3). *Altersunterschied: »Junge Frauen scheinen für Männer ungesund zu sein«*. Die Zeit. https://www.zeit.de/2020/24/altersunterschied-maenner-frauen-dating-beziehung-evolutionsbiologie

[98] Bullough, V. L. (1964). *The History of Prostitution*. University Books.

Hammer, M. (2018). *Das Frauenhaus in Bozen. Ein Fallbeispiel für das spätmittelalterliche Bordellwesen*. Geschichte und Region/Storia e regione, 155–171

[99] Lindner, R. (2020, Februar 24). *Was bringt Hungern für die Selbstoptimierung?* FAZ.

[100] Getoff, N. (2014). *Significance of solvated electrons (e(aq)-) as promoters of life on earth*. In vivo , 28(1), 61–66.

Getoff, N. (2013). *Fundamental biological importance of solvated electrons in humans*. Hormone Molecular Biology and Clinical Investigation, 16(3), 125–128. https://doi.org/10.1515/hmbci-2013-0017

[101] Burton, N. (2014). *Is Greed Good?* Psychology Today. https://www.psychologytoday.com/us/blog/hide-and-seek/201410/is-greed-good

[102] Peter Sloterdijk (2016). *Was geschah im 20. Jahrhundert*. Suhrkamp.

[103] Knuth, H. & Mayr, A. (2020, August 27).*Jetzt mal ehrlich!* DIE ZEIT. https://www.zeit.de/2020/36/luegen-politik-ehrlichkeit-macht-wahrheit-wahlkampf

[104] Hanfeld, M. (2020, August 2). *DFG löscht Dieter Nuhr: Kapitulation.* FAZ.NET. https://www.faz.net/aktuell/feuilleton/die-dfg-loescht-einen-beitrag-des-kabarettisten-dieter-nuhr-16886992.html

[105] Garrett, N., Lazzaro, S. C., Ariely, D. & Sharot, T. (2016). *The brain adapts to dishonesty*. Nature Neuroscience, 19(12), 1727–1732. https://doi.org/10.1038/nn.4426

[106] Kelly, A. E. (2013). *Can Self-Concealment Moderate the Link Between Lying and Mental Health?* https://www.researchgate.net/publication/318324928_Can_Self-Concealment_Moderate_the_Link_Between_Lying_and_Mental_Health

[107] Gerlach, P., Teodorescu, K. & Hertwig, R. (2019). *The truth about lies: A meta-analysis on dishonest behavior.* Psychological Bulletin, 145(1), 1–44. https://doi.org/10.1037/bul0000174

[108] Ramirez, S., Liu, X., Lin, P.-A., Suh, J., Pignatelli, M., Redondo, R. L., Ryan, T. J. & Tonegawa, S. (2013). *Creating a False Memory in the Hippocampus*. Science, 341(6144), 387–391. https://doi.org/10.1126/science.1239073

[109] Nietzsche, F. (1888). *Der Antichrist*. Digital Critical Edition (eKGWB), 46

Wenzel, U. J. (2016, März 27). *Was ist Wahrheit?* Neue Zürcher Zeitung.

[110] *FACEPTION: Our Technology*. (2020). Faception. https://www.faception.com/our-technology

Software soll angeblich Charaktereigenschaften aus Fotos lesen können. (2017). oe1.orf.at. https://oe1.orf.at/artikel/638636/Software-soll-angeblich-Charaktereigenschaften-aus-Fotos-lesen-koennen

[111] Kraus, M. W. (2017). *Voice-only communication enhances empathic accuracy*. American Psychologist, 72(7), 644–654. https://doi.org/10.1037/amp0000147

[112] *Intelligent Detection – Watrix*. (2020). watrix.ai. http://www.watrix.ai/en/intelligent-detection/

[113] Brisson, L. (2005). *Socrates and the Divine Signal according to Plato's Testimony: Philosophical Practice as Rooted in Religious Tradition*. Apeiron, 38(2), 1–12. https://doi.org/10.1515/apeiron.2005.38.2.1

Destrée, P. (2005). *The Daimonion and the Philosophical Mission: Should the Divine Sign Remain Unique to Socrates?* Apeiron, 38(2), 63–79. https://doi.org/10.1515/apeiron.2005.38.2.63

Platon. (1986). *Apologie des Sokrates*. Reclam.

Nach Platon wurde Sokrates auch deshalb angeklagt und verurteilt, weil er seine innere Stimme höher stellte als die der antiken Götter:

Brickhouse, T. C. & Smith, N. D. (1990). *Socrates on Trial*. Amsterdam University Press.

114 Der Kirchenvater Eusebius von Caesarea erwog im frühen 4. Jahrhundert die Möglichkeit, dass das Daimonion für Sokrates die Funktion eines Schutzengels hatte.

Eusebius von Caesarea, *Praeparatio evangelica* 13,13,6.

Waterfield, R. (2008). *Socrates from Antiquity to the Enlightenment*. The Heythrop Journal, 49(6), 1042–1044. https://doi.org/10.1111/j.1468-2265.2008.00427_5.x

115 *MicroRNA, abgekürzt miRNA oder miR, sind kurze, nicht-Protein-codierende RNAs, die eine wichtige Rolle in dem komplexen Netzwerk der Genregulation, insbesondere beim Gen-Silencing spielen. Untersuchungen lassen darauf schließen, dass die miRNA entscheidend an der Evolution des Menschen beteiligt war.*

Somel, M., Liu, X., Tang, L. et al. (2011b). *MicroRNA-Driven Developmental Remodeling in the Brain Distinguishes Humans from Other Primates*. PLoS Biology, 9(12), e1001214. https://doi.org/10.1371/

journal.pbio.1001214

Auch in psychische Regulationsmechanismen sind miRNAs beteiligt:

Higuchi, Y., Soga, T. & Parhar, I. S. (2018). *Potential Roles of microRNAs in the Regulation of Monoamine Oxidase A in the Brain.* Frontiers in Molecular Neuroscience, 11, 339. https://doi.org/10.3389/fnmol.2018.00339

Narayanan, R., & Schratt, G. (2020). *miRNA regulation of social and anxiety-related behaviour.* Cellular and molecular life sciences : CMLS, 10.1007/s00018-020-03542-7. Advance online publication. https://doi.org/10.1007/s00018-020-03542-7

MiRNA greift nicht nur anatomisch in die Gehirnentwicklung ein, sondern beeinflusst auch die Gehirnleistung. Das ist ein weiteres Indiz dafür, dass sich Kultur und gesellschaftliches Bewusstsein im Neurogenom abspeichern - mit all seinen Implikationen: Mit der Verantwortung, die wir unser jetziges Bewusstsein haben und mit der Toleranz, die wir früheren Zeiten - ohne sie beschönigen zu wollen – entgegenbringen müssen.

[116] Spiegel Edition (2020, Mai 18) *Pest, Cholera, Corona.* Spiegel Edition. https://www.spiegelgruppe.de/news/pressemitteilungen/detail/spiegel-edition-pest-cholera-corona-die-groessten-epidemien-aller-zeiten

[117] Federmair, L. (2020, August 5). *Neue Gesellschaft nach Corona? Der Westen wirkt konfus.* Neue Zürcher Zeitung. https://www.nzz.ch/

feuilleton/neue-gesellschaft-nach-corona-der-westen-wirkt-konfus-ld.1569407?reduced=true

[118] Blom, P. (2020, Juli 21). *Corona: Die Pandemie ist unser philosophisches Erdbeben.* Neue Zürcher Zeitung. https://www.nzz.ch/feuilleton/philipp-blom-zur-corona-pandemie-und-zum-erdbeben-von-lissabon-ld.1565708?reduced=true

[119] Rosa, H. (2019). *Resonanz: Eine Soziologie der Weltbeziehung.* Suhrkamp Verlag.

[120] *Das Dämonion kann aber auch negativ interpretiert werde, wie es Tertullian sah - nach heutiger Interpretation wäre es das »schlecht geprägte« Dämonion.*

Tertullian, *Apologeticum* 22,1; 46,5; De anima 1,2–6; 39,3.

Vgl. Saudelli, L. (2013). *Le Socrate de Tertullien.* Revue d'Etudes Augustiniennes et Patristiques, 59(1), 23–53. https://doi.org/10.1484/j.rea.5.101285

[121] *Sir Karl Popper war auch offen gegenüber den biologischen Grundlagen, die für die evolutionäre Entwicklung einer Gesellschaft notwendig sind; siehe meinen Briefwechsel mit ihm:*

Institut für Philosophie, Psychologie, Erziehungswissenschaft, Gruppendynamik, IFF-Klagenfurt, Karl-Popper-Sammlung

[122] Thiel, T. (2005, Oktober 19). *Kühnste Phantasien, vortrefflich verschaltet*. Frankfurter Allgemeine Zeitung, , Nr. 243, S. L39

[123] Žižek, S. (2020. August 27). *Das Virus befällt den Menschen, aber auch und vor allem: Der Geist des Menschen ist selbst ein Virus*. Neue Zürcher Zeitung.

[124] Federmaier, L. (2020, August 5). *Techno-Totalitarismus oder freiwillige Selbstkontrolle? – Die Pandemie stellt die Weichen für die zukünftigen Gesellschaftsmodelle*. Neue Zürcher Zeitung. https://www.nzz.ch/feuilleton/neue-gesellschaft-nach-corona-der-westen-wirkt-konfus-ld.1569407

[125] Strasser, P. (2020, August 12). *Othello muss weg! Über Lust und Laster kultureller Wehleidigkeit*. Neue Zürcher Zeitung. https://www.nzz.ch/meinung/othello-muss-weg-ueber-lust-und-laster-kultureller-wehleidigkeit-ld.1569436?reduced=true

[126] Willaschek, M. (2020, Juli 15). *Kant war sehr wohl ein Rassist*. FAZ.NET. https://www.faz.net/aktuell/feuilleton/debatten/warum-kant-sehr-wohl-ein-rassist-gewesen-ist-16860444.html

[127] Sloterdijk, P. (2012). *Philosophische Temperamente*. Diederichs Verlag.

[128] Sichrovsky, H. (2013). *Mozart, Mowgli, Sherlock Holmes: Musik und Dichtung der Freimaurer*. Loecker Erhard Verlag.

[129] *»weil die herrschende Klasse auf keine andre Weise gestürzt werden kann, sondern auch, weil die stürzende Klasse nur in einer Revolution dahin kommen kann, sich den ganzen alten Dreck vom Halse zu schaffen... «*

Bluhm, H. (2009). *Karl Marx / Friedrich Engels: Die deutsche Ideologie.* Akademie Verlag.

[130] Die Kant'sche Geisteshaltung ist möglicherweise auch bei der Corona-Administration durchgeschienen: *»Die praktische Krisenbewältigung war strukturell konservativ«*, wie der Systemtheoretiker Rudolf Stichweh ausführt. Ihr Leitsatz *»Jedes Leben zählt« knüpft an die kantianisch-kontinentale Tradition an, nach der man Menschenleben nicht gegeneinander abwägen kann. Das angloamerikanische Prinzip des größten Glücks der größten Zahl konnte sich nicht durchsetzen, wie der gescheiterte britische Versuch zur Herdenimmunität zeigte.«*

Thiel, T. (2020, August 14). *Diese Fledermaus kam nicht aus der Hölle.* FAZ.NET.

[131] Damasio, H., Grabowski, T., Frank, R. et al. (1994). *The return of Phineas Gage: clues about the brain from the skull of a famous patient.* Science, 264(5162), 1102–1105. https://doi.org/10.1126/science.8178168

[132] Dellai-Schöbi, K. (2016, September 29). *Die tierischen Wurzeln menschlicher Gewalt.* Neue Zürcher Zeitung. https://www.nzz.ch/wissenschaft/biologie/toedliche-aggression-die-wurzeln-menschlicher-

gewalt-ld.119416?reduced=true

[133] Kandel, E. R., Schwartz, J. H. & Jessell, T. M. (2000). *Principles of Neural Science* (4. Aufl.). McGraw-Hill Medical.

Purves, D., Augustine, G. J., Fitzpatrick, D., et al. (2004). *Neuroscience* (3. Aufl.). Sinauer Associates Inc.

Blair, H. T. et al. (2001). *Synaptic Plasticity in the Lateral Amygdala: A Cellular Hypothesis of Fear Conditioning*. Learning & Memory, 8(5), 229–242. https://doi.org/10.1101/lm.30901

[134] Mejias, J. (2010, Juli, 28). *Feierliches Hochamt im Tempel der Vernunft*. Frankfurter Allgemeine Zeitung.

[135] Fu, W., O'Connor, T. D., Jun, G., et al. (2012). *Analysis of 6,515 exomes reveals the recent origin of most human protein-coding variants*. Nature, 493(7431), 216–220. https://doi.org/10.1038/nature11690

[136] Ansermet, F. (2005). *Die Individualität des Gehirns*. Surhkamp.

[137] Walum, H., Westberg, L., Henningsson, S., et al. (2008). *Genetic variation in the vasopressin receptor 1a gene (AVPR1A) associates with pair-bonding behavior in humans*. Proceedings of the National Academy of Sciences, 105(37), 14153–14156. https://doi.org/10.1073/pnas.0803081105

[138] Walum, H. & Young, L. J. (2018). *The neural mechanisms and cir-*

cuitry of the pair bond. Nature Reviews Neuroscience, 19(11), 643–654. https://doi.org/10.1038/s41583-018-0072-6

[139] Homberg, J. R. & Lesch, K.-P. (2011). *Looking on the Bright Side of Serotonin Transporter Gene Variation*. Biological Psychiatry, 69(6), 513–519. https://doi.org/10.1016/j.biopsych.2010.09.024

Armbruster, D., Moser, D. A. & Strobel, A. (2008). *Serotonin transporter gene variation and stressful life events impact processing of fear and anxiety*. The International Journal of Neuropsychopharmacology, 12(03), 393. https://doi.org/10.1017/s1461145708009565

[140] Mejias, J. (2010, Juli, 28). *Feierliches Hochamt im Tempel der Vernunft*. Frankfurter Allgemeine Zeitung.

[141] Gibbons, A. (2004). *American Association of Physical Anthropologists meeting: Tracking the Evolutionary History of a »Warrior« Gene*. Science, 304(5672), 818a. https://doi.org/10.1126/science.304.5672.818a

[142] Sjöberg, R. L., Ducci, F., Barr, C. S., et al. (2007). *A Non-Additive Interaction of a Functional MAO-A VNTR and Testosterone Predicts Antisocial Behavior*. Neuropsychopharmacology, 33(2), 425–430. https://doi.org/10.1038/sj.npp.1301417

[143] *Zusammenhang von MAOA-Gen und Aggression sichtbar gemacht*. (2019, November 8). MEDMIX. https://www.medmix.at/welchen-einfluss-

haben-aggression-gene-wirklich/

[144] Posner, M. I. & Rothbart, M. K. (2009). *Toward a physical basis of attention and self-regulation.* Physics of Life Reviews, 6(2), 103–120. https://doi.org/10.1016/j.plrev.2009.02.001

Armbruster, D., Mueller, A. & Strobel, A. (2011). *Children under stress – COMT genotype and stressful life events predict cortisol increase in an acute social stress paradigm.* The International Journal of Neuropsychopharmacology, 15(09), 1229–1239. https://doi.org/10.1017/s1461145711001763

[145] Podell, J. E., Sambataro, F., Murty, V. P., et al. (2012). *Neurophysiological correlates of age-related changes in working memory updating.* NeuroImage, 62(3), 2151–2160. https://doi.org/10.1016/j.neuroimage.2012.05.066

Meyer-Lindenberg, A., Nichols, T., Callicott, J. H., et al. (2006). *Impact of complex genetic variation in COMT on human brain function.* Molecular Psychiatry, 11(9), 867–877. https://doi.org/10.1038/sj.mp.4001860

[146] Floresco S. B. (2013). *Prefrontal dopamine and behavioral flexibility: shifting from an »inverted-U« toward a family of functions.* Frontiers in neuroscience, 7, 62. https://doi.org/10.3389/fnins.2013.00062

[147] Bernhardt, P. C., Dabbs Jr, J. M., Fielden, J. A. & Lutter, C. D. (1998).

Testosterone changes during vicarious experiences of winning and losing among fans at sporting events. Physiology & Behavior, 65(1), 59–62. https://doi.org/10.1016/s0031-9384(98)00147-4

[148] *»Der atheistische Existentialismus, für den ich stehe, ist zusammenhängender. Er erklärt, dass, wenn Gott nicht existiert, es mindestens ein Wesen gibt, bei dem die Existenz der Essenz vorausgeht, ein Wesen, das existiert, bevor es durch irgendeinen Begriff definiert werden kann, und dass dieses Wesen der Mensch oder, wie Heidegger sagt, die menschliche Wirklichkeit ist. Was bedeutet hier, dass die Existenz der Essenz vorausgeht? Es bedeutet, dass der Mensch zuerst existiert, sich begegnet, in der Welt auftaucht und sich danach definiert.«*

Sartre, J. (2000b). *Der Existentialismus ist ein Humanismus und andere philosophische Essays 1943 - 1948.* Rowohlt Taschenbuch.

[149] Wilkinson, G. S. (1984). *Reciprocal food sharing in the vampire bat.* Nature, 308(5955), 181–184. https://doi.org/10.1038/308181a0

[150] Calcutt, S. E., Proctor, D., Berman, S. M., et al. (2018). *Chimpanzees (Pan troglodytes) Are More Averse to Social Than Nonsocial Risk.* Psychological Science, 30(1), 105–115. https://doi.org/10.1177/0956797618811877

[151] Riechelmann, C. O. R. D. (2019, April 6). *Faszination Eisvogel: Wie ein Blitz vom Himmel.* FAZ.NET. https://www.faz.net/aktuell/wissen/

faszination-eisvogel-wie-ein-blitz-vom-himmel-16122185.html

[152] Breuer, H. (2020, Juni 12). *Das Moral-Gen: Ist das Gute im Menschen angeboren?* Profil. https://www.profil.at/home/das-moral-gen-ist-gute-menschen-wissenschafter-169043

[153] Kohlberg, L. (1974). *Zur kognitiven Entwicklung des Kindes.* Suhrkamp Verlag.

Kohlberg, L. & Althof, W. (1996). *Die Psychologie der Moralentwicklung.* Suhrkamp Verlag.

Becker, G. (2011). *Kohlberg und seine Kritiker: Die Aktualität von Kohlbergs Moralpsychologie.* VS Verlag für Sozialwissenschaften.

[154] Kohler, E. (2002). *Hearing Sounds, Understanding Actions: Action Representation in Mirror Neurons.* Science, 297(5582), 846–848. https://doi.org/10.1126/science.1070311

[155] Wallentin, T. (2019). *Offen Gesagt.* Seifert Verlag.

[156] Overath, A. (2020, Juni 29). *Von der Sehnsucht des Weibes nach dem Mohren.* FAZ.NET. https://www.faz.net/aktuell/feuilleton/debatten/die-sehnsucht-des-weibes-nach-dem-mohren-woerter-auf-dem-index-16836587.html

[157] Berbner, B. (2019, März 14). *Nicht in unserem Namen.* DIE ZEIT.

[158] Gebhard, J. (2020, Juni 30). *Rassismus: Was tun mit der Mohrengasse?* Kurier. https://kurier.at/chronik/wien/rassismus-was-tun-mit-der-mohrengasse/400956194

[159] Stadler, T. (2020, Juli 8). *Säkularer Bildersturm: uninteressante Arbeit durch andere verrichten lassen.* Neue Zürcher Zeitung. https://www.nzz.ch/meinung/saekularer-bildersturm-uninteressante-arbeit-durch-andere-verrichten-lassen-ld.1564336?reduced=true

[160] Hugues, P. (2020, Januar 22). *Gabriel Matzneff: Es war verboten, zu verbieten.* Die Zeit. https://www.zeit.de/2020/05/gabriel-matzneff-schriftsteller-frankreich-paedophilie-sexueller-missbrauch

[161] Altwegg, V. G. J. (2020, Juli 30). *Zum Rücktritt gedrängt.* F.A.Z. https://zeitung.faz.net/faz/feuilleton/2020-07-30/9feaef1b681f6ee0b964 2e0854bb980a/?GEPC=s5

[162] Backes, L. & Töne, E. (2020, Juli 20). *»Es gab Gerüchte«.* Der Spiegel. https://www.spiegel.de/kultur/new-york-times-reporterinnen-ueber-weinstein-recherche-es-gab-geruech-te-a-00000000-0002-0001-0000-000172071865

[163] Böge, F. (2020, August 20). *Wie China versucht, über Uni-Kooperationen Einfluss zu nehmen.* FAZ.NET. https://www.faz.net/aktuell/politik/ausland/wachsende-zweifel-an-chinesischen-konfuzius-instituten-16907836.html

[164] Kramar, T. (2013, September 27). *Philosophie: Sicherlich gibt es mich – oder?* Die Presse. https://www.diepresse.com/1458110/philosophie-sicherlich-gibt-es-mich-oder

[165] Misik, R. (2019b, September 22). *Freundlichkeit ist eine politische Tugend.* Neue Zürcher Zeitung. https://www.nzz.ch/meinung/andere-so-behandeln-wie-man-selbst-behandelt-werden-will-ein-lob-der-freundlichkeit-ld.1509770?reduced=true

[166] *William D. Hamilton.* (2004, Dezember 5). Wikipedia. https://de.wikipedia.org/wiki/William_D._Hamilton

[167] Sloterdijk, P. (2020, August 29). *Corona zum Zynismus – und zur Demokratie.* Neue Zürcher Zeitung. https://www.nzz.ch/feuilleton/peter-sloterdijk-corona-zynismus-immunitaet-und-demokratie-ld.1571944?reduced=true

[168] Institut für Philosophie, Psychologie, Erziehungswissenschaft, Gruppendynamik, IFF-Klagenfurt, Karl-Popper-Sammlung

[169] Bender, J. (2020, August 4). *Junge Linke gegen alte Linke.* FAZ.NET. https://www.faz.net/aktuell/politik/inland/identitaetspolitik-das-problem-des-linksliberalismus-16884379.html

[170] Truong, N. (2011a, Mai 27). *Comment sortir de la crise de la civilisation occidentale?* Le Monde.fr. https://www.lemonde.fr/idees/article/2011/05/27/comment-sortir-de-la-crise-de-la-civilisation-occiden-

tale_1528306_3232.html

[171] Bonelli, R., Dew, R. E., Koenig, H. G., et al. (2012). *Religious and Spiritual Factors in Depression: Review and Integration of the Research*. Depression Research and Treatment, 2012, 1–8. https://doi.org/10.1155/2012/962860

[172] Miller, L., Bansal, R. & Wickramaratne, P. (2014). *Neuroanatomical Correlates of Religiosity and Spirituality*. JAMA Psychiatry, 71(2), 128. https://doi.org/10.1001/jamapsychiatry.2013.306

Lenzen-Schulte, M. (2014, Februar 13). *Schützt der Glaube vor Depression?* FAZ.NET. https://www.faz.net/aktuell/wissen/leben-gene/resilienz-schuetzt-der-glaube-vor-depression-12794604.html

[173] *Die Glaubensdividende*. (2012, Oktober 30). FAZ.NET. https://www.faz.net/aktuell/feuilleton/forschung-und-lehre/moralverfall-durch-saekularisierung-die-glaubensdividende-11943959.html?printPagedArticle=true

[174] Bonelli, R. M. & Koenig, H. G. (2013). *Mental Disorders, Religion and Spirituality 1990 to 2010: A Systematic Evidence-Based Review*. Journal of Religion and Health, 52(2), 657–673. https://doi.org/10.1007/s10943-013-9691-4

[175] Brook, R. D., Appel, L. J., Rubenfire, M., et al. (2013). *Beyond Medications and Diet: Alternative Approaches to Lowering Blood*

Pressure. Hypertension, 61(6), 1360–1383. https://doi.org/10.1161/hyp.0b013e318293645f

[176] Bernardelli, L. V., Kortt, M. A. & Michellon, E. (2019). *Religion, Health, and Life Satisfaction: Evidence from Australia.* Journal of Religion and Health, 59(3), 1287–1303. https://doi.org/10.1007/s10943-019-00810-0

[177] Roizen, M. F. (2006). *Music, Imagery, Touch, and Prayer as Adjuncts to Interventional Cardiac Care: The Monitoring and Actualisation of Noetic Trainings (MANTRA) II Randomised Study.* Yearbook of Anesthesiology and Pain Management, 2006, 149–150. https://doi.org/10.1016/s1073-5437(08)70401-7

[178] Rasche, U. (2010, März, 24). *Eile und Erziehung sind wie Feuer und Wasser.* Frankfurter Allgemeine Zeitung.

[179] *Trommeln für die Menschenrechte.* (2011, September 17). Süddeutsche Zeitung

[180] Papst Franziskus, Käßmann, M. & Kasper, W. (2020, August 19). *Corona-Pandemie: Hat diese Krise einen Sinn?* Die Zeit. https://www.zeit.de/2020/35/corona-pandemie-bedeutung-papst-franziskus-margot-kaessmann

[181] Häring, H. (1979). *Die Macht des Bösen.* Guetersloher Verlagshaus.

[182] Rando, G. v. (2016, Oktober 20). *Er wollte die Welt mit Intelligenz in den Griff bekommen.* Die Zeit. https://www.zeit.de/2016/44/gottfried-wilhelm-leibniz-todestag-300-jahre-genie/seite-3

[183] Bedford-Strohm, H. (2020, Mai 25). *Das Virus als Wegmarke.* FAZ.NET. https://www.faz.net/aktuell/politik/die-gegenwart/christsein-in-corona-zeiten-das-virus-als-strafe-gottes-16784055.html

[184] Herrmann, J. (2020, Juli 15). *Ein Kampf an Gottes Seite.* FAZ.NET. https://www.faz.net/aktuell/feuilleton/debatten/corona-und-die-kirchen-ein-kampf-an-gottes-seite-16859011.html

[185] Nietzsche, F. (2015). *Über Wahrheit und Lüge im außermoralischen Sinne.* Reclam.

---

[186] Pinker, S. (2017). Das unbeschriebene Blatt: die moderne Leugnung der menschlichen Natur. S. Fischer Verlag.

[187] Bayertz, K. (2012). Der aufrechte Gang: eine Geschichte des anthropologischen Denkens. CH Beck.

[188] Niemitz, C. (2004). Das Geheimnis des aufrechten Gangs: unsere Evolution verlief anders. CH Beck.

[189] Morgan, E. (2001). Descent of Woman: The Classic Study of Evolution. Souvenir Press Ltd.

[190] Louis Bolk, Das Problem der Menschwerdung, Jena 1926.

[191] Auf der Linie dieser Überlegungen haben zeitgenössische Autoren anregende Beiträge zu dem klassischen Motiv der „Bestimmung des Menschen“ geliefert: *Michel Serres, Hominiscence, Paris 2001; Robert P. Harrison, Juvenescence. A Cultural History of our Age, Chicago 2014; deutsch: Ewige Jugend. Eine Kulturgeschichte unseres Alterns, München 2015.*

[192] Paul Alsberg, Das Menschheitsrätsel, 1922. Neuausgabe unter dem Titel: Der Ausbruch aus dem Gefängnis. Zu den Entstehungsbedingungen des Menschen, Gießen 1985.

[193] Alsbergs Einsichten wurden bei *Dieter Claessens, Das Konkrete und das Abstrakte. Soziologische Skizzen zur Anthropologie, Frankfurt am Main 1980,* weitergedacht; ebenso bei *Hans Blumenberg, Beschreibung des Menschen, Frankfurt am Main 2006.*

[194] Über diese Tendenzen zur Selbstgefährdung unterrichtet noch immer hellsichtig, obschon mit einigen zeitbedingten Verzerrungen, Konrad Lorenz in seinem vielbeachteten Buch *Die acht Todsünden der zivilisierten Menschheit.*

[195] Menager, D. *Convalescences.* La littérature au repos. Paris.

Roberta Rio

Der Topophilia-Effekt

Wie Orte auf uns wirken

Gesundheit. Erfolg. Liebe: Wie beeinfussen die Orte, an denen wir wohnen, arbeiten oder Urlaub machen, unser Leben? Die Historikerin Roberta Rio recherchiert die Geschichte von Gebäuden, Wohnungen oder Grundstücken und stößt dabei auf wiederkehrende Muster. In diesem Buch zeigt sie anhand alten Wissens und neuer Forschungsergebnisse, was wir über die Wirkung von Orten wissen sollten und wie wir es herausfinden.

272 Seiten, 22 €

ISBN: 978-3-99001-431-8

Stefan Thurner

DIE ZERBRECHLICHKEIT DER WELT

Kollaps oder Wende.
Wir haben es in
der Hand.

Von
einem der
führenden
Komplexitäts-
forscher
Europas

edition a

Stefan Thurner

Die Zerbrechlichkeit der Welt

Kollaps oder Wende. Wir haben es in der Hand.

Der Klimawandel schreitet voran, die Gesellschaft ist tief gespalten und der Wirtschaft droht ein Kollaps verheerenden Ausmaßes. Der Komplexitätsforscher Stefan Thurner, Berater der österreichischen Bundesregierung bei der Bekämpfung der Corona-Krise, zeigt anhand der Wissenschaft Komplexer Systeme, wie zerbrechlich die Welt geworden ist und wie wir sie mit Hilfe von Wissenschaft und Big Data doch noch zur besten aller Zeiten machen können.

272 Seiten, 24 €

ISBN: 978-3-99001-428-8